SCHAUM'S OUTLINE OF

GERMAN VOCABULARY

Second Edition

•

EDDA WEISS

CONRAD J. SCHMITT
Former Editor-in-Chief
Foreign Language Department
McGraw-Hill

LOIS M. FEUERLE, Ph.D.
Coordinator of Court Interpreting Services
New York Unified Court System

CHRISTINE EFFERTZ
Adult Education Program Instructor
Volkshochschule Ravensberg, Bielefeld, Germany

•

SCHAUM'S OUTLINE SERIES

McGRAW-HILL

New York   San Francisco   Washington, D.C.   Auckland   Bogotá   Caracas   Lisbon
London   Madrid   Mexico City   Milan   Montreal   New Delhi
San Juan   Singapore   Sydney   Tokyo   Toronto

EDDA WEISS had been teaching German at Hackensack High School, Hackensack, New Jersey. In addition to *Schaum's Outline of German Vocabulary*, she is the author of *Deutsch: Entdecken Wir Es!* and *Deutsch: Erleben Wir Es!*

CONRAD J. SCHMITT was Editor in Chief of Foreign Language, ESL, and bilingual publishing with McGraw-Hill. Prior to joining McGraw-Hill, Mr. Schmitt taught languages at all levels of instruction, from elementary school through college. He also served as Coordinator of Foreign Languages for the Hackensack, New Jersey, Public Schools. In addition to *Schaum's Outline of Spanish Vocabulary*, Mr. Schmitt is the author of *Schaum's Outline of Spanish Grammar*, *Español: Comencemos*, *Español: Sigamos*, and the *Let's Speak Spanish* and *A Cada Paso* series. He is also coauthor of *Español: A Descubrirlo*, *Español: A Sentirlo*, *La Fuente Hispana*, *Le Français: Commençons*, *Le Français: Continuons*, and *Schaum's Outline of Italian Grammar*.

LOIS M. FEUERLE received her B.A. in German and English from the University of Vermont, her J.D. from the New York University School of Law, and her doctorate in Germanic Languages and Literature from the University of Kansas. Dr. Feuerle also spent two years at Christian-Albrechts-Universität in Kiel, Germany, in addition to her studies in Vienna and Salzburg, Austria. During her residence in Germany she was later Lektorin für Amerikanistik at the Pädagogische Hochschule in Kiel. She has taught German to students of all ages in a variety of contexts including the University of Kansas Intensive Language Institute in Holzkirchen, Germany, Marshall University, the German Language School of Morris Plains, and Montclair State University. She was Adjunct Assistant Professor of German and Translation in the Department of Foreign Languages at the New York University School of Continuing Education where she administered the translation studies program from 1991 to 1995. She is currently the Coordinator of Court Interpreting Services for the New York State Unified Court System, Office of Court Administration. She is the coauthor of the three-book language-learning series *Communicating in German: Novice, Intermediate and Advanced* in Schaum's Foreign Language Program and is the coauthor of *Schaum's Outline of German Grammar, 3rd edition*.

CHRISTINE EFFERTZ received her degree in English and Education at the University of Bielefeld, where she specialized in teaching English as a Second Language and German-for-Foreigners. She also attended classes at Montclair State University in Montclair, New Jersey, in the U.S.A. Ms. Effertz has extensive experience teaching children as well as adults in the workplace and in traditional and nontraditional educational settings. She is currently employed in the adult education program at the "Volkschochschule Ravensberg" where she teaches beginning, intermediate, and advanced English classes as well as special classes for adult learners 50 years of age and older.

Schaum's Outline of
GERMAN VOCABULARY

4 5 6 7 8 9 10 11 12 13 14 15 16 17 18 19 20 PCC PCC 0 2

ISBN 0-07-071117-8

Sponsoring Editor: Barbara Gilson
Production Supervisor: Tina Cameron
Editing Supervisor: Maureen B. Walker

McGraw-Hill
A Division of The McGraw-Hill Companies

Preface

The purpose of this book is to provide the user with words in context—the vocabulary that is needed to converse meaningfully and effectively in everyday situations about everyday topics. Although the book contains a review of many common basic words that the user has no doubt already encountered in his or her study of German up to now, the aim of *Schaum's Outline of German Vocabulary* is to enrich the student's knowledge of the language by presenting words that seldom appear in typical language-learning textbooks, but which are essential in order to communicate comfortably in a given situation.

Unlike a typical bilingual dictionary, *Schaum's Outline of German Vocabulary* introduces each word in context in easy-to-remember subject matter groupings and then manipulates the context in illustrative sentences and exercises so that the user can make each word his or her own. Because words often have a range of meanings and because perfect one-for-one equivalence is rare between two languages, as the user becomes more and more familiar with German, he or she will discover that the words we have glossed for the situations presented in this book might have other meanings when used in different contexts. This should not be a cause for uneasiness on the part of the student; it is a sign that the student's knowledge of German is growing and becoming deeper.

The content of each chapter is focused on a real-life situation, such as making a telephone call, traveling by plane, staying at a hotel, or using a computer. In order to build vocabulary and to provide the practice required to retain it, each chapter is divided into subtopics in which a few new words are introduced. Each subtopic is then followed by a series of exercises in which the student has the opportunity to use the words presented. A master answer key is included in this book so that users can self-correct their responses immediately, a very important step in language acquisition. Footnotes and appendixes provide additional useful information.

So that the student can also use this book as a reference tool, at the end of each chapter there is a German–English vocabulary list with the key words that were used in that chapter. An English–German vocabulary list for each chapter appears after the appendixes. In addition, at the end of the book there is a German–English glossary and an English–German glossary covering the entire book. Great care has been taken to include the plural forms of nouns, since this is much less predictable in German than in English.

Schaum's Outline of German Vocabulary can be used as a review text or as an enriching supplement to any basic text. It is ideal for self study and is a handy resource for travelers to prepare themselves for visits to German-speaking countries. Because German grammar is quite different from English grammar, to develop a high level of proficiency, it is recommended that this book be used in conjunction with a reference grammar such as *Schaum's Outline of German Grammar.*

Lois M. Feuerle
Christine Effertz

iii

Contents

Chapter 1: At the airport
Kapitel 1: Am Flughafen

GETTING TO THE AIRPORT

Der Flughafen hat zwei *Hallen*.	terminals
Halle A ist für *Auslandsflüge*.	international flights
Halle B ist für *Inlandflüge*.	domestic, national
Man kann *ein Taxi* zum Flughafen *nehmen*.	take a taxi
Man kann *einen Bus nehmen*.	take a bus
Der Bus *fährt* vom *Hauptbahnhof* in der Stadt *ab*.	leaves from the main railroad station

1. Complete.

Ich möchte nicht mit dem Taxi zum Flughafen fahren. Das kostet zu viel. Ich fahre lieber mit

dem _____ . Die Busse fahren vom _____ in der Stadt ab. Diese Busse
       1   2

fahren oft. Sie _____ alle fünfzehn Minuten vom Hauptbahnhof ab.
         3

2. Complete.

—Zu welcher Halle wollen Sie, bitte?

—Gibt es mehr als eine _____ am Flughafen?
          1

—Ja, es gibt zwei. Halle A ist für _____ , und _____ B ist für
             2   3

_____ .
   4

—Ich fliege nach New York. Es ist ein _____ .
          5

Ich möchte nach _____ A, bitte.
        6

CHECKING IN (Fig. 1-1)

Da ist der *Schalter der Fluggesellschaft*.	airline counter
Die *Schlange* ist *lang*.	line; long
Die Dame möchte den *Flugschein* sehen.	ticket
Sie möchte auch den *Reisepaß* und das *Visum* sehen.	passport; visa

3. Complete.

Wenn man am Flughafen ankommt, muß man zum _____ der Fluggesellschaft
          1

gehen. Oft ist dort eine lange _____ , weil so viele Passagiere am _____
          2   3

warten. Am Schalter muß man seinen _____ zeigen. Bei einem _____ muß
          4   5

man der Dame auch seinen _____ zeigen.
         6

Fig. 1-1

SPEAKING WITH THE AIRLINE AGENT (Fig. 1-2)

—Ihr Flugticket[1] bitte.

—*Bitte schön.*   certainly (here it is)

—Sie fliegen nach Frankfurt? Darf ich Ihren Paß sehen?
  Danke schön. Möchten Sie in der *Nichtraucherzone*[2] sitzen?   no smoking section

—Ja, einen *Platz* in der Nichtraucherzone. *Am Gang*, bitte.   seat; on the aisle

—Sie haben Platz C *in Reihe* 20. Haben Sie *Gepäck*?   in row; luggage

—Ja. Ich habe einen *Koffer* und eine *Tasche*.   suitcase; bag

—Nehmen Sie *Handgepäck* an Bord?   hand luggage

—Nur eine *Aktentasche*.   briefcase

---

[1] The German word *Flugschein* is also often used. In general, however, flight vocabulary in German is heavily anglicized and one frequently hears words such as *Terminal* and *Gate* used in German in place of *Flughalle* and *Ausgang*.

[2] These days many flights are non-smoking flights and the entire plane is designated as non-smoking.

Fig. 1-2

—Gut. Ihr Handgepäck muß *unter den Sitz passen.* Hier ist
　ein *Anhänger* für Ihren Koffer.

fit under the seat
tag

—Danke schön.

—Alles klar. Hier ist Ihre *Bordkarte, Flug* Nummer 375 nach
　Frankfurt, Platz C, Reihe 20, Nichtraucher. Und hier sind
　zwei *Fluggepäckscheine* für Ihr Gepäck. Ihr Koffer wird
　nach Frankfurt *durchgecheckt.*[3] Sie können ihn in Frankfurt
　abholen. Ihr Flug *wird* innerhalb einer halben Stunde
　aufgerufen. Gute Reise!

boarding card; flight

baggage claim stubs
checked
claim, pick up
will be announced

4. Complete.

　1. Herr Bosch fliegt von New York nach Frankfurt. Es ist ein _____.
　2. Er ist am _____ der Fluggesellschaft.
　3. Er spricht mit der Dame. Sie möchte seinen _____ sehen. Da es ein Auslandsflug
　　 ist, möchte sie auch seinen _____ sehen.
　4. Herr Bosch raucht nicht. Er möchte einen _____ in der _____.
　5. Platz C, _____ 22 ist in der _____.
　6. In den Flugzeugen muß das _____ unter den Sitz passen. Das ist kein Problem
　　 für Herrn Bosch. Er hat nur eine _____ bei sich.

---

[3] See footnote 1. The terms *eingecheckt, ausgecheckt* and *durchgecheckt* are commonly used.

Fig. 1-3

7. Die Dame gibt ihm einen _____ für seinen Koffer.
8. Man braucht eine _____, um an Bord zu kommen.
9. Herr Bosch fliegt mit _____ 375 nach Frankfurt. Er hat _____ C, _____ 22 in der _____.
10. Sein Koffer wird nach Frankfurt durchgecheckt. Er hat seinen _____ und kann seinen Koffer in Frankfurt _____.

5. Answer on the basis of Fig. 1-4.
1. Wo ist der Passagier?
2. Mit wem spricht sie?
3. Was gibt sie der Dame am Schalter?
4. Wo möchte sie sitzen?
5. Wie viele Koffer hat sie?
6. Hat sie Handgepäck?
7. Was hat sie?
8. Paßt die Aktentasche unter den Sitz?
9. Was gibt die Dame am Schalter dem Passagier?

Fig. 1-4

10. Mit welchem Flug fliegt sie?
11. Wohin fliegt sie?
12. Welchen Platz hat sie?
13. Wo ist der Platz?
14. Wie viele Koffer werden durchgecheckt?
15. Wo kann sie ihre Koffer abholen?

6. Choose the appropriate word.
   1. Die Passagiere müssen der Dame am Schalter ihre Reisepässe zeigen, weil es ein
      _____ ist. (*a*) Auslandsflug (*b*) langer Flug (*c*) Inlandflug
   2. Platz C ist _____. (*a*) am Fenster (*b*) am Gang (*c*) in der Mitte
   3. Um mein Gepäck zu identifizieren, brauche ich diesen _____. (*a*) Platz (*b*) Koffer
      (*c*) Fluggepäckschein
   4. Um an Bord zu kommen, braucht man _____. (*a*) eine Bordkarte (*b*) einen
      Anhänger (*c*) einen Fluggepäckshein
   5. Mein Platz ist in der _____ 22. (*a*) Schalter (*b*) Reihe (*c*) Nichtraucherzone

LISTENING TO ANNOUNCEMENTS

Ein Flug *wird aufgerufen*. Lufthansa Flug 375 nach   is being announced
Frankfurt ist zum *Abflug bereit*. Die Passagiere gehen durch   ready for departure
die *Sicherheitskontrolle* und dann zum *Ausgang* 18, Halle A.   security check; gate

7. Complete.
1. Flug 375 ist zum _____ bereit.
2. Der _____ wird aufgerufen.
3. Flug 375 _____ wird aufgerufen.
4. Die Passagiere müssen durch die _____ gehen.
5. Ihr Handgepäck wird von der _____ kontrolliert.
6. Die Passagiere gehen zum _____ 18.

8. Complete.
1. Die Maschine wird abfliegen. Der _____ wird aufgerufen.
2. Der Flug geht _____ Frankfurt.
3. Die Passagiere müssen durch die _____.
4. Die Passagiere gehen zum _____ 18, _____ A.

Eine Ankunft *wird durchgesagt*. Die Fluggesellschaft *gibt*   is being announced
die Ankunft des Fluges 375 aus New York *bekannt*, in Halle   makes known the arrival
B, Ausgang 20.

9. Complete.
—Ich habe die Durchsage nicht verstanden. Wurde unser Flug schon aufgerufen?

—Nein, ein anderer Flug wurde _____.
                                              1

—Welcher Flug?

—_____ 306 _____ Hamburg _____ Paris.
        2   3   4

GOING THROUGH SECURITY

Jeder Passagier muß durch die *Sicherheitskontrolle*.   security
Man[4] muß das Handgepäck *flach* auf das *Fließband* legen.   flat; conveyor belt
Das Gepäck wird *durchleuchtet*.   x-rayed
Die Handtasche muß man auch auf das Fließband legen.
Der Passagier muß dann durch die *Sicherheitsschleuse* gehen.   security gate
Wenn es dann *summt*, muß man *Schlüssel, Münzen, usw.* in   buzzes; keys, coins, etc.
   den kleinen *Korb* legen.   basket
Man muß die *Taschen ausleeren*.   pockets; empty
Danach wird man mit der *Magnetsonde* kontrolliert.   wand
Wenn es jetzt nicht summt, bekommt man sein Handgepäck
   zurück.
Dann darf man weiter zum *Gate*[5] gehen.   gate

---

[4]The impersonal construction with *man* (one) is used much more frequently in German than in English where constructions with *one* (e.g. "One doesn't do that!") sound a bit stilted and are not used very much in everyday conversation.

[5]See footnote 1.

10. Complete.

Ich fliege heute nach München. Nachdem ich meine Bordkarte bekommen habe, muß ich

durch die _____ . Erst lege ich meinen Mantel auf das _____ . Dann lege
$\qquad$ 1 $\qquad\qquad$ 2

ich meinen Koffer _____ auf das Fließband, wo er _____ wird. Meine
$\qquad$ 3 $\qquad\qquad$ 4

_____ lege ich auch auf das Fließband. Danach gehe ich durch die _____ .
5 $\qquad\qquad\qquad$ 6

Es _____ ! Was mache ich jetzt? Ich leere meine Taschen aus. Ich lege meine
7

_____ und _____ in den kleinen _____ . Jetzt werde ich mit
8 $\qquad$ 9 $\qquad\qquad$ 10

der _____ kontrolliert. Es summt nicht. Ich darf jetzt weiter zum _____ .
11 $\qquad\qquad\qquad$ 12

Frau Möller kommt am Flughafen an und sieht, daß es zwei Hallen gibt. Eine is für Auslandsflüge und die andere für Inlandflüge. Da sie ins Ausland fliegt, geht sie zu der Halle für Auslandsflüge. Sie geht sofort zum Schalter der Fluggesellschaft, mit der sie fliegt. Sie zeigt der Dame am Schalter ihren Flugschein. Die Dame möchte auch ihren Reisepaß sehen. Alles ist in Ordnung. Frau Möller gibt ihr Gepäck ab. Sie hat zwei Koffer. Die Dame klebt zwei Fluggepäckscheine auf die Flugscheinhülle und erklärt Frau Möller, daß sie ihre Koffer nach der Ankunft in New York abholen kann. Die Dame gibt ihr auch einen Anhänger für die Tasche, die sie mit an Bord nimmt. Das Handgepäck, also die Tasche, muß unter den Sitz passen. Frau Möller sagt der Dame, daß sie einen Platz am Gang, Nichtraucher, gebucht hatte. Der Computer bestätigt aber diesen reservierten Platz nicht. Kein Problem! Der Flug ist nicht voll besetzt. Es gibt noch Plätze, sogar am Gang. Frau Möller bekommt ihre Bordkarte. Sie hat Platz C, Reihe 20 in der Nichtraucherzone. Flug 375 nach New York fliegt von Ausgang Nummer 28 ab. Frau Möller möchte wissen, ob es ein Nonstopflug ist. Nein, das ist es nicht. Zwischenlandung ist in Düsseldorf, aber die Transitpassagiere brauchen nicht umzusteigen. Die Maschine fliegt dann nach New York weiter.

Bald darauf hört Frau Möller diese Durchsage: "Lufthansa Flug 375 nach New York ist zum Abflug bereit. Bitte gehen Sie nicht zum Ausgang 28, sondern zum Ausgang 18."

11. Complete.
1. Es gibt zwei _____ im Flughafen. Eine ist für _____ und die andere für
_____ .
2. Die _____ arbeitet am _____ der _____ .
3. Die Passagiere müssen der Dame ihre _____ zeigen. Wenn sie ins Ausland
fliegen, brauchen sie auch _____ .
4. Frau Möller gibt der Dame ihr _____ . Sie hat zwei Koffer.
5. Die Dame klebt die _____ auf die Flugscheinhülle. Frau Möller wird die
_____ brauchen, wenn sie ihr Gepäck in New York abholt.
6. Frau Möller nimmt eine _____ an Bord. Das _____ muß unter den Sitz
_____ .
7. Frau Möller möchte am _____ sitzen, in der _____ .
8. Der Computer zeigt keine Platzreservierung für Frau Möller. Das Flugzeug ist nicht voll
_____ . Es gibt _____ Plätze.
9. Frau Möller sieht sich ihre _____ an. Sie hat _____ C, _____
20.
10. Die Maschine macht eine _____ in Düsseldorf, aber Frau Möller muß nicht
_____ .
11. Der _____ von Flug 375 _____ New York mit Zwischenlandung in
Düsseldorf wird durchgesagt.
12. Die Passagiere des Lufthansafluges Nummer 375 müssen zum _____ 18 gehen.

12. Answer.
   1. Wo kommt Frau Möller an?
   2. Wie viele Hallen gibt es?
   3. Warum gibt es zwei?
   4. Wohin geht Frau Möller sofort?
   5. Was möchte die Dame sehen?
   6. Wie viele Koffer hat Frau Möller?
   7. Worauf klebt die Dame die Fluggepäckscheine?
   8. Wo kann Frau Möller ihre Koffer abholen?
   9. Was nimmt sie mit an Bord?
  10. Wohin muß das Handgepäck passen?
  11. Hat Frau Möller einen reservierten Platz?
  12. Warum ist das kein Problem?
  13. Welchen Platz hat Frau Möller?
  14. Zu welchem Ausgang muß sie gehen?
  15. Ist es ein Nonstopflug?

13. Complete.

Frau Möller fliegt mit _____ 375 _____ New York. Die Maschine macht
                           1   2

eine _____ in Düsseldorf, aber Frau Möller muß nicht _____. Sie hat
             3   4

_____ C, _____ 20 in der _____.
        5   6   7

Key Words

abfahren   to leave (trains, buses)
abfliegen   to leave (planes)
der Abflug, die Abflüge   departure (of
                                    planes)
abholen   to pick up
die Aktentasche,
   die Aktentaschen   briefcase
der Anhänger, die Anhänger   tag
ankommen   to arrive
die Ankunft, die Ankünfte   arrival
der Aufruf, die Aufrufe   announcement
aufrufen   to announce
(einen Flug) aufrufen   to announce (a
                                    flight)
aus   from (arriving from)
auschecken   to check out
der Ausgang, die Ausgänge   gate
der Auslandsflug,
   die Auslandsflüge   international flight
(einen Flugschein) ausstellen   to issue (a
                                    ticket)

der Bahnhof, die Bahnhöfe   railroad
                                    station
bekannt geben   to announce
bereit   ready
(voll) besetzt   full (fully booked)
an Bord   on board
die Bordkarte, die Bordkarten   boarding
                                    pass
der Bus, die Busse   bus
durchchecken   to check through
durchleuchten   to x-ray
die Durchsage,
   die Durchsagen   announcement
durchsagen   to announce
einchecken   to check in
das Fenster, die Fenster   window
am Fenster   by the window
fliegen   to fly
das Fließband, die Fließbänder   conveyor
                                    belt
der lug, die Flüge   flight

der Fluggepäckschein,   baggage claim
  die Fluggepäckscheine   check
die Fluggesellschaft,
  die Fluggesellschaften   airline
der Flughafen, die Flughäfen   airport
die Fluglinie, die Fluglinien   airline
der Flugschein, die Flugscheine   airline
                          ticket
die Flugscheinhülle,
  die Flugscheinhüllen   ticket jacket
das Flugzeug, die Flugzeuge   plane
frei   free (available)
der Gang, die Gänge   aisle
am Gang   on the aisle
das Gate, die Gates   gate
das Gepäck   luggage
das Gepäck aufgeben   to check one's
                        luggage
die Halle, die Hallen   terminal
das Handgepäck   carry-on luggage
der Hauptbahnhof,   main railroad
  die Hauptbahnhöfe   station
der Inlandflug, die Inlandflüge   domestic
                        flight
der Koffer, die Koffer   suitcase
der Korb, die Körbe   basket
die Maschine, die Maschinen   plane
mitnehmen   to take along
nach   to (destination)
die Nichtraucherzone,   no smoking
  die Nichtraucherzonen   section
der Nonstopflug,
  die Nonstopflüge   nonstop flight
der Passagier,   passenger (male or
  die Passagiere   female)

passen   to fit
der Platz, die Plätze   seat
die Platzreservierung,
  die Platzreservierungen   seat reservation
rauchen   to smoke
die Raucherzone,
  die Raucherzonen   smoking section
die Reihe, die Reihen   row
die Reise, die Reisen   trip
reisen   to travel
der Reisepaß (Paß),
  die Reisepässe (Pässe)   passport
der Schalter, die Schalter   counter
die Schlange, die Schlangen   line (queue)
die Sicherheitskontrolle,
  die Sicherheitskontrollen   security check
die Sicherheitsschleuse,
  die Sicherheitsschleusen   security gate
der Sitz, die Sitze   seat
summen   to buzz
der Tarif, die Tarife   fare
die Tasche, die Taschen   bag
das Taxi, die Taxis   taxi
ein Taxi (einen Bus) nehmen   to take a
                        taxi (bus)
der Transitpassagier,   through passenger
  die Transitpassagiere   (male or
                        female)
umsteigen   to change (planes, trains, etc.)
unter   under, underneath
das Visum, die Visa   visa
zeigen   to show
die Zwischenlandung,
  die Zwischenlandungen   stopover

Chapter 2: On the airplane
Kapitel 2: Im Flugzeug

WELCOME ON BOARD (Fig. 2-1)

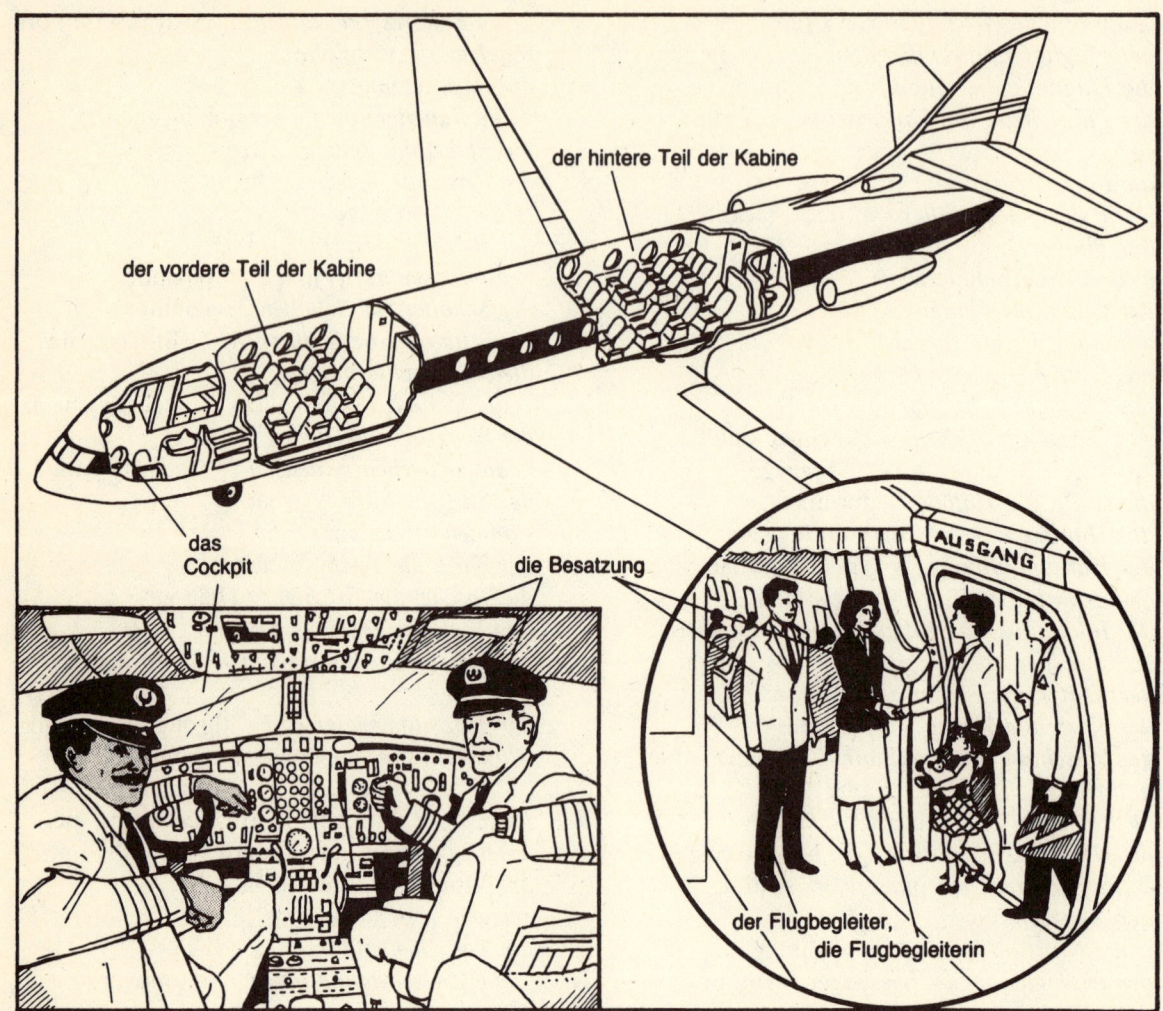

der hintere Teil der Kabine

der vordere Teil der Kabine

das Cockpit

die Besatzung

AUSGANG

der Flugbegleiter, die Flugbegleiterin

Fig. 2-1

Der *Flugkapitän* (der Pilot) und das *Kabinenpersonal* (die Besatzung) *befassen sich* mit der *Sicherheit* der Passagiere.
Die *Flugbegleiter* arbeiten im Flugzeug.
Sie *begrüßen* die Passagiere und *betreuen* sie. Die Erste-Klasse-Kabine ist *vorne*.
Die *größere Kabine* ist für die Economy-Klasse.
Während des Fluges dürfen die Passagiere nicht ins *Cockpit*.
Das *Betreten* des Cockpits ist *verboten*.
Das Flugzeug (die Maschine) ist *startbereit*.
Es startet.
Die Maschine *landet* in München.

pilot; crew
occupy themselves; safety
flight attendants
greet; take care of
in front
main (larger) cabin
cockpit
no admittance
ready for takeoff

lands

1. Complete.
1. Das Personal an Bord ist das _____.
2. Die _____ betreuen die Passagiere.
3. Vorne ist immer die _____.
4. Die Passagiere der Economy-Klasse reisen in der _____.
5. Während des Fluges ist das Betreten des _____ verboten.
6. Der Pilot sitzt im _____.
7. Zu Beginn des Fluges _____ die Maschine.
8. Am Ende des Fluges _____ die Maschine.

ANNOUNCEMENTS ON BOARD

Unsere *Flugzeit beträgt* sieben Stunden und fünfzig Minuten.	flying time; amounts to
Wir befinden uns in einer *Flughöhe* von zwölftausend Metern.	altitude
(Wir fliegen in einer Höhe von ...)	
Wir fliegen mit einer *Geschwindigkeit* von siebenhundert	speed
Kilometern *pro Stunde*.	per hour

2. Complete.

Meine Damen und Herren! Flugkapitän Becker und seine _____ _____

1   2

Sie an Bord unseres Fluges nach New York. Wir _____ in etwa fünf Minuten. Unsere

3

_____ von Düsseldorf nach New York _____ sieben Stunden und fünfzig

4   5

Minuten. Wir werden uns in einer _____ von zwölftausend Metern befinden, und wir

6

erreichen eine _____ von siebenhundert Kilometern _____.

7   8

SAFETY ON BOARD (Fig. 2-2)

Im Notfall:	in case of emergency
Eine *Schwimmweste* ist unter Ihrem Sitz.	life jacket
Bei einem *Luftdruckabfall* fallen die *Sauerstoffmasken*	reduction of air pressure;
automatisch herab.	oxygen masks
Es befinden sich *jeweils* zwei *Notausgänge* im *vorderen* und	each; emergency exits; front
hinteren Teil des Flugzeuges.	back part
Es gibt *außerdem* vier Notausgänge über den *Tragflächen*.	in addition; wings

3. Answer.
1. Wo sind die Schwimmwesten im Flugzeug?
2. Was passiert bei einem Luftdruckabfall?
3. Wo sind die Notausgänge?

Die Passagiere sollen *angeschnallt sitzen bleiben*.	remain seated with seat belts fastened
Während des *Starts* und der *Landung* müssen die Passagiere ihre *Sicherheitsgurte anlegen*.	takeoff; landing seat belts; fasten
Auch während des Fluges sollen die Passagiere *angeschnallt sitzen bleiben*.	remain seated with seat belts fastened

Fig. 2-2

Während des Fluges kann das Flugzeug *unerwarteter Turbulenz begegnen.*	to encounter unexpected turbulence
Bei Turbulenz *schaukelt* das Flugzeug.	bounces, bumps

4. Complete.

Während des _____ und auch während der _____ müssen die Passagiere

                 1   2

_____ sitzen bleiben. Sie dürfen nicht im Gang auf- und ablaufen. Sie sollen nicht nur

     3

sitzen bleiben, sondern sie sollen auch die _____ anlegen. Es ist empfehlenswert,

                                            4

während des ganzen Fluges _____ sitzenzubleiben. Man weiß nie, wann das Flugzeug

                                 5

unerwarteter _____ begegnen wird. Bei Turbulenz _____ das Flugzeug.

                      6   7

Der Kapitän hat das *Schild "Nicht rauchen" eingeschaltet.*[1]	no smoking light (sign); turned on
Das Schild "Nicht rauchen" *leuchtet* während des Starts und der Landung.	is lit

----

[1] As noted in chapter 1, these days most airlines feature non-smoking flights.

Während das Schild "Nicht rauchen" eingeschaltet ist, dürfen
   die Passagiere nicht rauchen.
Auch in der *Raucherzone* ist das Rauchen *verboten*.   smoking section; forbidden
Im Gang ist das Rauchen verboten.
In den Toiletten ist das Rauchen verboten.

5. Complete.
   1. An Bord dürfen die Passagiere nicht in der _____, im _____ und in den
      _____ rauchen.
   2. Auch dürfen sie nicht rauchen, wenn das _____ _____ ist.
   3. Das _____ leuchtet während des Starts und der _____.

die Gepäckablage

die Rückenlehne

unter dem Platz

Fig. 2-3

Das *Handgepäck* darf nicht im Gang stehen   carry-on luggage
Das Handgepäck muß *unter den Sitz passen*.   fit under the seat
Falls es nicht unter den Sitz paßt, muß es in die
   Ablage (Gepäckablage) *über Ihrem Sitz* passen.   overhead compartment
Während des Starts und der Landung muß die *Rückenlehne*   back of seat
senkrecht gestellt werden.   in an unright position

6. Complete.

Viele Passagiere bringen Handgepäck an Bord. Aber sie dürfen es nicht in den

_____ stellen. Das Handgepäck muß unter den _____ oder in die
          1   2

_____ über den Sitzen _____. Es ist eine Sicherheitsvorschrift. Während des
          3   4

_____ und der _____ muß die _____ _____ gestellt
          5   6   7   8

werden.

Fig. 2-4

SERVICES ON BOARD (Fig. 2-4)

Während des Fluges:	
Wir servieren *Getränke*.	drinks
Es gibt *Zeitungen* und *Zeitschriften*.	newspapers; magazines
Wir servieren Ihnen eine warme/kalte *Mahlzeit*.	meal
Vor der Landung servieren wir ein *Frühstück*.	breakfast
Es gibt fünf *Kanäle in Stereo*.	stereo channels
Möchten Sie *Kopfhörer*?	headphones, headset

Wir *zeigen* Ihnen einen Film.	show
Für den Kopfhörer muß man oft eine *Gebühr* von $3.50 zahlen.	charge, fee
Es gibt auch *Decken* und *Kopfkissen*.	blankets; pillows
In der *Tasche am Sitz vor Ihnen* befindet sich eine *Spucktüte*.	seat pocket; in front of you; airsickness bag

7. Complete.

Während des Fluges servieren die Flugbegleiter eine warme ＿＿＿＿＿＿＿. Vor der
                                                                            1
Landung wird ein ＿＿＿＿＿＿＿ serviert. Während des Fluges kann man Musik in
                        2
＿＿＿＿＿＿＿ hören. Es gibt fünf ＿＿＿＿＿＿＿, und die Passagiere können unter
        3   4
klassischer Musik, Popmusik usw. wählen. Nach der Mahlzeit wird einen ＿＿＿＿＿＿＿ gezeigt.
                                                                              5
Wenn man Musik hören oder den Film sehen will, muß man oft eine ＿＿＿＿＿＿＿ von $3.50
                                                                        6
für den ＿＿＿＿＿＿＿ zahlen. Wenn man schlafen möchte, bringen die Flugbegleiter
            7
＿＿＿＿＿＿＿ und ＿＿＿＿＿＿＿.
    8   9

8. Complete.

Ich bin sehr müde. Ich möchte nichts essen, keine Musik hören und keinen Film sehen. Ich

möchte nur schlafen. Bitte, bringen Sie mir eine ＿＿＿＿＿＿＿ und ein ＿＿＿＿＿＿＿.
                                                        1   2

Täglich umfliegen Tausende von Flugzeugen die Erde. Während die Passagiere an Bord kommen, begrüßen die Flugbegleiter und die Besatzung ihre Passagiere und zeigen ihnen ihre Plätze. Vorne ist meistens die Kabine für Erste-Klasse-Passagiere, und im hinteren Teil sitzen die Economy-Passagiere.

Während des Fluges gibt es viele Durchsagen. Die Flugbegleiter müssen an den Komfort und an die Sicherheit der Passagiere denken. Sie erklären ihnen, wie die Sauerstoffmaske und die Schwimmweste benutzt werden. Sie zeigen ihnen, wo sich die Notausgänge und die Toiletten befinden. Es gibt einige wichtige Vorschriften, die die Passagiere befolgen müssen. Das Handgepäck muß unter den Sitz oder in die Gepäckablage passen. Das Rauchen ist während des Starts und der Landung, in der Nichtraucherzone, in den Gängen und in den Toiletten verboten. Auch wenn der Flugkapitän das Schild "Nicht rauchen" einschaltet, darf man nicht rauchen. Währen des Starts und der Landung müssen die Passagiere die Sicherheitsgurte anlegen und ihre Rückenlehnen senkrecht stellen. Die Besatzung empfiehlt den Passagieren, auch während des Fluges angeschnallt zu bleiben. Man weiß nie, wann das Flugzeug einer Turbulenz begegnet und schaukelt.

Während des Fluges servieren die Flugbegleiter Getränke und eine Mahlzeit. Sie bringen den Passagieren, die schlafen möchten, Decken und Kopfkissen. Auf vielen Langstreckenflügen bietet die Fluggesellschaft den Passagieren verschiedene Stereokanäle und einen Film. Die Flugbegleiter verteilen Kopfhörer an die Passagiere, die Musik hören möchten. In der Economy-Klasse muß man oft eine Gebühr für die Kopfhörer zahlen.

Während des gesamten Fluges ist das Betreten des Cockpits verboten. Oft teilt der Flugkapitän den Passagieren die voraussichtliche Flugzeit, die Flughöhe, die Flugroute und die Geschwindigkeit mit. Im Namen der gesamten Besatzung wünscht der Flugkapitän den Passagieren einen angenehmen Flug.

9. Complete.
1. In den meisten Flugzeugen gibt es zwei _____. Die vordere Kabine ist für _____-Passagiere. Die größere _____ ist für _____-Klasse-Passagiere.
2. Die _____ begrüßen die Passagiere, wenn sie an Bord kommen.
3. Bei einem Luftdruckabfall fallen die _____ herab.
4. Das _____ muß unter den Sitz oder in die _____ passen.
5. Während des _____ und der _____ darf nicht geraucht werden.
6. Man darf nicht rauchen, wenn das _____ eingeschaltet ist.
7. Die Passagiere müssen ihre _____ während des Starts und der Landung senkrecht stellen.
8. Die Besatzung empfiehlt den Passagieren, auch während des Fluges ihre _____ anzulegen.
9. Auf Langstreckenflügen servieren die Flugbegleiter immer _____ und eine _____.
10. Wenn ein Passagier Musik hören oder den Film sehen möchte, bringt der Flugbegleiter einen _____. In der Economy-Klasse muß der Passagier oft dafür eine _____ zahlen.

10. Match.
1. das gesamte Personal an Bord
2. was bei einem Luftdruckabfall automatisch herabfällt
3. was die Passagiere brauchen, um an Bord zu kommen
4. was bei Start und Landung senkrecht gestellt werden muß
5. was die Passagiere anlegen
6. das Personal, das die Passagiere betreut
7. wo man im Notfall das Flugzeug verläßt
8. was man zahlen muß
9. für das Handgepäck
10. was dem Flugzeug begegnen kann

(a) die Sicherheitsgurte
(b) die Rückenlehne
(c) die Notausgänge
(d) die Tasche am Sitz
(e) die Besatzung
(f) eine Bordkarte
(g) die Flughöhe
(h) die Gepäckablage
(i) die Sauerstoffmaske
(j) die Flugbegleiter
(k) die Flugroute
(l) eine Gebühr
(m) die Turbulenz

11. Answer.
1. Wer begrüßt die Passagiere?
2. Wie viele Kabinen gibt es in vielen Flugzeugen?
3. Wer erklärt, wie die Sauerstoffmaske benutzt wird?
4. Wohin müssen die Passagiere ihr Handgepäck stellen (legen)?
5. Wo darf man im Flugzeug nicht rauchen?
6. Was müssen die Passagiere während des Starts und der Landung tun?
7. Warum empfiehlt die Besatzung den Passagieren, auch während des Fluges angeschnallt zu bleiben?
8. Was servieren die Flugbegleiter während des Fluges?
9. Was bringen sie den Passagieren auch?
10. Was sagt der Flugkapitän durch?

Key Words

angenehm   pleasant
angeschnallt   to remain seated with seat
    sitzenbleiben   belts fastened
(die Sicherheitsgurte)   to fasten (the seat
    anlegen   belt)
sich anschnallen   to fasten (seat belts)
arbeiten   to work
sich befassen   to occupy oneself with
sich befinden   to be, be located
befolgen   to follow
begegnen   to encounter, meet
begrüßen   to greet, welcome
benutzen   to use
die Besatzung, die Besatzungen   crew
betragen   to amount to
Betreten verboten   no admittance
betreuen   to take care of
das Cockpit, die Cockpits   cockpit
die Decke, die Decken   blanket
die Economy-Klasse   economy class
eingeschaltet   turned on
empfehlen   to recommend
erklären   to explain
erreichen   to reach
die Erste Klasse   first class
im Falle   in case
der Film, die Filme   film, movie
fliegen   to fly
der Flug, die Flüge   flight
der Flugbegleiter,
    die Flugbegleiter   flight attendant (male)
die Flugbegleiterin,   flight attendant
    die Flugbegleiterinnen   (female)
der Flügel, die Flügel   wing
der Flugkapitän,
    die Flugkapitäne   captain, pilot
die Flugroute, die Flugrouten   flight plan
die Flugzeit, die Flugzeiten   flying time
das Frühstück   breakfast
die Gebühr, die Gebühren   charge
die Gepäckablage,   overhead
    die Gepäckablagen   compartment
gesamt   entire, all of
die Geschwindigkeit,
    die Geschwindigkeiten   speed
das Getränk, die Getränke   drink
der Gurt, die Gurte   belt
das Handgepäck   carry-on luggage

herabfallen   to fall (down from above)
im hinteren Teil   in the rear
die Kabine, die Kabinen   cabin
das Kabinenpersonal   flight personnel
der Kanal, die Kanäle   channel
der Kopfhörer, die Kopfhörer   headphones
das Kopfkissen, die Kopfkissen   pillow
landen   to land
die Landung, die Landungen   landing
der Langstreckenflug,   long-distance
    die Langstreckenflüge   flight
leuchten   to be lit up
der Luftdruck   air pressure
der Luftdruckabfall   reduction in air
                                                                pressure
die Luftkrankheit   airsickness
die Mahlzeit, die Mahlzeiten   meal
mitteilen   to inform
der Notausgang,
    die Notausgänge   emergency exit
der Notfall, die Notfälle   emergency
oft   often
passen   to fit
passieren   to happen
der Pilot, die Piloten   pilot
rauchen   to smoke
die Rückenlehne,
    die Rückenlehnen   back (of seat)
die Sauerstoffmaske,
    die Sauerstoffmasken   oxygen mask
schaukeln   to bounce
das Schild, die Schilder   sign
die Schwimmweste,
    die Schwimmwesten   life jacket
senkrecht   upright
die Sicherheit   security
der Sicherheitsgurt,
    die Sicherheitsgurte   seat belt
die Sicherheitsvorschrift,   safety
    die Sicherheitsvorschriften   regulation
die Spucktüte,
    die Spucktüten   airsickness bag
der Start, die Starts   start
startbereit   ready for takeoff
starten   to start
stehen   to stand
stellen   to place
in Stereo   in stereo

pro Stunde   per hour
die Tasche,
  die Taschen am Sitz   seat pocket
im hinteren Teil   in the rear compartment
im vorderen Teil   in the forward
                    compartment
die Toilette, die Toiletten   toilet
die Tragfläche,
  die Tragflächen   wing (of plane)
die Turbulenz, die Turbulenzen   turbulence
unerwartete Turbulenz   unexpected
                    turbulence

verboten   forbidden
verlassen   to leave
im vorderen Teil   in the front
vorne   in the front
voraussichtlich   expected
wählen   to choose
zahlen   to pay
die Zeitschrift, die Zeitschriften   magazine
die Zeitung, die Zeitungen   newspaper
die Zone, die Zonen   zone

Chapter 3: Passport control and customs
Kapitel 3: Paßkontrolle und Zollabfertigung

PASSPORT CONTROL AND IMMIGRATION

Hier ist mein *Reisepaß*.[1]	passport
mein *Visum*.	visa
Wie lange bleiben Sie?	how long; stay
Nur ein paar Tage.	only a few days
eine Woche.	a week
einen Monat.	a month
Reisen Sie *geschäftlich*?	on business
Reisen Sie *zum Vergnügen*?	for pleasure
Ich bin *auf der Durchreise*.	passing through
Wo werden Sie *übernachten*?	stay overnight

1. Complete.
   Bei der Paßkontrolle

   —Ihr _____, bitte.
               1

   —Hier _____ er.
              2

   —Wie lange _____ Sie?
                   3

   —Ich bleibe _____.
                    4

   —Wo _____ Sie?
           5

   —Ich übernachte im Hotel "Zur Post."

   —Reisen Sie _____ oder zum _____?
                     6   7

   —Zum _____. Es ist eine Urlaubsreise.
             8

AT CUSTOMS

Ich habe *nichts zu verzollen*.	nothing to declare
etwas zu verzollen.	something to declare
Wenn Sie nichts zu verzollen haben, folgen Sie den *grünen* Zeichen.	green signs
(Dort steht: "*Zollfreie Waren*".)	nothing to declare
Wenn Sie etwas zu verzollen haben, folgen Sie den *roten* Zeichen.	red signs
(Dort steht: "*Zollpflichtige Waren*".)	goods to declare

---

[1] Since November 1993 citizens of European Union (EU) member states are no longer required to show their passports or identity cards when traveling between EU countries (except under special circumstances).

Der *Zollbeamte* fragt:	customs agent
Haben Sie *Zigaretten* (*Tabak*) bei sich?	cigarettes, tobacco
Whisky?	
Obst (*Früchte*) oder *Gemüse*[2]?	fruits; vegetables
Ich habe nur meine *persönlichen Sachen* bei mir.	personal effects
(Ich habe *nichts weiter dabei*.)	nothing more with me
Darf ich Ihre *Zollerklärung* sehen?	customs declaration
Ich habe eine *Flasche* Whisky zu verzollen.	bottle
Bitte *öffnen* Sie *diese Tasche*.	open this bag
diesen Koffer.	this suitcase
Falls Sie mehr als einen Liter Whisky bei sich haben, müssen Sie durch den Zoll.	
Der Whisky muß *verzollt werden*.	pay duty

2. Complete.

     1. In diesem Flughafen wird nicht das gesamte Gepäck untersucht. Die Passagiere, die nichts zu _____ haben, können den _____ folgen. Diejenigen, die _____ zu verzollen haben, können den _____ folgen.

     2. Dieses Land erlaubt die zollfreie Einfuhr von zwei Litern Whisky. Wenn man drei Liter bei sich hat, muß der dritte Liter _____ werden.

     3. Der Zollbeamte will meine _____ sehen.

     4. Ich habe nichts zu verzollen, weil ich nur meine _____ bei mir habe.

Key Words

auf der Durchreise sein	to be passing through
die Frucht, die Früchte	fruit
das Gemüse	vegetables
geschäftlich	on business
das Obst	fruit
öffnen	to open
die Paßkontrolle, die Paßkontrollen	passport control
der Personalausweis, die Personalausweise	identity card
die persönlichen Sachen	personal effects
der Tabak	tobacco
übernachten	to stay overnight (short time)
untersuchen	to check, examine
die Urlaubsreise, die Urlaubsreisen	vacation trip
zum Vergnügen	for pleasure
verzollen	to declare, pay duty
der Whisky	whiskey
wie lange?	how long?
das Zeichen, die Zeichen	sign
die Zigarette, die Zigaretten	cigarette
der Zoll	customs duty
die Zollabfertigung, die Zollabfertigungen	customs
der Zollbeamte, die Zollbeamten	customs official (male)
die Zollbeamtin, die Zollbeamtinnen	customs official (female)
die Zollerklärung	customs declaration

---

[2] Importation of fruits and vegetables within Europe is not generally prohibited.

Chapter 4:   At the train station
Kapitel 4:   Im Bahnhof

GETTING A TICKET (Fig. 4-1)

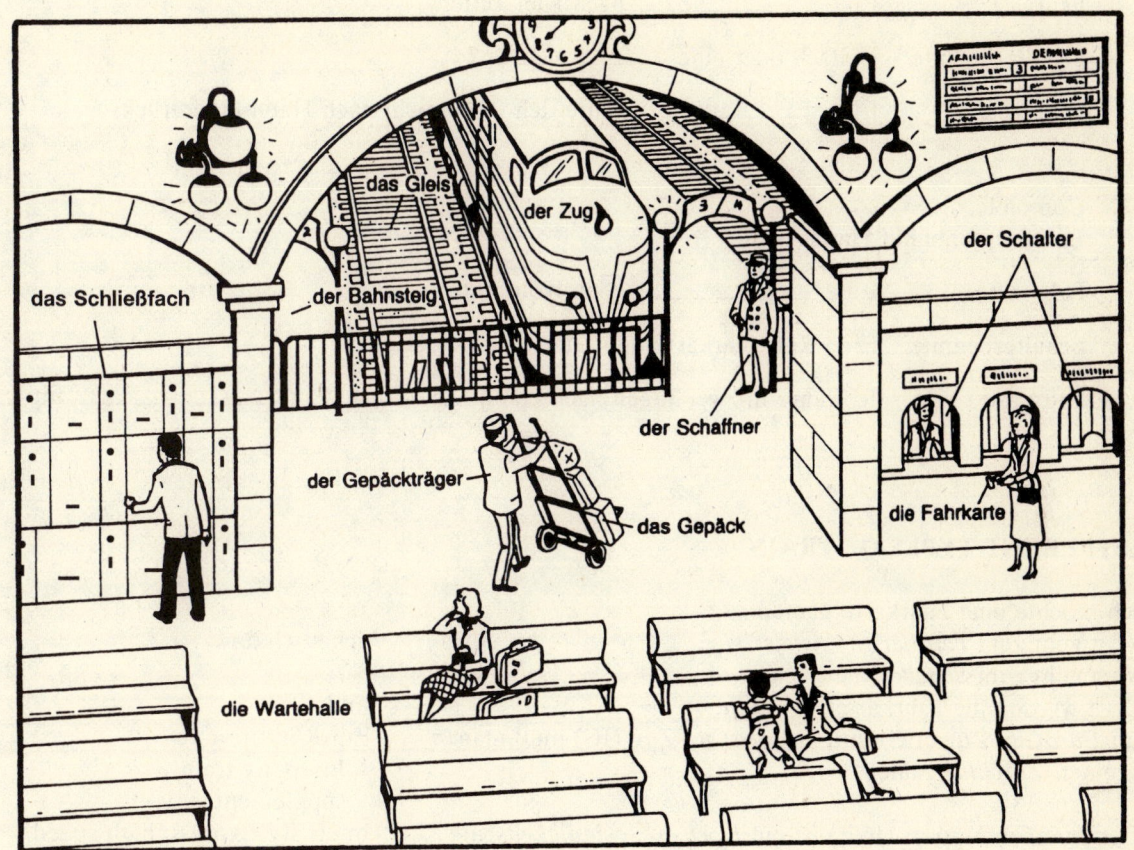

Fig. 4-1

Ich fahre *mit dem Zug*.	by train
die *Fahrkarte*[1]	ticket
die *Rückfahrkarte*	round trip ticket
Von Kiel nach Hamburg, *einfach*, bitte.	one-way
Kiel-Hamburg, eine Rückfahrkarte, bitte.	
Ich fahre von Köln nach München.	
Ich *fahre* nicht nach Köln *zurück*.	return
Ich brauche keine Rückfahrkarte.	
Ich brauche eine *einfache Fahrkarte*.	one-way ticket

---

[1] With the exception of local and commuter trains, most German trains have both first and second class cars. However, some trains may have only second class accommodations. There is also usually a choice of smoking cars (*Raucher*) and non-smoking cars (*Nichtraucher*). Persons who reside permanently outside of Germany may also purchase a "German Rail Pass" upon presentation of their passport or similar document. This can be very economical if one is planning a lot of long distance travel.

1. Complete.
Im Haupbahnhof Hamburg[2]

Fahrgast: Eine _____ nach Kiel, bitte.
                                        1

Schalterbeamte: Einfach oder eine _____ ?
                                              2

Fahrgast: Eine _____ , bitte. Ich fahre nicht nach Hamburg zurück.
                                  3

2. Complete.
Im Hauptbahnhof Hannover

Fahrgast: Eine _____ nach Köln, bitte.
                                      1

Schalterbeamte: Eine Rückfahrkarte oder eine _____ ?
                                                      2

Fahrgast: Ich fahre in zwei Tagen nach Hannover zurück. Eine _____ , bitte.
                                                                              3

DIFFERENT TYPES OF TRAIN[3]

Ich möchte eine Fahrkarte kaufen.	
Man geht zum *Fahrkartenschalter*.	ticket window
Man geht zum *Schalter*.	
Dort werden die Fahrkarten *verkauft*.	sold
Im *EuroCity-Zug* (EC) und im *InterCity-Zug* (IC) muß man einen *Zuschlag* zahlen.	EuroCity train; InterCity train supplement
Der *InterCityExpress* (ICE) ist ein *Hochgeschwindigkeitszug*.	InterCity Express; high speed train
Für ICE-Züge muß man einen *besonderen Fahrpreis* bezahlen.	special fare
Für *D-Züge* muß man keinen Zuschlag bezahlen.	conventional express trains
Der *Nahverkehrszug hält öfter*.	local train; stops more often
Wir müssen *umsteigen*.	change trains

3. Complete.
Ich fahre nach Hamburg und habe noch keine Fahrkarte. Ich muß zum _____
                                                                        1
gehen. Dort kann ich mir die Fahrkarte kaufen. Aber wo ist denn der _____ ? Da ist
                                                                          2
er, und die Schlange ist kurz.

---

[2] Larger cities generally have a *Hauptbahnhof* (main train station) as well as a number of smaller stations named after their location in the city. For example, *Hamburg-Altona* is a station in Hamburg.

[3] There are three types of long distance express trains in Germany: the ICE, the EC and the IC. There are also several different kinds of regional train, e.g. *InterRegio* trains and *D-Züge* (conventional express trains). In addition there are a variety of options for local travel such as the *StadtExpress* and *RegionalBahn* for travel between nearby cities and the *U-Bahn* (subway) or *S-Bahn* (streetcars) for travel within a city.

4. Complete.

Am _____
        1

—Eine _____nach Hamburg, bitte.
        2

—Möchten Sie eine _____ oder eine _____?
                        3   4

—Ich fahre nicht zurück. Eine _____, bitte. Was kostet sie?
                                5

—Nehmen Sie einen InterCity-Zug oder einen D-Zug?

—Nicht den D-Zug. Einen _____, bitte.
                            6

—Die _____ für den InterCity-Zug kostet neunzig Mark.
        7

WAITING FOR THE TRAIN

der *Fahrplan*	timetable, schedule
nach	to (a destination)
die *Abfahrt*	departure
die *Ankunft*	arrival
die *Verspätung*	delay
Der D-Zug nach Braunschweig soll um 14.10 Uhr *abfahren*.	leave
Er wird nicht *pünktlich* abfahren.	on time
Er wird mit Verspätung abfahren.	
Er wird um 15.00 Uhr abfahren.	
Der Zug *hat* fünfzig Minuten *Verspätung*.	is (50 minutes) late
Der Zug wird fünfzig Minuten Verspätung haben.	
Die Fahrgäste müssen warten.	

5. Answer.
  1. Wann soll der Zug nach Braunschweig abfahren?
  2. Wird er pünktlich abfahren?
  3. Wann wird er abfahren?
  4. Hat der Zug Verspätung?
  5. Mit wieviel Verspätung fährt der Zug ab?

6. Complete.

Der Zug fährt nicht pünktlich ab. Es gibt eine _____. Der Zug wird um 15.00
                                                1

Uhr, nicht um 14.10 Uhr abfahren. Er wird mit _____ Minuten _____
                                                2   3

abfahren. Die Fahrgäste müssen auf den Zug warten.

CHECKING YOUR LUGGAGE[4]

Ich habe viel *Gepäck*.	luggage
Ich habe viele *Koffer*.	suitcases

---

[4] Although these days there are no porters or a manned luggage check at the small train stations, a number of the larger train stations do have porter service (*Gepäck-Service*) and sometimes even a manned luggage check.

Ich kann nicht alle Koffer *tragen*.	carry
Ich kann den *Kofferkuli* benutzen.	luggage cart
Oder der *Gepäckträger* kann sie tragen.	porter
Ich kann mein Gepäck in einem *Schließfach* lassen.	locker
Ich muß eine Münze in den *Schlitz einwerfen*.	slot; insert
Dann nehme ich den *Schlüssel* mit.	key
Ich *hole* das Gepäck später *ab*.	pick up
Auf großen Bahnhöfen gibt es oft eine *Gepäckaufbewahrung*.	baggage checkroom
Ich *gebe* meine Koffer bei der Gepäckaufbewahrung *ab*.	check (baggage)
Ich *lasse* sie bei der Gepäckaufbewahrung.	leave
Bei der Gepäckaufbewahrung bekomme ich einen *Gepäckschein*.	baggage claim check
Man kann sein Gepäck nur *zurückbekommen*, wenn man einen Gepäckschein hat.	get back

7. Complete.
1. Ich habe viele Koffer. Ich habe viel _____.
2. Ich kann die Koffer nicht tragen. Der _____ kann sie für mich tragen.
3. Ich muß noch eine Stunde warten. Ich werde die Koffer in einem _____ lassen.
4. Ich muß eine Münze in den _____ einwerfen.
5. Dann muß ich den _____ mitnehmen.
6. Bevor ich zum Zug gehe, muß ich mir mein Gepäck _____.

8. Complete.

Der Herr kommt am Hauptbahnhof an. Es ist 13 Uhr. Der Zug fährt erst um 15 Uhr ab. Er

hat viel _____ und kann nicht alles tragen. Er holt einen _____ für sein
          1   2

_____. Mit dem _____ bringt er das Gepäck zum Schließfach. Er wirft
     3   4

eine _____ in den Schlitz und nimmt den _____. Um 14.30 kommt er
        5   6

zum _____ zurück und holt sein _____ wieder ab. Der Zug fährt um
     7   8

_____ ab.
     9

GETTING ON THE TRAIN

Der Gepäckträger bringt das Gepäck zum *Bahnsteig*.	platform
Der ICE nach Köln fährt in fünf Minuten ab.	
Er fährt von *Gleis* 7 ab.	track
Im Zug ist mein *Platz reserviert*.	reserved seat
Ich habe eine *Platzreservierung*.	seat reservation
Mein Platz ist in *Wagen* Nummer 13.	car
Meine *Platznummer* ist 117 im dritten *Abteil*.	seat number; compartment

9. Complete.
1. Der ICE nach Köln wird von _____ 7 abfahren.
2. Ich habe eine _____, aber ich weiß die Nummer nicht.
3. Meine Platznummer ist 117 im dritten _____, _____ Nummer 13.

10. Complete.
1. Der Zug fährt bald ab. Wir müssen zum _____ gehen.
2. In den _____ sind jeweils sechs Sitzplätze.

ON THE TRAIN

Da kommt der *Schaffner*.	conductor
Er will die Fahrkarten *kontrollieren*.	check
Die Fahrgäste essen im *Speisewagen*.	dining car
Die Fahrgäste schlafen im *Liegewagen*.[5]	couchette
im *Schlafwagen*.	sleeping car

11. Complete.
1. Der Mann, der die Fahrkarten kontrolliert, ist der _____.
2. In einem Nachtzug kann man im _____ schlafen.
3. Im _____ können die Fahrgäste etwas essen.

Frau Meyer macht eine Bahnfahrt. Vor dem Bahnhof steigt sie am Taxistand aus dem Taxi. Sie hat vier Koffer bei sich. Sie kann nicht alles tragen und holt sich einen Kofferkuli. Im Bahnhof erfährt sie, daß der Zug nicht pünktlich abfahren wird. Der Zug wird mit einer Verspätung von einer halben Stunde abfahren. Darum will sie ihr Gepäck im Schließfach lassen. Dann geht sie zum Schalter und kauft ihre Fahrkarte. Sie kauft eine Rückfahrkarte erster Klasse nach Flensburg. Dann setzt sie sich in das Bahnhofscafé und trinkt eine Tasse Kaffee. Nach einer halben Stunde geht sie zum Schließfach und holt ihr Gepäck ab. Sie holt wieder einen Kofferkuli und bringt ihr Gepäck zum Bahnsteig. Der Zug ist schon am Bahnsteig. Frau Meyer sucht Wagen 7 und steigt in den Zug ein. Dann sucht sie ihren Platz. Ihr reservierter Platz ist 112 in einem Erster-Klasse-Abteil in Wagen 7.

Da es kein Nachtzug ist, hatte sie kein Bett im Schlafwagen reservieren lassen. Bald kommt der Schaffner und kontrolliert die Fahrkarten. Alles ist in Ordnung. Dann fragt sie ihn, wo der Speisewagen ist. Der Speisewagen ist der dritte Wagen des Zuges.

12. Based on the story, determine whether each statement is *true* or *false*.
1. Frau Meyer macht eine Bahnfahrt.
2. Sie kommt mit dem Autobus zum Bahnhof.
3. Mit ihrem Gepäck braucht sie keine Hilfe, weil sie nur einen Koffer bei sich hat.
4. Der Zug fährt pünktlich ab.
5. Sie kauft eine einfache Fahrkarte.
6. Sie hat eine Bettkarte für den Schlafwagen.
7. Frau Meyer gibt ihr Gepäck bei der Gepäckaufbewahrung ab.
8. Frau Meyer zeigt dem Schaffner ihren Gepäckschein.

13. Answer.
1. Wie kommt Frau Meyer zum Bahnhof?
2. Wie viele Koffer hat sie bei sich?
3. Was holt Frau Meyer?
4. Fährt der Zug pünktlich ab?

---

[5] In a couchette there are six pull-out bunks to a compartment. In a sleeping car there are proper beds.

5. Mit wieviel Verspätung fährt der Zug ab?
6. Was macht sie mit ihrem Gepäck?
7. Wo kauft sie die Fahrkarte?
8. Will sie eine einfache Fahrkarte kaufen?
9. Fährt sie Erster Klasse oder Zweiter Klasse?
10. Wie bringt sie ihr Gepäck zum Bahnsteig?
11. Ist der Zug schon da?
12. Welchen Wagen sucht sie?
13. Welchen Platz hat Frau Meyer?
14. Warum hat sie kein Bett reservieren lassen?
15. Was fragt Frau Meyer den Schaffner?

14. Match.

1. das Gepäck	(a)	wo die Fahrgäste ihr Gepäck lassen können
2. das Gleis	(b)	alle Koffer und Taschen, die ein Fahrgast bei sich hat
3. der Schalter	(c)	nicht pünktlich
4. der Gepäckträger	(d)	wo die Züge abfahren
5. das Schließfach	(e)	wo man die Fahrkarten kauft
6. mit Verspätung	(f)	die Person, die mit dem Gepäck hilft

Key Words

abfahren to leave
die Abfahrt, die Abfahrten departure
abgeben to check (baggage)
abholen to pick up, call for
das Abteil, die Abteile compartment
ankommen to arrive
die Ankunft, die Ankünfte arrival
aussteigen to get off
die Bahnfahrt, die Bahnfahrten train trip
das Bahnhofscafé,
  die Bahnhofscafés station café
der Bahnsteig, die Bahnsteige platform
bekommen to get, receive
bezahlen to pay
die einfache Fahrkarte one-way ticket
einsteigen to get on
einwerfen to put in
erfahren to find out
die Fahrkarte, die Fahrkarten ticket
der Fahrplan,
  die Fahrpläne schedule, timetable
die Gepäckaufbewahrung baggage
                                checkroom
der Gepäckschein,
  die Gepäckscheine baggage claim check

der Gepäckträger, die Gepäckträger porter
das Gleis, die Gleise track
der Hauptbahnhof,
  die Hauptbahnhöfe main train station
der Kofferkuli,
  die Kofferkulis luggage cart
kontrollieren to check (e.g. tickets,
                                passports)
lassen to leave
der Liegewagen, die Liegewagen couchette
die Münze, die Münzen coin
nach to (a destination)
der Nachtzug, die Nachtzüge night train
der Nahverkehrszug,
  die Nahverkehrszüge local train
in Ordnung all right, OK
die Platznummer,
  die Platznummern seat number
pünktlich on time
reserviert reserved
die Rückfahrkarte,
  die Rückfahrkarten round-trip ticket
rufen to call
der Schaffner, die Schaffner conductor
der Schalter, die Schalter ticket window

der Schlafwagen,
　die Schlafwagen　sleeping car
das Schließfach, die Schließfächer　locker
der Schlitz, die Schlitze　slot
der Schlüssel, die Schlüssel　key
der Sitzplatz　seat
der Speisewagen,
　die Speisewagen　dining car
tragen　to carry

das Trinkgeld, die Trinkgelder　tip
umsteigen　to change (trains, buses)
verspätet　late
die Verspätung, die Verspätungen　delay
der Wagen, die Wagen　car
der Zug, die Züge　train
zurückbekommen　to get back
der Zuschlag, die Zuschläge　supplement

Chapter 5: The automobile
Kapitel 5: Das Auto

RENTING A CAR

Ich möchte ein Auto *mieten*.	rent
Ich möchte ein Auto *zum Tagestarif* mieten.	by the day
Ich möchte ein Auto *zum Wochentarif* mieten.	by the week
Muß man auch *Kilometergeld* zahlen?	mileage (in kilometers) charge
Was kostet es pro Kilometer?	
Ist *Benzin* im Preis *inbegriffen*?	gasoline; included
Haben Sie ein Auto mit *Automatikgetriebe*?	automatic transmission
Muß ich *eine Anzahlung leisten*?	leave a deposit
Ich möchte eine *Vollkaskoversicherung*.	comprehensive auto liability insurance plus collision
Hier ist mein *Führerschein*.	driver's license
Ich möchte mit einer *Kreditkarte bezahlen*.	credit card; pay
Unterschreiben Sie bitte *den Vertrag* (Mietvertrag).	sign the contract

1. Complete.

1. Ich möchte nicht mit der Bahn fahren. Darum _____ ich mir ein Auto.
2. Man kann das Auto zum _____ oder zum _____ mieten.
3. Es _____ 99,– DM pro Tag. Der _____ ist 500,– DM.
4. Manchmal muß man dazu ein _____ zahlen.
5. Das _____ ist nicht im Preis inbegriffen.
6. In manchen Ländern braucht man einen internationalen _____, um sich ein Auto mieten zu können.
7. Da ein Unfall möglich ist, ist eine _____ eine gute Idee.

2. Complete.

—Ich möchte gern ein Auto _____.
1

—Was für ein Auto möchten Sie?

—Ein kleines _____, bitte.
2

—Wie lange möchten Sie es mieten?

—Wieviel nehmen Sie pro _____ und wieviel pro _____?
3   4

—Der _____ ist 99,– DM und der _____ 500,– DM. Und die _____
5   6   7

gehen extra.

—Und wieviel kostet der _____?
8

—0,50 DM, und das Benzin ist nicht _____.
9

—Gut. Ich möchte das Auto für eine Woche.

—Ich empfehle Ihnen eine _____, im Falle eines Unfalls.
10

—Warum nicht. . . .

—Darf ich Ihren ——————— sehen, bitte?
                                  11
—Hier ist er. Muß ich eine ——————— leisten?
                                        12
—Falls Sie mit einer ——————— zahlen, nein. Aber wenn Sie nicht mit einer Kreditkarte
                              13

zahlen, dann müssen Sie eine Anzahlung leisten.

—Schön. Ich zahle mit der ———————.
                                    14
—Hier ist Ihr Führerschein. Bitte ——————— Sie den Mietvertrag hier.
                                          15

CHECKING OUT THE CAR (Figs. 5-1 and 5-2)

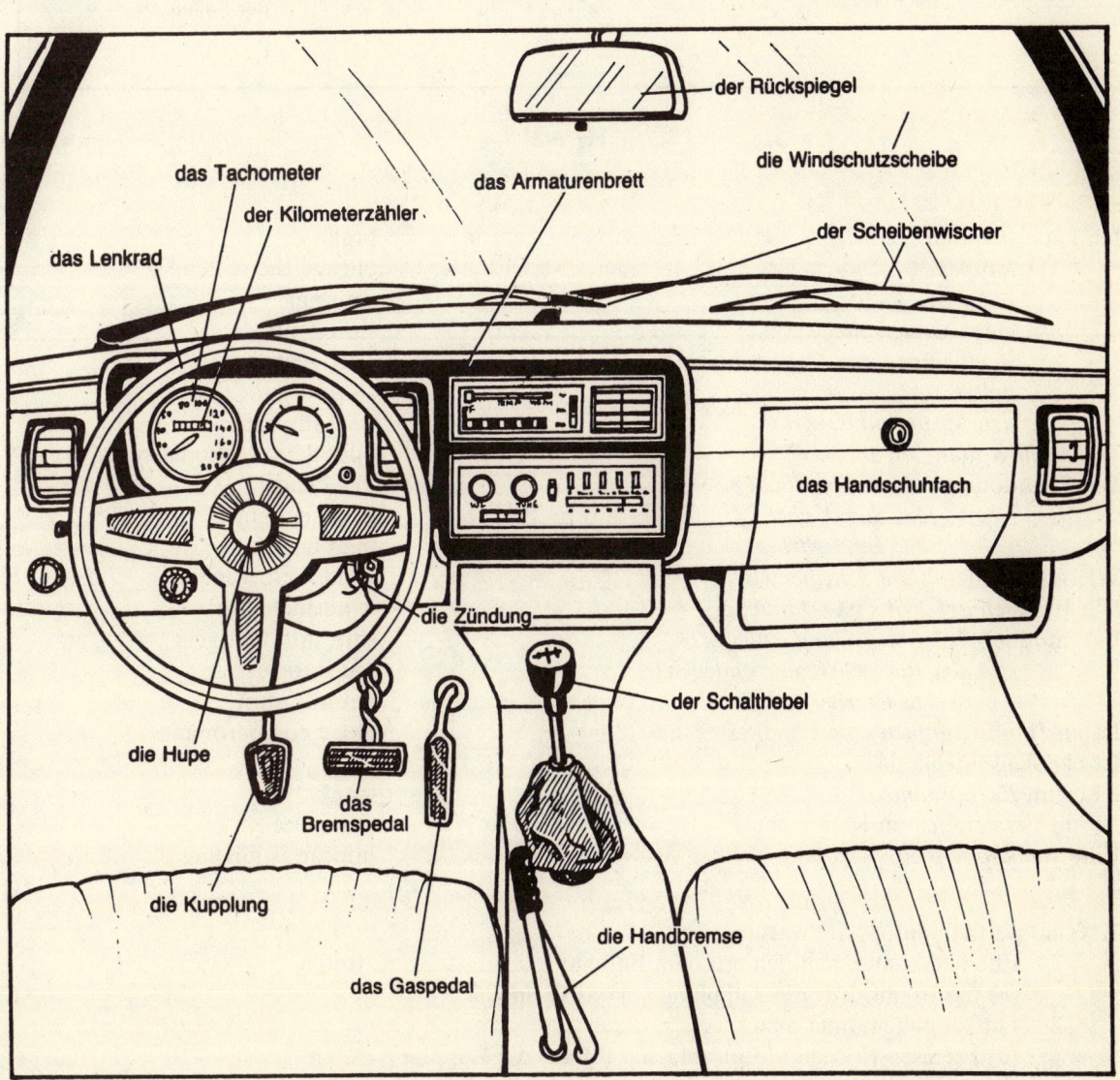

Fig. 5-1

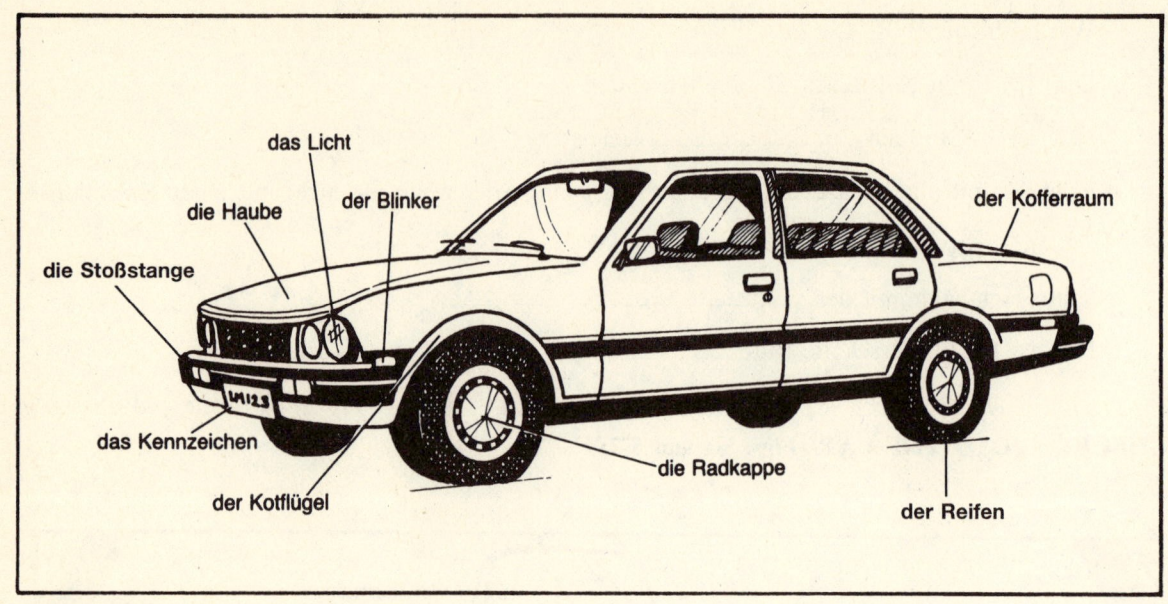

Fig. 5-2

Ich kann *bremsen.*	brake
kuppeln.	engage the clutch
schalten.	shift gears
einen Gang einlegen.	shift gears
in einen anderen Gang schalten.	shift gears
halten.	stop
den Motor anlassen.	start the car
Wie *betätigt* man den *Blinker*?	operate; directional signal
Wie funktioniert das *Abblendlicht*?	low beams
das *Standlicht*?	parking lights
das *Fernlicht*?	high beams
Wie funktionieren *die Scheibenwischer*?	windshield wipers
Die *Windschutzscheibe* ist schmutzig.	windshield; dirty
Wie muß ich *den ersten Gang einlegen*?	shift into first gear
den Rückwärtsgang einlegen?	put into reverse
in den *Leerlauf schalten*?	neutral; shift
Ist im *Handschuhfach* eine Landkarte?	glove compartment
Ist ein *Wagenheber* da?	jack
Ist er im *Kofferraum?*	trunk
Ist ein *Ersatzreifen* im Kofferraum?	spare tire
Eine *Radkappe fehlt.*	hubcap is missing

3. Choose the appropriate word(s).
1. Ehe ich schalte, muß ich mit dem Fuß auf _____ treten.
   (*a*) die Bremse (*b*) die Kupplung (*c*) das Gaspedal
2. Um zu halten, muß man _____.
   (*a*) bremsen (*b*) den Motor anlassen (*c*) auf die Kupplung treten
3. Beim Wenden muß man _____ betätigen.
   (*a*) das Armaturenbrett (*b*) den Blinker (*c*) die Hupe

   4. Nachts muß man _____.
      (a) das Licht einschalten (b) den Blinker betätigen (c) die Scheibenwischer betätigen
   5. Dort ist jemand auf der Straße. Ich muß _____.
      (a) schalten (b) bremsen (c) blinken
   6. Ehe ich den Motor anlasse, stecke ich den Zündschlüssel in _____.
      (a) den Blinker (b) die Zündung (c) das Lenkrad
   7. Ich kann nichts sehen, weil _____ schmutzig ist.
      (a) der Kotflügel (b) die Windschutzscheibe (c) die Stoßstange
   8. _____ zeigt die gefahrenen Kilometer an.
      (a) Das Lenkrad (b) Der Kilometerzähler (c) Das Armaturenbrett
   9. Beim Halten des Autos muß man auf _____ treten.
      (a) die Handbremse (b) das Gaspedal (c) das Bremspedal
  10. Wenn ich abends bei wenig Verkehr auf der Autobahn fahre, schalte ich _____ ein.
      (a) das Abblendlicht (b) das Fernlicht (c) den Blinker

4. Complete.
   1. Ich muß wissen, wie ich den ersten Gang oder den Rückwärtsgang einlege. Ich muß wissen,
      wie man _____.
   2. Wenn ich wende, schalte ich den _____ ein.
   3. Diese Stadt ist mir nicht bekannt. Hoffentlich ist im _____ eine Straßenkarte.
   4. Der Ersatzreifen liegt im _____.

5. Put the following actions in starting a car in the proper order. Omit any items that do not belong.
   1. bremsen
   2. den Motor anlassen, indem man auf das Gaspedal tritt
   3. hupen
   4. den Zündschlüssel in die Zündung stecken
   5. den Blinker einschalten
   6. den ersten Gang einlegen

AT THE GAS STATION

Da ist eine *Tankstelle*.	gas station
Das Auto braucht *Benzin*.	gasoline
Der *Tank* ist fast *leer*.	tank; empty
Für zwanzig Mark Benzin, bitte.	twenty marks' worth
Zwanzig Liter Benzin.[1]	twenty liters
Füllen Sie den Tank, bitte.	fill the tank, fill it up
Kontrollieren Sie das *Kühlwasser im Kühler*.	check; water in the radiator
die *Batterie*.	battery
die *Bremsflüssigkeit*.	brake fluid
den *Ölstand*.	oil level
die *Zündkerzen*.	spark plugs
Kontrollieren Sie den *Reifendruck*.	tire pressure
Können Sie *diesen Reifen wechseln*?	change this tire

---

[1] Twenty liters is a little over 5 gallons.

Können Sie *die Windschutzscheibe waschen?*	clean the windshield
Können Sie *die Zündung einstellen?*	adjust the ignition system
die Bremsanlage erneuern?	replace the brake system
die Auspuffanlage erneuern?	replace the exhaust system
den Vergaser einstellen?	adjust the carburetor
die Radlager schmieren? ölen?	grease the wheel bearings
Können Sie den Wagen *abschmieren?*	lubricate

6. Complete.
1. Der _____ ist fast leer. Ich muß zur _____.
2. Ich werde den _____ nicht ganz auffüllen. Ich brauche nur zwanzig _____ Benzin.
3. Der Motor läuft heiß, kontrollieren Sie bitte das _____.
4. Kontrollieren Sie auch den _____.
5. Ich muß die _____ waschen. Ich kann nichts sehen, weil sie so schmutzig ist.
6. Nach ein paar hundert Kilometern ist es eine gute Idee, die _____ und die _____ zu kontrollieren.

DIRECTIONS FOR USING A SELF-SERVICE PUMP

1. *Zapfventil abheben* und in den Tank *einführen.*[2]	gas nozzle; lift; insert
2. Zapfventil *betätigen.* Bei *vollem* Tank *schließt* Zapfventil *selbsttätig.*	turn on; full; shuts off automatically
3. Zapfventil *einhängen* und Tank *verschließen.*	hang up; close
4. *Zapfsäulennummer merken* und *an der Kasse* zahlen.	pump number; note; at the cashier

7. Put in the proper order.
1. an der Kasse zahlen
2. Zapfventil betätigen
3. Zapfventil einhängen
4. Tank verschließen
5. Zapfventil abheben
6. Zapfventil in den Tank einführen

SOME MINOR CAR PROBLEMS

Ich habe den Wagen *abgewürgt.*	stalled
Ich hatte eine *Panne.*	breakdown
Der Wagen *bleibt liegen.*	has stalled
streikt.	doesn't start
springt nicht an.	doesn't start
Das *Kühlwasser* ist zu *heiß.*	radiator water; hot
Der Motor ist *überhitzt.*	overheated

---

[2] The simple infinitive is often used as a substitute for the imperative when giving instructions or commands in German.

Der Motor *klopft*.	knocks
vibriert.	vibrates
Der *Ersatzreifen fehlt*.	spare; is missing
Der Tank *leckt*.	is leaking, dripping
Beim Bremsen macht es *viel Lärm*.	a lot of noise
Ich habe einen *Platten*.	flat tire
Können Sie einen *Abschleppwagen schicken*?	tow truck; send
Der Abschleppwagen wird das Auto *abschleppen*.	tow
Können Sie das Auto *sofort reparieren*?	immediately; repair
Können Sie die *Ersatzteile* sofort *beschaffen*?	spare parts; get
Können Sie die *Reparaturen ausführen*?	make repairs

8. Complete.

Wir fuhren auf der Autobahn und hatten eine _____. Das Auto ist _____
                                          1   2

geblieben. Es sprang nicht wieder an. Ich mußte einen _____ rufen, der das Auto zur
                                                          3

nächsten Tankstelle _____ konnte.
                       4

9. Complete.
1. Wenn ein Auto _____, macht es Lärm.
2. Der Kühler hat viel _____ verloren, und ich glaube, daß der Motor überhitzt ist.
3. Weil der Motor nicht anspringt, muß ich einen _____ rufen.
4. Wenn ich einige _____ brauche, hoffe ich, daß man sie sofort beschaffen kann.
5. Der Mechaniker sagt, daß er das Auto sofort _____ kann.

Key Words

das Abblendlicht,	
die Abblendlichter low beams	
abheben to lift	
abschleppen to tow	
der Abschleppwagen,	
die Abschleppwagen tow truck	
abwürgen to stall	
anlassen to start (a car)	
anspringen to start (a car)	
die Anzahlung,	
die Anzahlungen deposit, downpayment	
das Armaturenbrett,	
die Armaturenbretter dashboard	
der Auspuff exhaust	
das Auto, die Autos car	
das Automatikgetriebe, automatic	
die Automatikgetriebe transmission	
die Batterie, die Batterien battery	
das Benzin gasoline	
beschaffen to get, procure	

betätigen to turn on, operate
der Blinker, die Blinker directional signal
bremsen to brake
die Bremsflüssigkeit,
    die Bremsflüssigkeiten brake fluid
das Bremspedal,
    die Bremspedale brake pedal
einführen to insert
einhängen to hang up
(einen Gang) einlegen to shift (into a
                                        gear)
einschalten to turn on
einstellen to adjust
erneuern to replace
der Ersatzreifen,
    die Ersatzreifen spare tire
das Ersatzteil, die Ersatzteile spare part
fehlen to be missing
das Fernlicht, die Fernlichter high beams
der Führerschein,
    die Führerscheine driver's license

füllen to fill
der Gang, die Gänge gear
im ersten Gang in first gear
das Gaspedal,
  die Gaspedale gas pedal, accelerator
halten to stop
die Handbremse,
  die Handbremsen hand brake
das Handschuhfach, glove
  die Handschuhfächer compartment
die Haube, die Hauben hood
die Hupe, die Hupen horn
hupen to blow the horn
inbegriffen included
die Kasse, die Kassen cashier's window
das Kennzeichen,
  die Kennzeichen license plate
das Kilometergeld mileage (kilometer)
                      charge
der Kilometerzähler, odometer (reads in
  die Kilometerzähler kilometers)
klopfen to knock
der Kofferraum, die Kofferräume trunk
der Kotflügel, die Kotflügel fender
die Kreditkarte,
  die Kreditkarten credit card
der Kühler, die Kühler radiator
das Kühlwasser water in radiator
kuppeln to engage the clutch
die Kupplung, die Kupplungen clutch
der Lärm noise
lecken to leak, drip out
leer empty
der Leerlauf neutral
das Lenkrad,
  die Lenkräder steering wheel
liegen bleiben to stall
merken to note
mieten to rent
der Mietvertrag,
  die Mietverträge rental contract
die Nummer, die Nummern number
das Nummernschild,
  die Nummernschilder license plate
das Öl oil
ölen to lubricate
der Ölstand oil level
die Panne, die Pannen breakdown
der Platten, die Platten flat tire

die Radkappe, die Radkappen hubcap
das Radlager, die Radlager wheel bearings
der Reifen, die Reifen tire
der Reifendruck tire pressure
die Reparatur, die Reparaturen repair
reparieren to repair
der Rückspiegel,
  die Rückspiegel rearview mirror
der Rückwärtsgang reverse gear
schalten to shift (gears)
der Schalthebel, die Schalthebel gearshift
der Scheibenwischer,
  die Scheibenwischer windshield wiper
schicken to send
schließen to close
schmieren to grease, lubricate
selbsttätig automatically
stecken to put
die Stoßstange, die Stoßstangen bumper
das Tachometer,
  die Tachometer speedometer
der Tagestarif daily charge
der Tank, die Tanks gas tank
die Tankstelle, die Tankstellen gas station
treten to step on
überhitzen to overheat
der Unfall, die Unfälle accident
unterschreiben to sign
der Verkehr traffic
verschließen to close, lock
der Vertrag, die Verträge contract
vibrieren to vibrate
voll full
die Vollkaskoversicherung, comprehensive
  die insurance
  Vollkaskoversicherungen coverage
der Wagen, die Wagen car
der Wagenheber, die Wagenheber jack
das Wenden turning
die Windschutzscheibe,
  die Windschutzscheiben windshield
der Wochentarif weekly charge
die Zapfsäule, die Zapfsäulen gas pump
das Zapfventil, die Zapfventile nozzle
die Zündkerze, die Zündkerzen spark plugs
der Zündschlüssel,
  die Zündschlüssel ignition key
die Zündung ignition

Chapter 6: Asking for directions
Kapitel 6: Nach dem Weg fragen

ASKING FOR DIRECTIONS WHILE ON FOOT (Fig. 6-1)

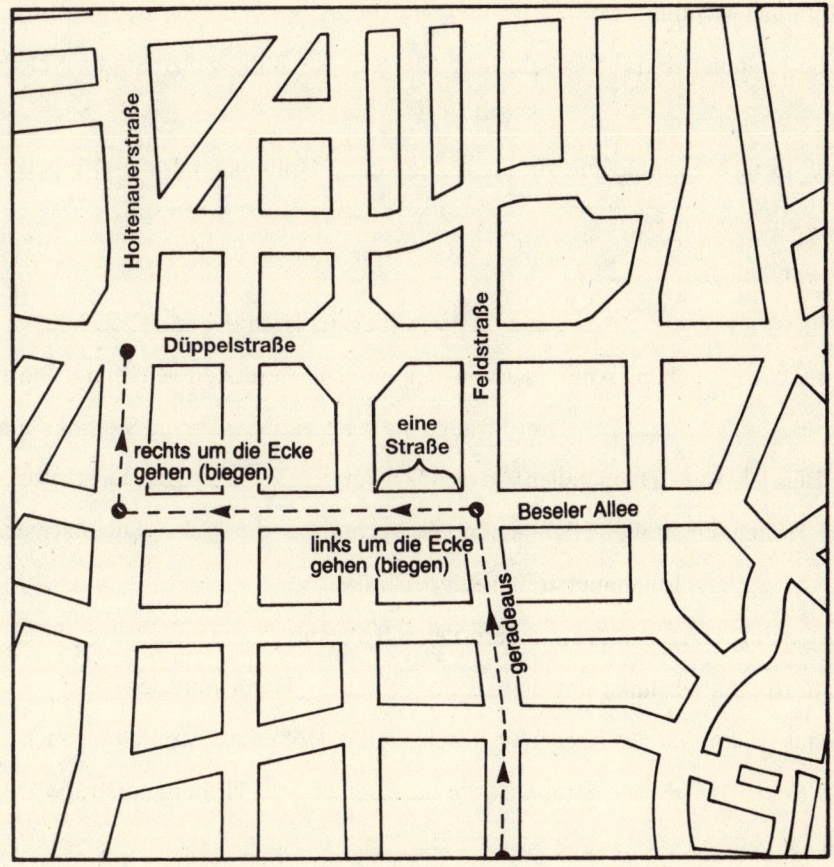

Fig. 6-1

Entschuldigung. Ich *habe mich verirrt*.	lost my way
Können Sie mir sagen, wo die Holtenauer*straße* ist?	street
Welche *Kreuzung* suchen Sie?	intersection
Die Kreuzung Holtenauerstraße-Beseler *Allee*	avenue
Ist es *weit von hier* oder *in der Nähe*?	far from here; near
Kann ich *zu Fuß gehen*?	walk, go by foot
Sie müssen *eine Straße zurückgehen*.	turn around, walk back a block
Sie müssen *rechts um die Ecke biegen*.	turn to the right (at the corner)
Sie müssen *links* um die Ecke biegen.	to the left
Sie müssen *einige Straßen geradeaus gehen*.	continue straight for a few blocks
Sie müssen *einige Straßen weiter gehen*.	continue a few blocks

1.   Complete.

—Entschuldigung. Ich weiß nicht, wo ich bin. Ich habe mich _____ .
                                                                    1

—Vielleicht kann ich Ihnen helfen. Welche _____ suchen Sie?
                                                       2

—Die Holtenauerstraße.

—Aber die Holtenauerstraße ist sehr lang. Sie geht durch die ganze Stadt. Welche Hausnummer

   suchen Sie?

—Ich weiß es nicht. Ich möchte zur _____ Holtenauerstraße-Düppelstraße.
                                              3

—Ja, ich weiß, wo das ist.

—Ist es sehr _____ ?
                    4

—Nein. Es ist nicht sehr _____ von hier. Es ist in der _____ . Sie können zu
                                 5   6

_____ gehen. Aber es ist in der entgegengesetzten Richtung. Sie müssen auf der
        7

Feldstraße _____ . Drei Straßen weiter _____ Sie links um die Ecke. Das
                   8   9

ist die Beseler Allee. Dann gehen Sie drei Straßen _____ . Die dritte _____
                                                             10   11

ist die Holtenauerstraße. Hier gehen Sie rechts um die Ecke. Die nächste Straße ist die

_____ Holtenauerstraße-Düppelstraße.
        12

—Danke schön. Darf ich das wiederholen? Ich gehe _____ . Drei Straßen weiter
                                                                13

_____ ich links um die _____ . Dann muß ich _____ Straßen
        14   15   16

geradeaus gehen. An der Kreuzung Beseler Allee-Holtenauerstraße biege ich _____
                                                                                         17

um die Ecke. Die nächste Straße ist die _____ Holtenauerstraße-Düppelstraße.
                                                    18

—Genau.

—Wo ist die Feldstraße, bitte?
—Sie ist weit von hier. Sie müssen *den Bus nehmen*. Die   take the bus
   Bushaltestelle ist an der *nächsten Ecke*. An der sechsten   bus stop; next corner
   Haltestelle müssen Sie *aussteigen*. Das ist die Feldstraße.   get off

2.   Complete.

—Entschuldigung. Wissen Sie, wo die Feldstraße ist?

—Ja, aber das ist ziemlich _____ . Sie können nicht _____ gehen. Sie müssen
                                     1   2

   den _____ nehmen.
            3

—Wie komme ich zum Bus?

—Die _____ ist an der nächsten _____ .
            4   5

—An der _____ halten zwei Buslinien. Sie müssen die Zehn _____ . An der
                 6   7

   sechsten Haltestelle müssen Sie _____ . Das ist die Feldstraße.
                                           8

—Danke schön.

—Bitte sehr.

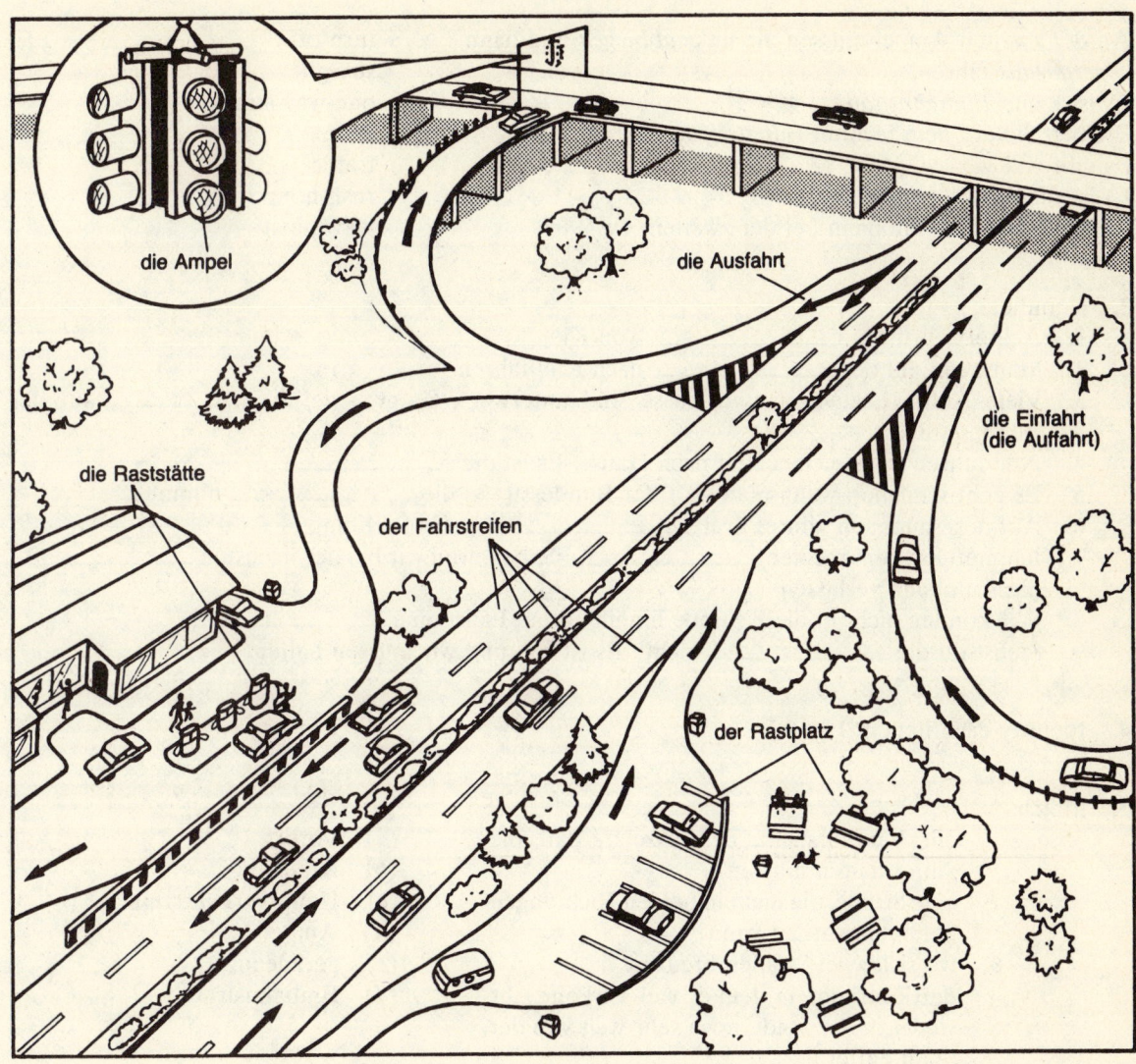

Fig. 6-2

ASKING FOR DIRECTIONS WHILE IN A CAR (Fig. 6-2)

Wie *kommt man* nach Achterwehr?	does one get
Achterwehr ist ein *Vorort* von Kiel.	suburb
Sie müssen auf der *Bundesstraße*[1] *nach* Kiel fahren.	highway; to
Das ist die B4.	
Sie können auch auf der *Autobahn*[1] nach Kiel fahren.	superhighway
Wie komme ich zur Autobahn?	
Fahren Sie bis zur zweiten *Ampel*.	traffic light

[1] There are no tolls on the *Autobahn* and generally no speed limits. On the *Autobahn* there are usually three lanes in each direction, as on American superhighways or interstate highways. A *Bundesstraße* is also a highway but not a superhighway. There are speed limits, generally 100 km/h (62 mph). There are generally one or two lanes in each direction. A *Landstraße* is a country road, usually well paved, with one lane in each direction (100 km/h speed limit).

An der zweiten Ampel müssen Sie links *abbiegen* und dann	turn off
geradeaus fahren.	straight
Es ist keine *Einbahnstraße*.	one-way street
Bleiben Sie auf dem rechten *Fahrstreifen*.	lane
Es gibt viel *Verkehr*.	traffic
Es ist die *Hauptverkehrszeit*.	rush hour
Verlassen Sie die Autobahn bei der zweiten *Ausfahrt*.	leave; exit

3. Complete.
1. Achterwehr ist ein _____ von Kiel.
2. Man kann auf der _____ nach Kiel fahren.
3. Viele Autos, Lastwagen und Busse sind unterwegs. Es gibt viel _____ auf der Bundesstraße.
4. Alle fahren zur gleichen Zeit nach Hause. Es ist die _____.
5. Es geht schneller, wenn man statt der Bundesstraße die _____ nimmt.
6. Auf der Autobahn gibt es drei _____ in jeder Richtung.
7. Ich muß auf dem rechten _____ bleiben, weil wir bei der nächsten _____ die Autobahn verlassen.
8. Wir können nicht in diese Straße hineinfahren. Es ist eine _____.
9. Siehst du die _____ nicht? Es ist rot, und wir müssen halten.

4. Identify each item in Fig. 6-3.

5. Match.
1. ein Verkehrslicht, das anzeigt, daß die Autos halten müssen
2. eine Straße, die nicht in beiden Richtungen befahren werden kann
3. wo sich zwei Straßen kreuzen
4. der Zeitraum, in dem es viel Verkehr gibt
5. weder in der Stadt, noch sehr weit von der Stadt entfernt
6. weder rechts noch links

(a) Vorort
(b) Kreuzung
(c) Hauptverkehrszeit
(d) Ampel
(e) geradeaus
(f) Einbahnstraße

6. Complete.
1. Ich möchte zur _____ Holtenauerstraße-Beseler Allee.
2. Die Beseler Allee ist drei Straßen _____.
3. Achterwehr ist drei Kilometer _____.
4. Fahren Sie auf der Bundesstraße _____ Kiel.
5. Achterwehr liegt an der Landstraße _____ Rendsburg.

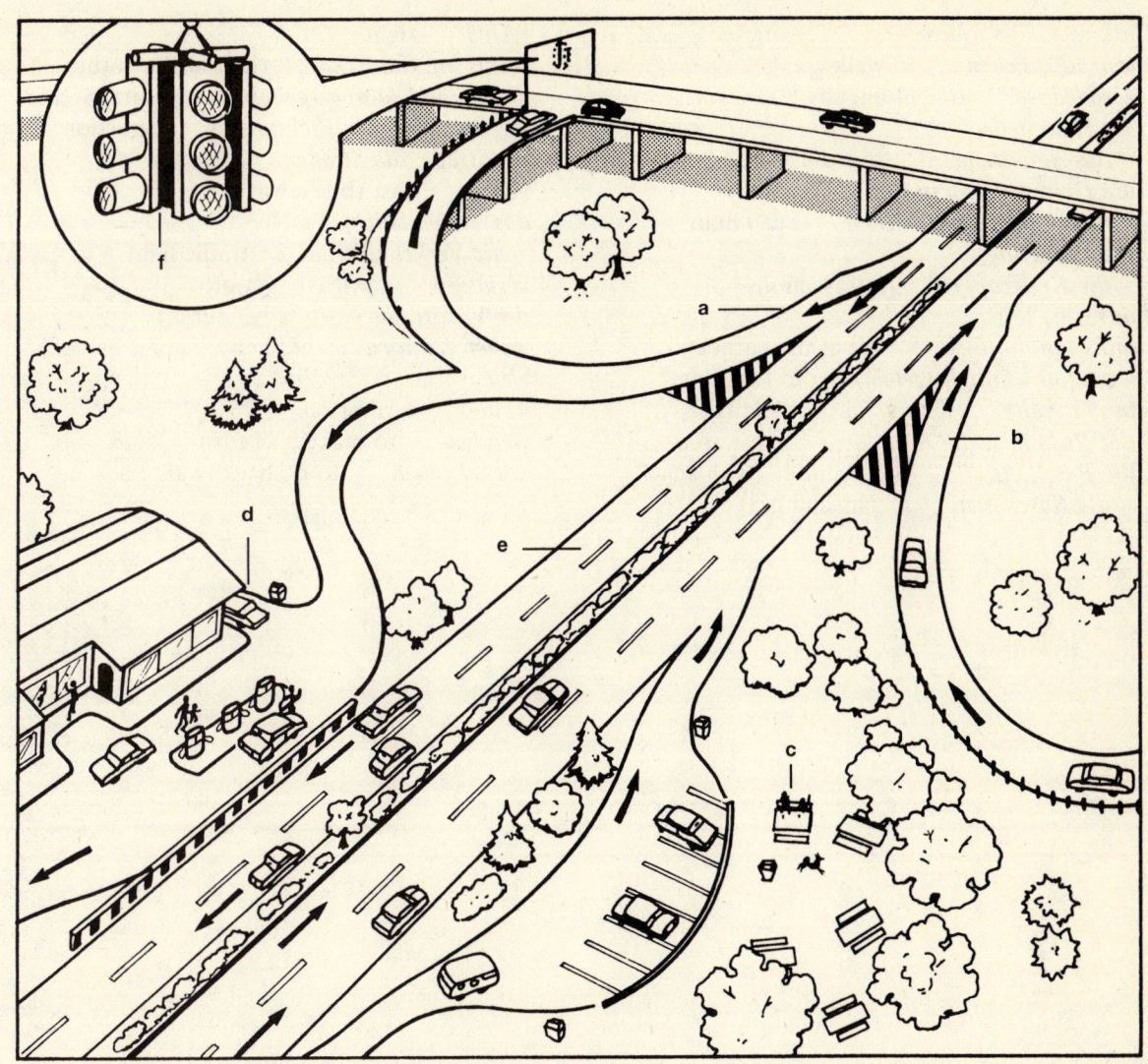

Fig. 6-3

Key Words

abbiegen to turn off

die Ampel, die Ampeln traffic light

die Auffahrt,
  die Auffahrten (Autobahn) entrance

die Ausfahrt,
  die Ausfahrten (Autobahn) exit

aussteigen to get off

die Autobahn, superhighway (limited
  die Autobahnen access)

(rechts/links um to turn (to the
  die Ecke) biegen right/left)

die Bundesstraße,
  die Bundesstraßen highway

die Bushaltestelle,
  die Bushaltestellen bus stop

die Ecke, die Ecken corner

die Einbahnstraße,
  die Einbahnstraßen one-way street

entfernt far

entgegengesetzt opposite

erreichen to reach

der Fahrstreifen, die Fahrstreifen lane

folgen   to follow
(zu Fuß) gehen   to walk
geradeaus   straight ahead
die Haltestelle,
    die Haltestellen   stop (bus etc.)
die Hauptverkehrszeit,
    die Hauptverkehrszeiten   rush hour
die Kreuzung,
    die Kreuzungen   intersection
links   left
links um die Ecke   left at the corner
nach links fahren (gehen)   to turn left
in der Nähe   nearby, in the vicinity
der Rastplatz, die Rastplätze   rest area
die Raststätte,   service area (with snack
    die Raststätten   bar and gas)

rechts   right
rechts um die Ecke   right at the corner
nach rechts fahren (gehen)   to turn right
die Richtung, die Richtungen   direction
die Straße, die Straßen   street
verirrt   lost (one's way)
das Verkehrslicht,
    die Verkehrslichter   traffic light
verlassen   to leave, get off
der Vorort, die Vororte   suburb
weder ... noch   neither ... nor
weit   far
weiter   farther on
wenden   to make a U-turn
zurückgehen   to go back, walk back

Chapter 7:   A telephone call
Kapitel 7:   Ein Telefongespräch

MAKING A LOCAL CALL (Fig. 7-1)

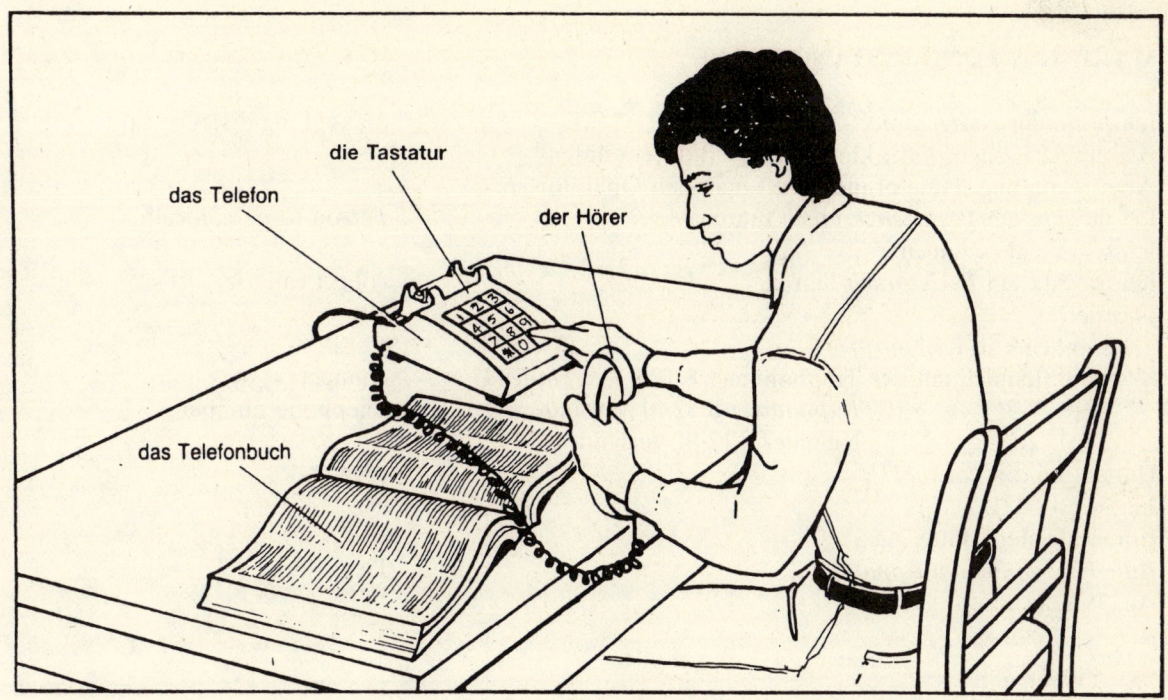

die Tastatur

das Telefon

der Hörer

das Telefonbuch

Fig. 7-1

Ich *will telefonieren*.	want to; make a telephone call
Darf ich *das Telefon benutzen*?	use the telephone
Ich weiß die *Telefonnummer* nicht.	telephone number
Ich muß ins *Telefonbuch schauen*.	telephone book; look
Oder ich kann die *Auskunft* anrufen.	information
Kann ich *durchwählen*?	dial directly
Ich *führe ein Ortsgespräch*.	make a local call
Beim Ortsgespräch kann ich durchwählen.	when making a local call
Ich *nehme den Hörer ab*.	pick up the receiver
Ich *hebe ab*.	pick up the receiver
Dann warte ich auf das *Amtszeichen*.	dial tone
Ich *wähle* die Telefonnummer mit der *Tastatur*.	dial; keypad
Es *klingelt*.	is ringing

1. Complete.

Herr Neumann möchte _____. Er will einen Freund anrufen, aber er weiß seine

_____ nicht. Er muß ins _____ schauen. Da ist die Nummer. Sie ist 8 25 03.
$\quad$ 2 $\qquad\qquad\qquad$ 3

Da der Freund im selben Ort wohnt, ist es ein _____. Er kann _____. Herr
$\qquad\qquad\qquad\qquad\qquad$ 4 $\qquad\qquad\qquad$ 5

Ferngespräch – long distance

Neumann hebt den Hörer _____. Er wartet auf das _____. Dann wählt er
                                    6   7

die Nummer mit der _____. Er hat Glück. Sein Freund ist zu Hause.
                          8

MAKING A LONG-DISTANCE CALL

Ich *führe* ein *Ferngespräch.*   make; long-distance call
Bei einem Ferngespräch kann man auch durchwählen.[1]
Aber wenn man Hilfe braucht, ruft man den Operator an.
Ich möchte ein *Personengespräch* führen.   person-to-person call
Ich will nicht bezahlen.
Ich möchte ein *R-Gespräch* führen.   collect call
—Feuerle![2]
—Ich möchte in Kiel *anrufen.*   to call
Können Sie mich mit der Telefonnummer 8 12 01 *verbinden?*   connect
                   Rufnummer 8 12 01 verbinden?   telephone number
                   Nummer 8 12 01 verbinden?

Haben Sie die *Vorwahl?*   area code
Ja. Sie ist 0431.[3]
Einen Moment, bitte.
Bitte bleiben Sie am Apparat!   Please hold.
Auf Wiederhören!

2. Complete.
   1. Ich werde kein Ortsgespräch führen. Ich führe ein _____.
   2. Ich kann durchwählen, aber ich muß die _____ haben.
   3. Um ein Ferngespräch vom Ausland zu führen, muß man die _____ der Vorwahl
       weglassen.
   4. Ich will das Gespräch nicht bezahlen. Ich werde ein _____ führen.
   5. Ich möchte nur mit Frau Gruber sprechen. Ich werde ein _____ führen.
   6. Können Sie mich mit der Rufnummer 8 12 01 _____?

USING A PUBLIC TELEPHONE[4] (Fig. 7-2)

Wo ist eine *Telefonzelle?*   telephone booth
Sie brauchen *Kleingeld* oder eine *Telefonkarte.*   change; telephone card

---

[1] Telephone calls within Germany and from Germany to foreign countries can be dialed directly. Operator assistance is required for person-to-person calls and collect calls. When operator assistance is needed from within Germany, dial 001 01.

[2] When answering the telephone, one identifies oneself with one's last name.

[3] When dialing a German telephone number from within Germany, the area code always begins with a zero (e.g. 0431). However, when placing a telephone call to Germany from a foreign country, the initial zero in the area code is omitted (e.g. 431). The country code for Germany is 49, for Austria it is 43 and for Switzerland it is 41.

[4] There are two types of public telephone in Germany—telephones that take coins (*Münzfernsprecher*) and public telephones that require pre-paid telephone cards (*Kartentelefon*). Telephone cards have been popular in Germany for quite some time now and are available in denominations of 12 DM and 50 DM. They can be purchased at post offices and stationery stores.

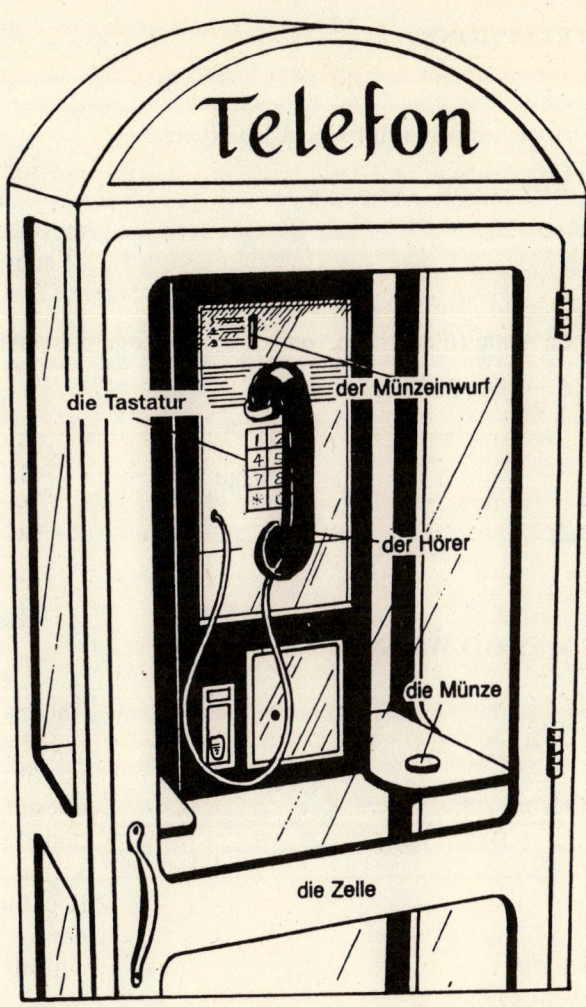

Fig. 7-2

Man muß *Folgendes tun:*	do the following
1. *den Hörer abnehmen*	pick up the receiver
2. *die Münze einwerfen* oder Telefonkarte einschieben	deposit coin
3. *auf das Amtszeichen* warten	dial tone
4. *die Rufnummer wählen*	dial the number
5. *auf den Anschluß warten*	wait for the connection
die Verbindung warten	wait for the connection
Jetzt kann man sprechen.	

3. Complete.

Ich bin in einer _____ . Es ist das erste Mal, daß ich aus einer öffentlichen

            1

_____ telefoniere. Was mache ich? Ach ja. Hier ist mein _____ . Zuerst muß

    2   3

ich den Hörer _____ . Na gut, ich _____ den Hörer ab, _____ die

               4   5   6

Münzen ein und warte auf das _____ . Da ist es. Dann wähle ich die _____

                         7   8

mit der _____ . Wenn jemand antwortet, weiß ich, daß ich sprechen kann.

    9

SPEAKING ON THE TELEPHONE

Lorenz!	
Guten Tag. Hier ist Feuerle. Ich möchte mit Herrn Billerbeck sprechen.	
Einen Moment, bitte. Herr Billerbeck ist nicht hier.	
Darf ich eine *Nachricht hinterlassen?*	message; leave
Selbstverständlich.	of course

4. Use the following as a guide to make up your own telephone conversation.
    —Effertz!

    —Guten Tag. Hier ist _____. Ich möchte mit _____ sprechen.
                                  1   2
    —Einen _____. _____ ist nicht hier.
             3   4
    —Ich möchte eine _____ _____, bitte.
                        5   6

SOME THINGS THAT MAY GO WRONG

Es gibt kein Amtszeichen.	There's no dial tone.
Das Telefon ist *kaputt.*	broken
ist *außer Betrieb.*	out of order
funktioniert nicht.	doesn't work
Ich *habe mich verwählt.*	dialed a wrong number (misdialed)
Die *Leitung* ist *besetzt.*	line; busy
Die Leitung ist *tot.*	dead
Wir sind *unterbrochen* worden.	cut off
Ich versuche *später durchzukommen.*	to call back later (to get through)
Wie ist die *Durchwahlnummer?*	extension
Ich brauche Hilfe. Ich will ins Ausland telefonieren. Ich brauche Operator-Service.	

5. Complete.
    1. Ich kann die Nummer nicht wählen. Ich höre kein _____.
    2. Ich glaube, daß das Telefon nicht _____.
    3. Ich höre ein Besetztzeichen. Die Leitung ist _____.
    4. —Nein, Frau Krüger wohnt nicht hier.
        —Entschuldigen Sie, bitte. Ich habe mich _____.
    5. Niemand nimmt den Hörer ab. Ich versuche _____ _____.
    6. Wir hatten gesprochen, und dann war die Leitung tot. Wir sind _____ worden.
    7. Frau Bosch? Ja, sie arbeitet hier in der Firma. Hier ist die Zentrale. Haben Sie die _____?

Frau Siebuhr führt ein Ferngespräch. Sie braucht nicht ins Telefonbuch zu schauen, weil sie die Telefonnummer ihrer Freundin weiß. Sie weiß auch die Vorwahl. Sie nimmt den Hörer ab, wartet auf das Amtszeichen, und wählt ihre Nummer. Die Zentrale antwortet, nicht ihre Freundin.
—Institut für Meereskunde.

—Können Sie mich mit Frau Böhme verbinden?

—Einen Moment, bitte. Legen Sie nicht auf. Es tut mir leid. Die Leitung ist besetzt.

—Ja, ich weiß. Ich hörte das Besetztzeichen. Danke schön. Ich versuche später durchzukommen.

Fünf Minuten später versucht Frau Siebuhr es noch einmal. Sie nimmt wieder den Hörer ab, wartet auf das Amtszeichen und wählt dann. Gut. Es klingelt.

—Es tut mir leid. (Wieder die Zentrale.) Niemand hebt ab.

—Die Leitung war fünf Minuten besetzt, und jetzt nimmt niemand den Hörer ab.

Eine Stunde später versucht Frau Siebuhr es noch einmal über die Zentrale. Frau Siebuhr beginnt zu sprechen. Es ist kaum zu glauben. Die Zentrale hat sie falsch verbunden. Frau Siebuhr wählt noch einmal und erklärt das Problem. Die Zentrale verbindet Frau Siebuhr dann mit der gewünschten Nummer. Es klingelt, jemand nimmt den Hörer ab und meldet sich:

—Böhme.

—Hallo, Karla, Hier ist Gisela.

—Gisela! Wie geht's denn?

Und dann ist die Leitung tot. Das Amtszeichen kommt wieder. Frau Böhme und Frau Siebuhr sind unterbrochen worden. Frau Siebuhr wird wohl nie mit ihrer Freundin sprechen können.

6. Write in German. Mrs. Siebuhr had four problems with her phone call. What were they?
1.
2.
3.
4.

7. Put the following in the proper order for making a phone call.
1. Den Hörer abnehmen.
2. Den Hörer auflegen.
3. Die Rufnummer mit der Tastatur wählen.
4. Die gewünschte Nummer im Telefonbuch suchen.
5. Auf das Amtszeichen warten.
6. Auf eine Antwort warten.
7. Ein Gespräch führen.

8. Complete.
1. Ich höre kein Amtszeichen. Das Telefon ist außer _____.
2. Ich höre das Besetztzeichen. Die _____ ist besetzt.
3. Ich weiß die Telefonnummer nicht. Ich rufe die _____ an.
4. Der Herr, mit dem ich sprechen möchte, ist abwesend. Ich kann eine _____ _____.
5. Die Frau, mit der ich sprechen möchte, wohnt nicht da. Ich habe mich _____.

9. Answer on the basis of the story.
1. Welche Art Gespräch führt Frau Siebuhr?
2. Warum braucht sie nicht ins Telefonbuch zu schauen?
3. Welche Information hat sie noch?
4. Was nimmt sie ab?
5. Wer hebt ab?
6. Warum kann Frau Siebuhr nicht mit ihrer Freundin sprechen?
7. Warum kann sie beim zweiten Telefonanruf nicht durchkommen?
8. Hebt jemand beim dritten Anruf ab?
9. Ist es ihre Freundin?

10. Warum ist es nicht ihre Freundin?
11. Nimmt die Freundin beim vierten Mal den Hörer ab?
12. Sprechen die beiden miteinander?
13. Warum können sie ihr Gespräch nicht zu Ende führen?

TELEPHONE ANSWERING MACHINES

—Hier ist Nummer 68 74 66.
Leider sind wir im Moment nicht zu Hause.
Über eine Nachricht nach dem Piepton würden wir uns freuen.
—Hallo, Heike. Hier spricht Christine. Ich will mit Dir heute abend ins Kino gehen. Bitte ruf mich zurück. Tschüs.

10. Answer the following questions in complete sentences.
1. Wer hat angerufen?
2. Welche Nummer hat sie erreicht?
3. Ist Heike zu Hause?
4. Mit wem spricht Christine?
5. Was soll man nach dem Piepton tun?
6. Was will Christine?

Key Words

abheben to pick up (receiver)
abnehmen to pick up
das Amtszeichen dial tone
der Anruf, die Anrufe telephone call
der Anrufbeantworter,
die Anrufbeantworter answering machine
anrufen to call up
der Anschluß, die Anschlüsse connection
auf Wiederhören goodbye
die Auskunft information
außer Betrieb out of order
benutzen to use
besetzt busy
das Besetztzeichen,
die Besetztzeichen busy signal
Bitte, bleiben Sie am Apparat Please hold.
durchkommen to get through
durchwählen to dial directly
die Durchwahlnummer,
die Durchwahlnummern extension
einschieben to insert
erreichen to reach
falsch verbunden (sein) to have a wrong number

das Ferngespräch,
die Ferngespräche long-distance call
der Hörer, die Hörer receiver
das Kleingeld change
klingeln to ring
die Leitung, die Leitungen line
der Münzeinwurf,
die Münzeinwürfe coin slot
die Nachricht, die Nachrichten message
noch einmal again
öffentlich public
der Ort, die Orte town
das Ortsgespräch,
die Ortsgespräche local call
das Personengespräch,
die Personengespräche person-to-person call
der Piepton, die Pieptöne beep
das R-Gespräch
die R-Gespräche collect call
die Rufnummer,
die Rufnummern telephone number
schauen to look
später later
die Tastatur, die Tastaturen keypad

der Telefonanruf,
  die Telefonanrufe   telephone call
der Telefonbeantworter,   answering
  die Telefonbeantworter   machine
das Telefonbuch,
  die Telefonbücher   telephone book
telefonieren   to call up
die Telefonnummer,
  die Telefonnummern   telephone number
die Telefonzelle,
  die Telefonzellen   telephone booth
tot   dead
Tschüs!   Bye!
unterbrechen   to cut off
unterbrochen   cut off (past participle)

verbinden   to connect, put through
die Verbindung,
  die Verbindungen   connection
die Vermittlung,
  die Vermittlungen   switchboard
versuchen   to try
sich verwählen   to dial a wrong number
die Vorwahl, die Vorwahlen   area code
wählen   to dial
die Wählscheibe,
  die Wählscheiben   dial (on a telephone)
warten   to wait
die Zentrale, die Zentralen   message center
zu Hause   at home
zurückrufen   to call back

Chapter 8:   Public restrooms
Kapitel 8:   Die Toilette

In German it is not necessary to use any circumlocutions when asking where to find a restroom. One simply asks, "*Wo ist die Toilette, bitte?*" or "*Wo sind die Toiletten?*"

One would NOT ask for the *Badezimmer* since that is not probably what we are thinking of when we are asking for a bathroom in a public place. In German the *Badezimmer* is a room where there are facilities to bathe, shower or wash. A German *Badezimmer* generally contains a sink, toilet, shower and/or bathtub.

In some public buildings, at trade fairs, rest stops on the *Autobahn* and at expensive restaurants there are often bathroom attendants (*Toilettenmänner* and *Toilettenfrauen*) who oversee the facilities. It is customary to leave them a small tip.

Chapter 9: At the hotel
Kapitel 9: Im Hotel

CHECKING IN (Figs. 9-1 and 9-2)

Fig. 9-1

Der Herr steht an der *Rezeption*.	reception desk
am *Empfang*.	reception desk
Der *Gast* sagt:	guest
Ich möchte ein *Einzelzimmer*.	single room
Doppelzimmer mit *zwei Betten*.	double room; twin beds
Ich möchte ein Zimmer mit *Doppelbett*.	double bed
Ich möchte ein Zimmer mit *Seeblick*.	sea view
zum Hof.	facing the courtyard
zur Straße.	facing the street
mit *Blick auf das Schwimmbad*.	view of the swimming pool
mit Blick auf die *Berge*.	mountains
Hat das Zimmer eine *Klimaanlage*?	air conditioning
Ist das Zimmer *klimatisiert*?	air-conditioned
Kann man *die Heizung höher drehen*?	turn up the heat

49

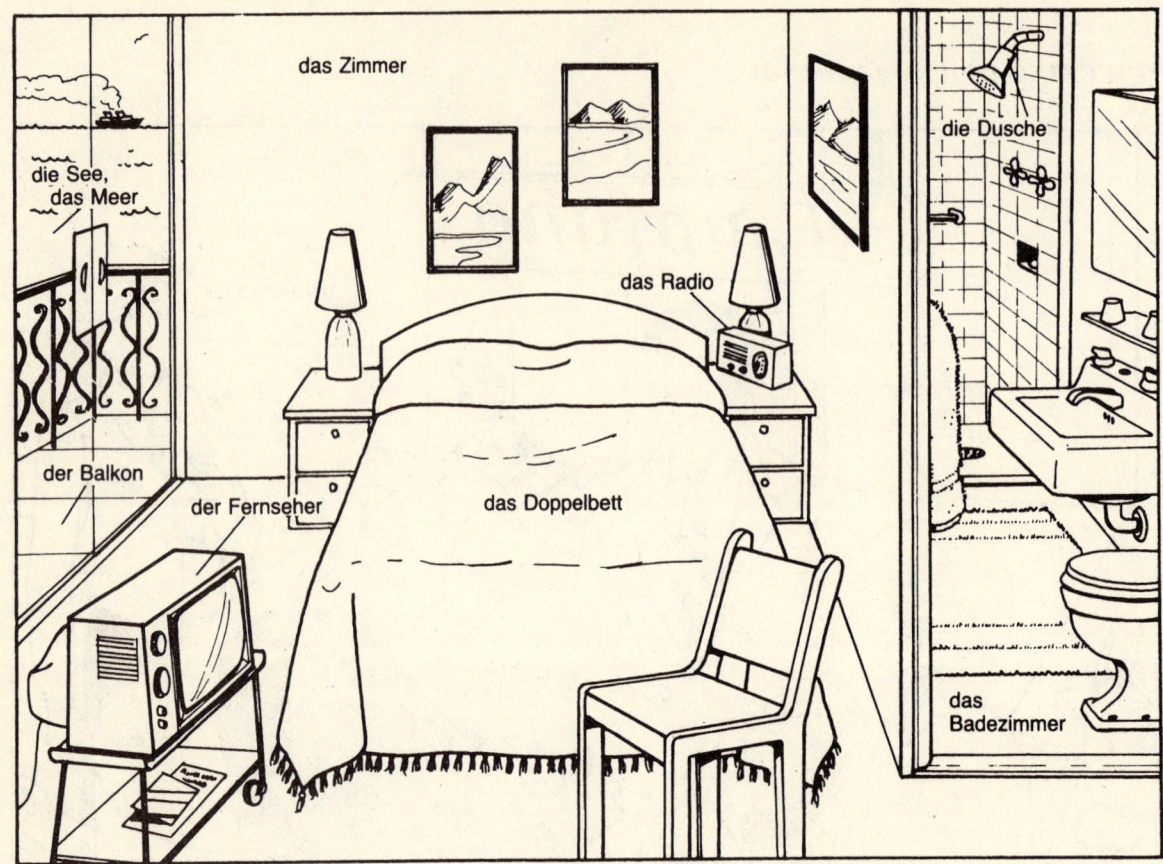

Fig. 9-2

Hat das Zimmer ein Radio?	
einen Balkon?	
einen *Fernseher*?	television set
Ist das Zimmer mit *Bad*?	private bath
mit *Dusche*?	shower
Ich möchte keine *Vollpension*.[1]	room and board (lunch and dinner)
Halbpension.	room with lunch or dinner
Was kostet das Zimmer?	
Ist das *Frühstück inbegriffen*?	breakfast; included
Ist die *Bedienung* inbegriffen?[2]	service
Muß man *Kurtaxe* zahlen?	special tax at health resorts and spas
Wir *bleiben* bis Donnerstag.	stay
Wir haben *reservieren lassen*.	made a reservation
ein Zimmer *bestellt*.	reserved
Wir haben *vorbestellt*.	made a reservation
Hier ist die *Bestätigung*.	confirmation
Der *Portier* sagt (die *Empfangsdame* sagt):	desk clerk (male); desk clerk (female)

---

[1] In resorts one can choose between full pension (lunch and dinner) and half pension (lunch or dinner).

[2] Service and taxes (*Bedienung* and *Mehrwertsteuer*) are always included.

Das Hotel ist nicht *voll belegt*.	full
Es *stehen* noch Zimmer *zur Verfügung*.	available
(Es gibt noch freie Zimmer.)	
Darf ich Ihren *Paß* (Reisepaß) sehen?	passport
Wollen Sie bitte diesen *Meldeschein ausfüllen*?	registration form; fill out
Zahlen Sie mit Kreditkarte?	
Der *Hotelpage* bringt Ihre Koffer ins Zimmer.	bellhop
Bitte *lassen* Sie den *Zimmerschlüssel* beim Empfang.	leave; room key

1. Complete.

1. Ein _____ ist nur für eine Person.
2. Ein Zimmer für zwei Personen ist ein _____.
3. Im Doppelzimmer können ein _____ oder zwei _____ stehen.
4. Ein Zimmer zur Straße ist lauter als ein Zimmer zum _____.
5. Da das Hotel am Strand liegt, möchte ich ein Zimmer mit _____.
6. Ich möchte nicht immer im Hotel essen. Daher möchte ich keine _____.
7. Die _____ und die _____ sind im Preis inbegriffen.
8. Im Sommer möchte ich immer ein Zimmer mit _____.
9. Ich weiß, daß es teurer ist, aber ich verlange immer ein Zimmer mit _____.
10. Ich habe das Zimmer _____. Hier ist die _____.
11. Der _____ arbeitet am Empfang.
12. Wenn das Hotel voll _____ ist, stehen keine Zimmer mehr zur _____.
13. Am Empfang muß der Gast einen _____ ausfüllen. Wenn es ein fremdes Land ist, muß der Gast dem Portier seinen _____ zeigen.
14. Der _____ bringt die Koffer ins Zimmer.
15. Viele Leute zahlen lieber mit _____.

2. Complete.

An der Rezeption

—Guten Tag.

—Guten Tag. Haben Sie noch ein _____ für zwei Personen?
                                              1

—Haben Sie _____?
                     2

—Nein, leider nicht.

—Das Hotel ist fast voll _____. Drei Doppelzimmer stehen noch zur _____.
                                3   4
  Hätten Sie lieber ein Zimmer mit _____ oder ein Zimmer mit zwei
                                              5
  _____?
        6

—Ein Zimmer mit _____, bitte. Ist das Zimmer mit _____ oder zur
                         7   8
  _____?
        9

—Die einzigen Zimmer, die noch zu haben sind, sind zur _____.
                                                                      10

—In Ordnung. Was kostet das _____?
                                    11

—150,– DM am Tag.

—Ist die _____ inbegriffen?
              12

—Ja, die _____ und die _____ sind im Preis inbegriffen, aber nicht das
           13   14
Frühstück.

—In Ordnung.

—Wie lange bleiben Sie?

—Wir bleiben bis _____. Zur Zeit ist es sehr warm. Sind die Zimmer
                 15
_____?
  16

—Ja, und das Zimmer ist mit _____.
                      17

—Sehr gut.

—Also, _____ Sie diesen Meldeschein aus und _____ Sie hier. Darf ich
       18   19
Ihren _____ sehen?
     20

—Hier ist er.

—Danke schön. Der _____ wird Ihre Koffer ins Zimmer bringen.
              21

—Danke schön.

—Bitte sehr.

SPEAKING WITH THE MAID (Fig. 9-3)

Fig. 9-3

Das *Zimmermädchen*	maid
Herein!	Come in!
Kommen Sie herein!	Come in!
Kann ich meine Wäsche zum Waschen geben?	Can I have my things washed?
Haben Sie einen *Wäsche-Service*?	laundry service
Können Sie diese *Sachen waschen* und *bügeln*?	things; wash; iron
Ich möchte *etwas reinigen lassen.*	have something cleaned
Wann ist es fertig?	When will it be done?
Wenn Sie es *heute zurückhaben* möchten, müssen Sie *einen Zuschlag zahlen.*	have it back today; pay a surcharge
Können Sie das Zimmer jetzt *machen*?	make up, clean
Ich brauche *noch ein Kopfkissen.*	another pillow
noch eine *Decke.*	blanket
noch ein *Badetuch.*	bath towel
noch ein *Stück Seife.*	bar of soap
noch Kleiderbügel.	more hangers
noch Toilettenpapier.	more toilet paper
Wo ist die *Steckdose* für den *Rasierapparat*?	outlet; electric razor
für den *Fön*?	hair drier
Wie hoch ist die Spannung?	What is the voltage?

Fig. 9-4

3. Complete.

1. Das Zimmer soll gemacht werden. Ich werde das _____ rufen.
2. Ich habe viel Wäsche. Mal sehen, ob es einen _____ gibt.
3. Können Sie diese Sachen _____ und _____?
4. Kann ich das Kleid _____ _____?
5. Ich kann meinen Rasierapparat nicht benutzen. Ich weiß nicht, wo die _____ ist.
6. In der letzten Nacht war es kalt. Ich möchte noch eine _____.
7. Ein großes Handtuch ist ein _____.
8. Ich möchte duschen, aber es gibt keine _____.
9. Ich habe viel Kleidung bei mir. In den Hotels sind nie genug _____ in den Schränken.
10. Im allgemeinen gibt es eine extra Rolle _____ im Badezimmer.

4. Identify each item in Fig. 9-4.

SOME PROBLEMS YOU MAY HAVE (Fig. 9-5)

Der *Wasserhahn funktioniert nicht.*   faucet; doesn't work
Das *Licht* geht nicht an.   light
Die Toilette funktioniert nicht.

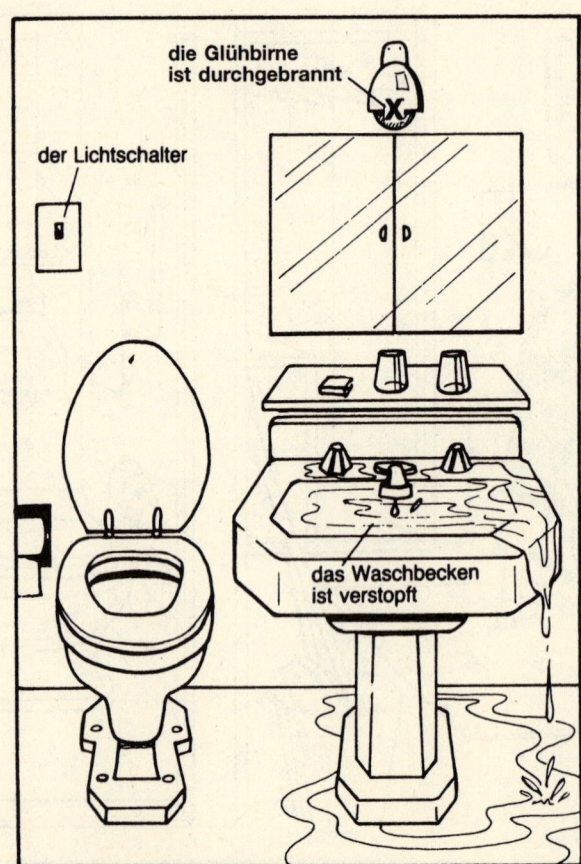

Fig. 9-5

Der *Lichtschalter* funktioniert nicht.	light switch
Die *Glühbirne* ist *durchgebrannt*.	bulb; burned out
Das *Waschbecken* ist *verstopft*.	sink (wash basin); clogged
Es gibt kein *heißes Wasser*.	hot water

5. Complete.
   1. Ich habe das Licht angeschaltet, aber nichts ist geschehen. Ich glaube, die _____
      ist durchgebrannt, oder vielleicht funktioniert der _____ nicht.
   2. Ich habe den _____ aufgedreht, aber es kommt kein Wasser.
   3. Das Waschbecken läuft nicht ab. Es muß _____ sein.
   4. Ich kann nicht duschen, wenn es kein _____ gibt.

6. Identify each numbered item in Fig. 9-6.

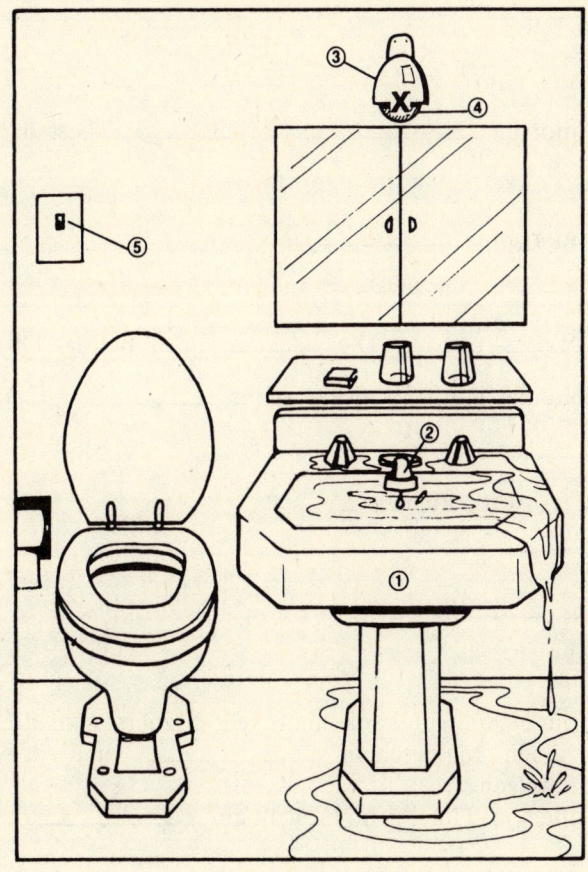

Fig. 9-6

CHECKING OUT

An der Rezeption
Der Gast sagt:

Wann müssen wir das Zimmer *räumen*?	vacate, leave
Wann müssen wir *auschecken*?	check out

Ich möchte gern die *Rechnung* für Zimmer 21.	bill
Das haben Sie mir *falsch berechnet*.	made a mistake on my bill
Nehmen Sie *Kreditkarten*?	credit cards
Der Portier sagt:	
Haben Sie heute morgen *noch etwas bestellt*?	ordered anything else
Ich habe *nichts weiter* bestellt.	nothing else
nichts mehr	nothing else
Haben Sie *telefoniert*?	made telephone calls
Hier ist die *Rechnung*.	total, bill
Bitte, *unterschreiben* Sie hier.	sign (a signature)

7. Complete.

An der Rezeption

—Ich möchte gern die _____ für Zimmer 21.
                                    1

—Wie ist Ihr Name, bitte?

— _____ .
           2

—Haben Sie heute morgen _____ _____ bestellt?
                                                3

—Ja, das Frühstück.

—Haben Sie heute morgen _____?
                                        4

—Nein.

—Gut. Hier ist die _____. Die _____ beträgt 170,– DM.
                            5   6

—Entschuldigen Sie. Aber ich habe nichts weiter _____. Den Wein haben Sie mir
                                                          7

falsch _____.
            8

—Entschuldigung. Das ist für Zimmer 22.

—Nehmen Sie _____?
                        9

—Ja, welche _____ haben Sie?
                    10

8. Complete.
1. Wenn ein Gast in einem Hotel ankommt, geht er zuerst zum _____.
2. Oft muß er einen Meldeschein _____ und der Empfangsdame seinen _____ zeigen.
3. Ein Gast, der allein ins Hotel geht, braucht ein _____. Zwei Gäste brauchen ein _____.
4. In den Hotels sind die _____ und die _____ im Preis inbegriffen.
5. Ein Zimmer zur _____ ist lauter als ein _____ zum _____.
6. Viele Leute _____ ihre Zimmer, ehe sie in ein Hotel gehen. Wenn sie ankommen, zeigen sie dem Portier ihre _____.
7. Wenn das Hotel keine freien Zimmer mehr hat, ist es _____ _____.
8. Der _____ bringt die Koffer in die Zimmer.
9. Das _____ macht die Zimmer.
10. Einige Dinge, die ins Badezimmer gehören, sind _____, _____ und _____.

11. Im Sommer sind alle Zimmer _____.
12. Wenn ein Gast friert, braucht er noch eine _____ auf dem _____.
13. Man braucht _____, um die Kleidungsstücke aufzuhängen.
14. Viele Hotels bieten ihren Gästen einen _____ für ihre Wäsche an.
15. Wenn der Gast etwas _____ will, ruft er beim Zimmer-Service an.
16. Meistens müssen die Gäste das Zimmer um elf oder zwölf Uhr _____.
17. Wenn die Gäste ankommen oder auschecken, gehen sie zur _____.
18. Heutzutage bezahlen viele Leute lieber mit einer _____.

9. Answer on the basis of Fig. 9-7.
   1. Geht das Zimmer zur Straße?
   2. Hat das Zimmer einen Balkon?
   3. Was für ein Bett steht im Zimmer?
   4. Was für ein Zimmer ist es?
   5. Hat das Zimmer ein Bad?
   6. Hat das Badezimmer eine Dusche oder eine Badewanne?
   7. Hat das Zimmer einen Fernseher?
   8. Hat das Zimmer ein Telefon?

Fig. 9-7

Fig. 9-8

10. Look at Fig. 9-8 and correct each statement.
1. Die Dame und der Herr stehen im Restaurant.
2. Sie checken aus.
3. Sie sprechen mit dem Hotelpagen.
4. Die Dame füllt den Meldeschein aus.
5. Der Portier hat den Schlüssel.
6. Der Herr hat eine Kreditkarte in der Hand.

11. Answer on the basis of Fig. 9-9.
1. Was für ein Zimmer ist es?
2. Was liegt auf dem Bett?
3. Wer arbeitet im Zimmer?
4. Was macht sie?
5. Was hängt im Schrank?
6. Hat das Zimmer ein Bad?
7. Gibt es eine Dusche im Badezimmer?
8. Wie viele Handtücher hängen da?
9. Wie viele Rollen Toilettenpapier sind im Badezimmer?

Fig. 9-9

Key Words

ankommen to arrive	*der Berg, die Berge* mountains
die Anmeldung,	*die Bestätigung,*
die Anmeldungen registration form	*die Bestätigungen* confirmation
anschalten to turn on (light and other electric devices)	*bestellen* to reserve, to order
	betragen to amount to
aufdrehen to turn on (water faucet)	*das Bett, die Betten* bed
auschecken to check out	*bieten* to offer
das Badetuch, die Badetücher bath towel	*bleiben* to stay
das Badezimmer,	*mit Blick auf* facing
die Badezimmer bathroom	*bügeln* to iron
das Becken, die Becken basin	*die Decke, die Decken* blanket
die Bedienung, die Bedienungen service	*das Doppelbett,*
berechnen to charge	*die Doppelbetten* double bed
falsch berechnen to make a mistake in a charge on the bill	*das Doppelzimmer,*
	die Doppelzimmer double room

durchgebrannt   burned out (light bulb)
die Dusche, die Duschen   shower
das Einzelbett   twin bed
das Einzelzimmer,
    die Einzelzimmer   single room
der Empfang   reception desk
die Empfangsdame,   desk clerk
    die Empfangsdamen   (female)
der Fernseher, die Fernseher   television set
der Fön, die Föne   electric hair drier
fragen   to ask
frieren   to be cold, freeze
das Frühstück   breakfast
funktionieren   to function, work
der Gast, die Gäste   guest
geheizt   heated
die Glühbirne, die Glühbirnen   light bulb
die Halbpension   room with lunch or
                        dinner
das Handtuch, die Handtücher   hand towel
heißes Wasser   hot water
die Heizung   heat
Herein!   Come in!
zum Hof   facing the courtyard
der Hotelpage, die Hotelpagen   bellhop
(im Preis) inbegriffen   included (in the
                        price)
kalt   cold
mir ist kalt   I'm cold
die Kasse, die Kassen   cashier's window
der Kleiderbügel, die Kleiderbügel   hanger
die Klimaanlage,
    die Klimaanlagen   air conditioning
klimatisiert   air-conditioned
Kommen Sie herein!   Come in!
das Kopfkissen, die Kopfkissen   pillow
das Licht   light
der Lichtschalter,
    die Lichtschalter   light switch
die Mehrwertsteuer   value-added tax
der Meldeschein,
    die Meldescheine   registration form
der Portier,
    die Portiers   receptionist (male)
der Rasierapparat,
    die Rasierapparate   razor
räumen   to check out of, vacate
die Rechnung, die Rechnungen   bill

reinigen lassen   to have dry-cleaned
reservieren   to reserve
die Rezeption   reception desk
die Rolle, die Rollen   roll
die Sachen   things
das Schwimmbad,
    die Schwimmbäder   swimming pool
die See   sea
der Seeblick   sea view
die Seife   soap
der Service   service
die Spannung   voltage
die Steckdose,
    die Steckdosen   electric outlet
zur Straße   facing the street
das Stück Seife   bar of soap
die Toilette, die Toiletten   toilet
das Toilettenpapier   toilet paper
übernachten   to stay overnight
unterschreiben   to sign (a signature)
die Unterschrift,
    die Unterschriften   signature
verlangen   to ask for
verstopft   clogged
voll belegt   full (hotel with no vacancy)
die Vollpension   room and board (includes
                        lunch and dinner)
vorbestellen   to reserve
was für ein (eine)   what kind of
das Waschbecken,
    die Waschbecken   wash basin, sink
waschen   to wash
der Wäsche-Service   laundry service
das Wasser   water
der Wasserhahn, die Wasserhähne   faucet
das Zimmer, die Zimmer   room
Zimmer frei   rooms available
das Zimmer machen   to make up the room
ein Zimmer mit Einzelbetten   room with
                        twin beds
das Zimmermädchen,
    die Zimmermädchen   maid
der Zimmerschlüssel,
    die Zimmerschlüssel   room key
der Zimmer-Service   room service

der Zuschlag, die Zuschläge   surcharge

Chapter 10: At the bank
Kapitel 10: Auf der Bank

EXCHANGING MONEY (Fig. 10-1)

Fig. 10-1

Wo ist eine *Bank*?	bank
Wo ist eine *Wechselstube*?	exchange bureau
Ich brauche deutsches *Geld*.	money
Ich möchte hundert Dollar *wechseln*.	to exchange
Ich möchte hundert Dollar in D-Mark wechseln.	
Haben Sie *Reiseschecks* oder *Bargeld*?	traveler's checks; cash
Haben Sie *Travellerschecks*?	traveler's checks
Wie ist der *Wechselkurs*?	rate of exchange
Der Dollar steht bei 1,70 DM.	1.70 DM to the dollar
Es gibt 1,70 DM pro Dollar.	
Wie hoch ist die *Gebühr*?	fee, charge
Gehen Sie zur *Kasse*.	cashier's window

1. Complete.

Herr Jones ist in Deutschland und hat kein deutsches _____. Er will hundert
                                                          1

Dollar in _____ wechseln. Er will das Geld nicht im Hotel wechseln, weil sie dort eine
              2

höhere _____ nehmen. Er möchte es auf der _____ wechseln. Er weiß, daß
            3   4

der _____ auf der Bank günstiger ist als im Hotel.
         5

2. Complete.

—Ich möchte hundert Dollar _____, bitte.
                                  1

—Ja, bitte.

—Wie hoch ist der Wechselkurs?

—Haben Sie _____ oder Bargeld?
                 2

—Reisechecks.

—Heute _____ der Dollar bei 1,70 DM.
            3

—Gut.

—Haben Sie Ihren Reisepaß?

—Ja. Hier ist er.

—Sie können zur _____ gehen. Dort erhalten Sie das Geld.
                      4

MAKING CHANGE

Ich habe die *Rechnung in bar* bezahlt.	bill; in cash
mit Bargeld bezahlt.	in cash
Ich habe *kein Bargeld mehr.*	no more cash
Ich muß *einen Scheck einlösen.*	cash a check
Ich habe nur noch *große Scheine.*	large bills
Können Sie diesen *500-Mark-Schein* wechseln?	500-mark bill
Ich habe kein *Kleingeld.*	change
keine *Münzen.*	coins

3. Complete.

Frau Zucker hat ihre Rechnung nicht per Scheck bezahlt. Sie hat in _____
                                                                         1

bezahlt. Jetzt hat sie kein _____ mehr. Sie muß zur Bank gehen und einen Scheck
                                 2

_____.
       3

4. Complete.

Hör mal! Ich habe kein _____. Kannst du mir diesen Zehnmarkschein
                             1

_____? Ich brauche _____ für das Telefon.
       2   3

5. Complete.
Auf der Bank

—Ich möchte einen Travellerscheck einlösen, bitte.

—Ist es ein Dollar- oder ein DM-Reisescheck?

—Er ist in _____ .
                  1

—Aber ich kann Ihnen keine Dollar geben.

—Ich weiß. Ich möchte den Travellerscheck in DM wechseln. Wie ist der _____ ?
                                                                                  2

—Der Dollar _____ _____ 1,70 DM.
                        3

—Gut.

—Sie können zur _____ gehen.
                        4

An der Kasse

—Es sind tausend Mark. Hier sind zehn 100-Mark- _____ .
                                                          5

—Entschuldigen Sie. Können Sie einen der 100- _____ -Scheine in kleinere Scheine
                                                          6

_____ ?
        7

—Hier sind zehn 10-Mark- _____ .
                                  8

—Entschuldigen Sie nochmals. Ich habe überhaupt keine _____ . Können Sie einen der
                                                                  9

10-Mark- _____ wechseln, bitte?
                  10

—Hier sind ein Fünfmarkstück und fünf Einmarkstücke.

—Besten Dank.

USING AN AUTOMATED TELLER MACHINE (ATM)

Es ist *Sonntagnachmittag* und die Banken sind *geschlossen*.	Sunday afternoon; closed
Ich habe mein ganzes Bargeld *ausgegeben*.	spent
Ich *brauche* aber mehr Bargeld.	need
Was mache ich?	
Ich gehe zum *Geldautomat*.	ATM (cash machine)
Ich stecke meine Karte in den Schlitz.	
Ich gebe meine *Geheimnummer* ein.	PIN number
Ich *wähle* den *Betrag*.	select; amount
Ich *entnehme* meine Karte und das Geld.	take out

6. Put in the proper order. Omit any items that do not belong.
1. die Geheimnummer eingeben
2. den Scheck unterschreiben
3. die Karte entnehmen
4. zur Kasse gehen
5. die Karte in den Schlitz stecken
6. den Betrag wählen

A SAVINGS ACCOUNT

Ich möchte *ein Sparkonto eröffnen*.	open a savings account
Ich möchte *Geld einzahlen*.	make a deposit
Ich möchte hundert DM *einzahlen*.	to deposit
Ich will kein Geld von meinem *Konto abheben*.	account; take out, withdraw
Ich gehe zum *Bankschalter*.	bank window (counter)
Schalter.	
Ich gebe dem *Kassierer* mein *Sparbuch*.	teller, cashier; bankbook, passbook
Bankangestellten mein Sparbuch.	teller, bank employee
Ich *spare* Geld.	save
Meine *Ersparnisse wachsen*.	savings; grow

7. Complete.

Ich spare Geld. Ich habe ein _____ auf der Bank. Morgen werde ich hundert DM
                                        1

auf mein Konto _____. Ich versuche, jeden Monat etwas _____ einzuzahlen.
                    2   3

Ich gebe dem Bankangestellten mein _____. Wie Sie sehen, _____ ich gern
                                          4   5

Geld, aber ich _____ ungern etwas ab. Meine _____ sollen wachsen.
                    6   7

A CHECKING ACCOUNT (Fig. 10-2)

Ich habe ein *Girokonto* bei der Bank.	checking account
Ich möchte einen Scheck *einlösen*.	to cash
Ich muß den Scheck *unterschreiben*.	to sign
Ich habe *keine Schecks mehr*.[1]	no more checks
Ich brauche *neue*.	new (checks)
Wie ist mein *Kontostand*?	balance

8. Complete.
1. Ich habe noch zweihundert DM auf dem Konto. Der _____ ist zweihundert DM.
2. Ich habe keine Schecks mehr. Ich brauche _____ Schecks.
3. Können Sie diesen Scheck _____? Ja, aber nur, wenn Sie auf dieser Bank ein
   _____ haben.
4. Wenn ich einen Scheck einlösen will, muß ich ihn _____.
5. Ich will nicht in bar zahlen. Ich werde per _____ bezahlen.

---

[1] There are no checkbooks in the American sense, but rather individual checks placed into a plastic folder called
a *Scheckheft*. Eurochecks are used throughout Europe. Each check is guaranteed by the bank up to 400.– DM.
However, these days the majority of financial transactions are carried out by means of direct bank transfer.

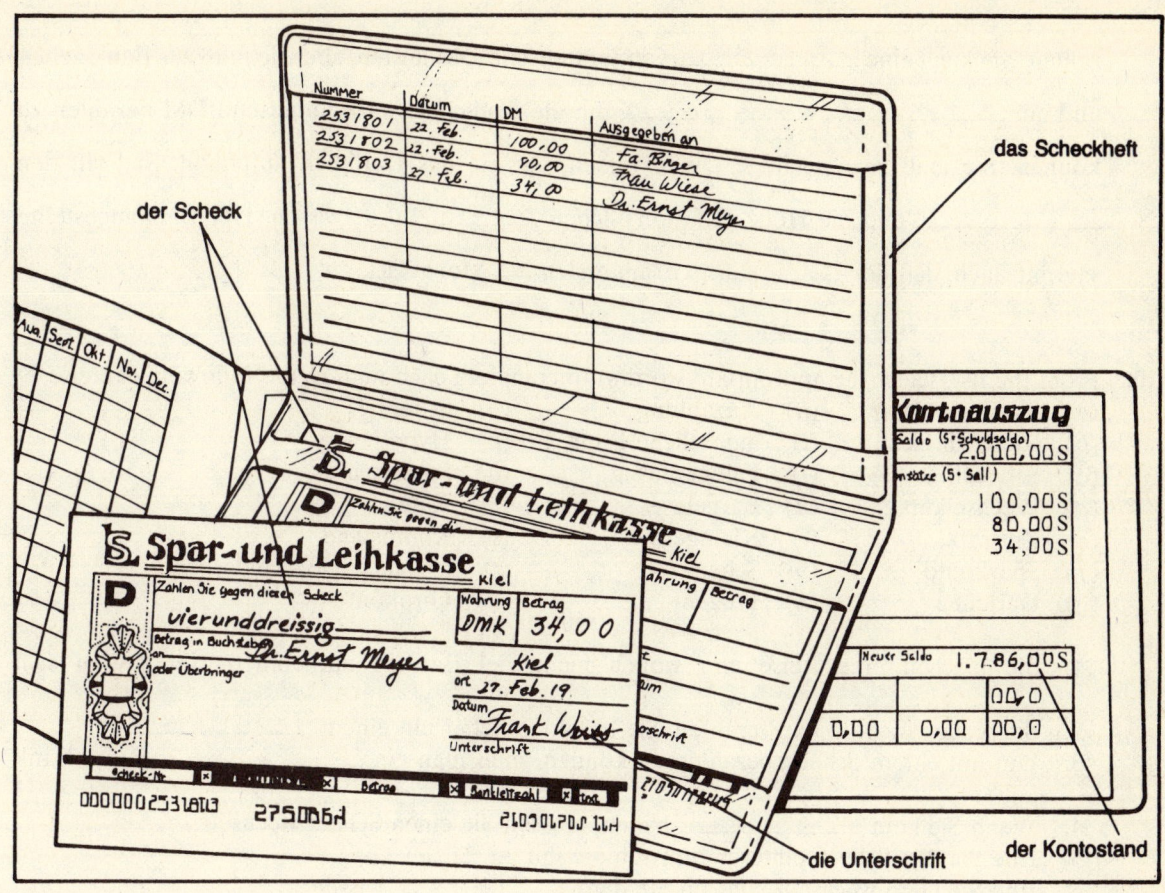

Fig. 10-2

GETTING A LOAN

Ich kann jetzt nicht *die ganze Summe in bar* bezahlen.	the entire sum in cash
Ich möchte es nicht *auf Raten kaufen*.	purchase on the installment plan
Ich möchte nicht *in Raten bezahlen*.	pay in installments
Ich möchte *ein Darlehen aufnehmen*.	take out a loan
Mir wird ein Darlehen gewährt.	I will be granted a loan
Ich *leiste eine Anzahlung* von fünfhundert DM.	make a down payment
Wie *hoch* sind die *Zinsen*?	high; interest
Wie hoch ist der *Zinssatz*?	interest rate
Der Zinssatz *beträgt* elf *Prozent*.	is (amounts to); percent
Ich werde in *monatlichen Raten* zahlen.	monthly payments
Wann ist der *Fälligkeitstag* der Raten?	due date
Ich kaufe ein Haus.	
Ich möchte eine *Hypothek aufnehmen*.	mortgage; take

9. Complete.

Frau Meyer kauft ein Auto. Das Auto wird zwanzigtausend DM kosten. Frau Meyer möchte

es in _____ bezahlen. Sie hat nicht genug Geld, um sofort alles in _____ zu

        1   2

zahlen. Sie kann eine _____ von fünftausend DM leisten, aber sie muß zur Bank gehen
                                 3

und ein _____ _____, um die restlichen fünfzehntausend DM bezahlen zu
                    4

können. Sie muß zwei wichtige Dinge wissen, ehe sie das Darlehen aufnimmt. Sie will den

_____ und die Höhe der monatlichen _____ wissen. Der Bankangestellte
        5   6

sagt ihr auch, daß der _____ am ersten des Monats ist.
                              7

10. From the list, select the appropriate word(s) to complete each item in the following exercise.

(a) unterschreiben	(h) Anzahlung	(o) Schein
(b) Reiseschecks	(i) monatliche Rate	(p) Hypothek
(c) Scheckheft	(j) Fälligkeitstag	(q) Sparbuch
(d) Wechselkurs	(k) Bargeld	(r) Raten
(e) Zinssatz	(l) Kleingeld	(s) Kontostand
(f) Sparkonto	(m) Scheck	(t) in bar, mit Bargeld
(g) Darlehen	(n) Prozent	(u) Girokonto

   1. Sie machen eine Reise und wollen nicht viel Bargeld mitnehmen. Sie kaufen sich
       _____.
   2. Sie wollen nicht in bar bezahlen. Sie bezahlen lieber mit einem _____.
   3. Um mit einem Scheck bezahlen zu können, muß man ein _____ bei der Bank
       haben.
   4. Wenn Sie kein _____ haben, müssen Sie einen Schein wechseln.
   5. Ehe Sie den Scheck einlösen, müssen Sie ihn _____.
   6. Ehe Sie Geld wechseln, müssen Sie den _____ wissen.
   7. Wenn Sie nicht genug Geld haben, um etwas zu bezahlen, müssen Sie ein _____
       aufnehmen.
   8. Man muß die monatlichen Raten am _____ bezahlen.
   9. Ich habe nicht die ganze Summe in bar bezahlt. Ich habe in _____ bezahlt.
 10. Ich kann nicht mit einem Scheck bezahlen, weil ich mein _____ nicht bei mir
       habe.
 11. Wenn man Geld einzahlt oder abhebt, gibt man dem Kassierer das _____.
 12. Ich spare Geld. Ich habe ein _____.
 13. Ich weiß nicht, wieviel Geld auf dem Konto ist. Ich weiß nicht, wie mein _____
       ist.
 14. Ein Darlehen beim Hauskauf ist eine _____.
 15. Auch wenn sie mir ein Darlehen gewähren, muß ich genug Bargeld haben, um eine
       _____ zu leisten.

11. Complete each item with an appropriate verb.
   1. Ich brauche deutsches Geld. Ich werde Dollar _____.
   2. Ich habe Geld, das ich nicht brauche. Ich werde es auf mein Sparkonto _____.
   3. Ich möchte einen Scheck _____.
   4. Ehe ich den Scheck einlöse, muß ich ihn _____.
   5. Um das Auto kaufen zu können, muß ich ein Darlehen _____.
   6. Ich werde die Rechnung in bar _____.
   7. Können Sie diesen Schein _____?
   8. Ich mache eine Reise und muß Geld von meinem Konto _____.

9. Ich bezahle lieber in bar. Ich möchte nicht auf Raten _____.
10. Ich werde ein Sparkonto _____.

12. Complete.
1. Ich möchte hundert Dollar _____ D-Mark wechseln.
2. Dann gehen wir _____ Kasse.
3. Ich bezahle nicht immer _____ bar.
4. Kannst du _____ Bargeld bezahlen?
5. Ich kaufe nichts _____ Raten. Ich bezahle nichts _____ Raten.

Key Words

abheben   to withdraw, take out money
die Anzahlung,   (to make) a
  die Anzahlungen (leisten)   down
                             payment
ausgeben   to spend
die Bank, die Banken   bank
der Bankangestellte,   teller, bank
  die Bankangestellten   employee (male)
die Bankangestellte,   teller, bank
  die Bankangestellten   employee
                      (female)
der Bankschalter,   counter (window) at
  die Bankschalter   the bank
in bar bezahlen   to pay cash
das Bargeld   cash
der Betrag, die Beträge   amount
bezahlen   to pay for
brauchen   to need
das Darlehen, die Darlehen   loan
ein Darlehen aufnehmen   to take out a
                      loan
einlösen   to cash (a check)
einzahlen   to deposit
entnehmen   to take out
erhalten   to receive
eröffnen   to open
die Ersparnisse   savings
der Fälligkeitstag,
  die Fälligkeitstage   due date
die Gebühr, die Gebühren   fee
die Geheimnummer,
  die Geheimnummern   PIN number
das Geld   money
der Geldautomat,
  die Geldautomaten   cash machine, ATM

das Geldstück, die Geldstücke   coin
geschlossen   closed
gewähren   to grant
das Girokonto,
  die Girokonten   checking account
höher   higher
die Hypothek, die Hypotheken   mortgage
eine Hypothek   to take out, assume a
  aufnehmen   mortgage
der Kassierer, die Kassierer   cashier (male)
die Kassiererin,
  die Kassiererinnen   cashier (female)
das Kleingeld   change (especially coins)
das Konto, die Konten   account
der Kontostand, die Kontostände   balance
die monatliche Rate   monthly payment
die Münze, die Münzen   coins
niedriger   lower
die Rate, die Raten   installment (payment)
auf Raten kaufen   to purchase on the
                  installment plan
in Raten zahlen   to pay off in installments
die Rechnung, die Rechnungen   bill
der Reisescheck,
  die Reiseschecks   traveler's check
das Scheckheft, die Scheckhefte   checkbook
der Schein, die Scheine   bill (money)
Sonntagnachmittag   Sunday afternoon
das Sparbuch,
  die Sparbücher   bankbook, passbook
sparen   to save
das Sparkonto,
  die Sparkonten   savings account
der Travellerscheck,
  die Travellerschecks   traveler's check

unterschreiben   to endorse, sign
wachsen   to grow
wählen   to select
der Wechselkurs,
  die Wechselkurse   rate of exchange
wechseln   to exchange, change

die Wechselstube,
  die Wechselstuben   exchange bureau
zahlen   to pay
die Zinsen   interest
der Zinssatz   interest rate

Chapter 11: At the post office
Kapitel 11: Auf der Post

SENDING A LETTER (Fig. 11-1)

Fig. 11-1

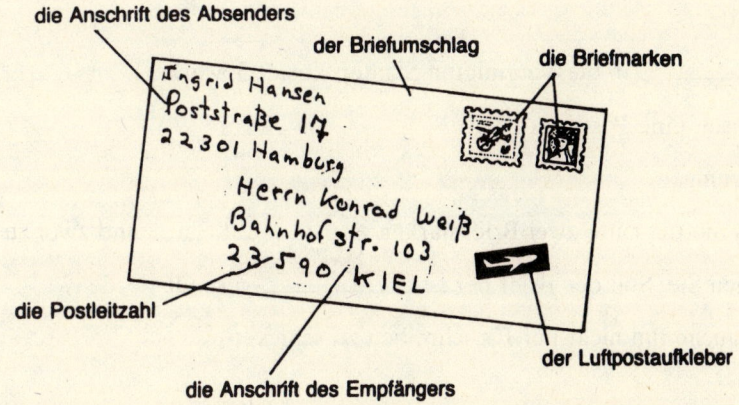

Ich möchte einen *Brief absenden*.	letter; send
Ich möchte meiner Mutter eine *Postkarte schicken*.	postcard; send
Ich kann sie nicht *in den Briefkasten*[1] *einwerfen*.	mail (put into the mailbox)
Ich habe keine *Briefmarken*.	stamps
Ich muß zum *Postamt*.	post office
Ich muß zur *Post*.	post office
Ich kann Briefmarken auf der Post *kaufen*.	buy
Da ist der *Schalter*.	counter, window
Wie hoch ist das *Porto*?	postage
Was kostet ein Brief nach Portugal?	
Was kostet ein Brief in die *Vereinigten Staaten*?	United States
Per Luftpost kostet es 3,00 DM.	by airmail
Ich möchte zwei Briefmarken zu drei Mark.	
Ich möchte den Brief *per Einschreiben* schicken.	by registered mail
Auf den *Briefumschlag* muß ich die Adresse des *Empfängers* schreiben.	envelope; recipient
Die *Anschrift* des Empfängers steht auf dem Brief.	address
Die Adresse des *Absenders* steht auch auf dem Brief.	sender
Ich schreibe meine *Postleitzahl*.	zip code

1. Complete.

   Ich möchte diese Karte absenden. Aber ich kann sie noch nicht in den _____
                                                                                        1

einwerfen. Aus zwei Gründen muß ich zum _____ gehen. Erstens weiß ich nicht, wie
                                                           2

hoch das _____ ist, und zweitens habe ich keine _____. Ich werde die
              3   4

_____ auf der _____ kaufen.
       5   6

2. Complete.
Auf der _____.
                     1

—Ich möchte diesen Brief nach New York absenden. Was kostet das _____, bitte?
                                                                                2

—Wollen Sie den Brief auf dem Landweg oder per _____ senden?
                                                              3

—Luftpost, bitte.

—Per _____ in die Vereinigten Staaten kostet 3 Mark.
            4

—Und was kostet eine Postkarte?

—Neunzig Pfennig.

—Gut. Geben Sie mir bitte zwei Briefmarken zu _____ und zwei zu _____.
                                                            5   6

—Entschuldigen Sie. Soll der Brief per _____ gesandt werden?
                                                     7

—Nein ich brauche ihn nicht per Einschreiben zu schicken.

---

[1] *Briefkasten* refers both to the public mailbox used to mail letters and to the mailbox at home used to receive mail.

3. Answer based on Fig. 11-2.
1. Senden Sie den Brief per Luftpost oder per Einschreiben?
2. Wer ist der Empfänger?
3. Was ist die Postleitzahl des Empfängers?
4. Wer ist der Absender?
5. Wie viele Briefmarken sind auf dem Briefumschlag?
6. Wo wohnt der Absender?

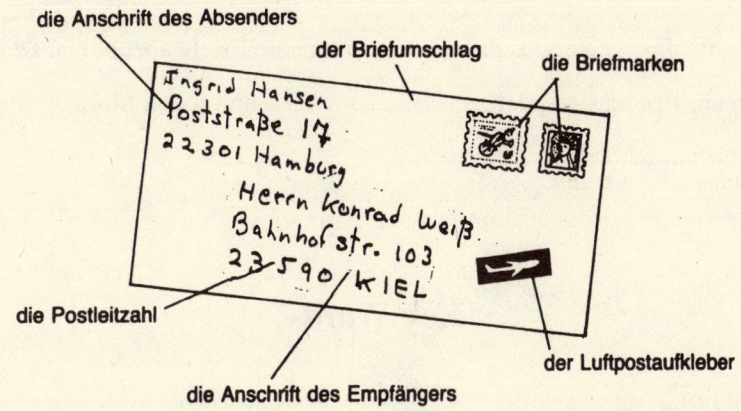

Fig. 11-2

SENDING A PACKAGE

Ich möchte *ein Paket abschicken.*	send a package
ein Päckchen absenden.	send a small package
Wievel *wiegt es*? Wie *schwer* ist es?	does it weigh; heavy
Ich *weiß (es) nicht.*	don't know
Ich kann es *wiegen.*	weigh
Ich kann es auf die *Waage legen.*	scale; place, put
Möchten Sie es *versichern*?	insure
Ja, ich will es versichern lassen. Ist der *Inhalt zerbrechlich*?	contents; fragile
Bitte, *füllen Sie eine Zollerklärung aus.*	fill out; customs declaration
Wann *kommt es an*?	will it arrive
Per Flugzeug dauert es fünf Tage.	by plane; takes
Auf dem Landweg dauert es sechs Wochen.	by surface mail

4. Complete.

Ich möchte dieses _____ nach England schicken. Aber ich weiß nicht, wieviel es
　　　　　　　　　　　　　 1

wiegt, weil ich keine _____ habe. Ich muß zum Postamt. Das Paket ist sehr wertvoll,
　　　　　　　　　　　　 2

mehr als zweihundert Mark. Ich werde es _____ lassen. Ich muß eine Zollerklärung
　　　　　　　　　　　　　　　　　　 3

_____. Es ist sehr _____. Es ist aus Kristall. Ich kann es per _____
　　 4　　　　　　　　　　　　 5　　　　　　　　　　　　　　　　　　　 6

schicken, dann dauert es nur fünf Tage. Aber das _____ ist bei Luftpost viel höher.
　　　　　　　　　　　　　　　　　　　 7

OTHER WORDS YOU MAY NEED

Ist *Post* für mich gekommen?	mail
Die Post wird *täglich außer* Sonntags *ausgetragen.*	daily; except; delivered
Der *Briefträger* kommt vormittags.	letter carrier
Gibt es hier *Postfächer*?	post office boxes
Wo gibt es *Zahlungsanweisungen*?	money orders

5. Complete.

Ich muß nicht zum _____ gehen, um meine Briefe abzuholen. Der _____
            1   2

wirft sie in meinen Briefkasten. Der _____ kommt jeden Morgen um zehn Uhr. Sehen
                                         3

wir mal nach, ob _____ da ist.
                      4

Key Words

abholen	to pick up	*das Päckchen,*	
abschicken	to send off, mail	*die Päckchen*	(small) package
absenden	to send off, mail	*das Paket, die Pakete*	package
der Absender, die Absender	sender	*das Porto*	postage
die Adresse, die Adressen	address	*die Post*	mail
die Anschrift, die Anschriften	address	*die Post*	post office
ausfüllen	to fill out (a form)	*das Postamt, die Postämter*	post office
austragen	to deliver	*das Postfach,*	
der Brief, die Briefe	letter	*die Postfächer*	post office box
der Briefkasten, die Briefkästen	mailbox	*die Postgebühr, die Postgebühren*	postage
die Briefmarke, die Briefmarken	stamp	*die Postkarte, die Postkarten*	postcard
der Briefumschlag,		*die Postleitzahl, die Postleitzahlen*	zip code
die Briefumschläge	envelope	*schicken*	to send
dauern	to last, take (time)	*versichern*	to insure
per Einschreiben	by registered mail	*die Waage, die Waagen*	scale
einwerfen	to mail	*werfen*	to throw, mail
der Empfänger,		*wertvoll*	valuable
die Empfänger	recipient, addressee	*wiegen*	to weigh
kaufen	to buy	*die Zahlungsanweisung,*	
der Landweg	surface mail	*die Zahlungsanweisungen*	money order
die Luftpost	airmail	*zerbrechlich*	fragile
mit Luftpost	by airmail	*die Zollerklärung,*	
per Luftpost	via airmail	*die Zollerklärungen*	customs declaration

Chapter 12: At the hairdresser
Kapitel 12: Beim Friseur

FOR MEN

Ich brauche einen *Haarschnitt*.	haircut
Der *Friseur (Frisör) schneidet* ihm das Haar mit einer *Schere*.	barber, hairdresser (m); cuts scissors
Die *Friseuse (Frisöse)*[1]	barber, hairdresser (f)
Können Sie bitte *nachschneiden*?	trim (hair)
Ich brauche einen *Nachschnitt*.	trim
Schneiden Sie es bitte nicht zu kurz.	don't cut it too short
Stutzen Sie bitte meinen *Bart*.	trim; beard
Schneiden Sie bitte meinen *Schnurrbart*.	mustache
Schneiden Sie bitte die *Koteletten*.	sideburns
Schneiden Sie die Koteletten *kürzer*.	shorter
Rasieren Sie mich.	shave
Ich brauche *eine Rasur*.	a shave
Schneiden Sie bitte *hinten* ein bißchen mehr ab.	in the back
an den Seiten ein bißchen mehr ab.	at the sides
oben ein bißchen mehr ab.	on the top
im Nacken ein bißchen mehr ab.	in the (back of) neck
Ich brauche eine *Haarwäsche*.	shampoo
Waschen Sie *mir* bitte *die Haare*.	wash my hair
Ich möchte kein *Haaröl* und keinen *Haarspray*.	hair oil; hair spray
Ich möchte *etwas Schaumfestiger*.	some; mousse
Ist das Shampoo *unparfümiert*?	unscented

1. Complete.
   1. Mein Haar ist zu lang. Ich brauche einen _____.
   2. Mein Haar ist nicht sehr lang. Ich brauche nur einen _____.
   3. Ich habe gerade mein Haar gewaschen. Ich brauche keine _____.
   4. Ist das _____ parfümiert?
   5. Mein Bart ist zu lang. Können Sie ihn _____?
   6. Ich mag mein Haar nicht sehr kurz. _____ Sie bitte nicht zu viel ab!
   7. Der Friseur schneidet das Haar mit einer _____.
   8. Ich _____ mich zu Hause. Der Friseur braucht mich nicht zu rasieren.

2. Match.
   1. Mein Haar ist zu lang.
   2. Ich brauche eine Haarwäsche.
   3. Mein Haar ist noch nicht sehr lang.
   4. Der Bart ist zu lang.
   5. Ich brauche einen Haarschnitt.
   6. Möchten Sie Haarspray?

   (*a*) Ich brauche nur einen Nachschnitt.
   (*b*) Bitte stutzen Sie ihn.
   (*c*) Ich brauche einen Haarschnitt.
   (*d*) Ich muß zum Friseur gehen.
   (*e*) Der Friseur soll mir die Haare waschen.
   (*f*) Nein, Schaumfestiger, bitte.

---

[1] *Friseurin* and *Frisörin* are alternative forms of the word.

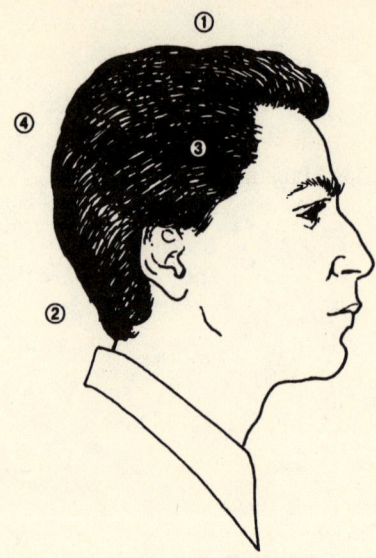

Fig. 12-1

3. Complete this exercise on the basis of Fig. 12-1.
   Bitte schneiden Sie ein bißchen mehr . . . ab.
   1.
   2.
   3.
   4.

FOR WOMEN

Schneiden Sie mir die *Haare.*	cut; hair
Waschen und legen Sie es mir.	wash and set
Ich möchte eine *Dauerwelle.*	permanent wave
Ich möchte es nur nachschneiden lassen.	I'd like it only trimmed
Ich möchte *Strähnchen.*	highlights
Färben Sie mir das Haar.	dye
Ich möchte keinen *Haarspray.*	hair spray
Ich möchte keine *Nagelpflege.*	manicure
Ich möchte eine *Fußpflege.*	pedicure
Keinen *Nagellack* auf den *Fingernägeln.*	nail polish; fingernails
Lackieren Sie meine Fingernägel.	polish
Fußnägel.	toenails

4. Complete.
   —Guten Tag. Möchten Sie eine Dauerwelle?

   —Nein, danke. _____ und _____ Sie mir nur das Haar.
   ₁ ₂

   —Ihr Haar ist ziemlich lang. Möchten Sie keinen _____?
   ₃

—Nein, danke, Mein Haar gefällt mir so. _____ Sie auch nicht die Haare, denn mir
                                                        4
gefällt die Farbe, wie sie ist.

—Gut. Möchten Sie eine Nagelpflege?

—Ja, bitte. _____ Sie aber bitte nicht meine Fingernägel.
              5

Key Words

abschneiden   to cut off
der Bart, die Bärte   beard
die Dauerwelle,
  die Dauerwellen   permanent
die Farbe, die Farben   color
färben   to dye
der Fingernagel, die Fingernägel   fingernail
der Friseur (Frisör),   barber,
  die Friseure (Frisöre)   hairdresser
      (male)
die Friseuse (Friseurin),
  die Friseusinnen   barber, hairdresser
  (Friseurinnen)   (female)
beim Friseur   at the hairdresser
zum Friseur   to the hairdresser
der Fußnagel, die Fußnägel   toenail
das Haar, die Haare   hair
der Haarschnitt, die Haarschnitte   haircut
der Haarspray, die Haarsprays   hair spray
die Haarwäsche,
  die Haarwäschen   shampoo
hinten   in the back
kämmen   to comb
die Koteletten   sideburns
kurz   short
kürzer schneiden   to trim

legen   to set (hair)
die Maniküre   manicure
nachschneiden   to trim
der Nachschnitt, die Nachschnitte   trim
der Nacken, die Nacken   (back of the)
      neck
der Nagellack   nail polish
die Nagelpflege   manicure
oben   on top
die Pediküre   pedicure
rasieren   to shave
das Rasiermesser, die Rasiermesser   razor
die Rasur, die Rasuren   shave
der Schaumfestiger   mousse
die Schere, die Scheren   scissors
schneiden   to cut
der Schnurrbart,
  die Schnurrbärte   mustache
die Seite, die Seiten   side
an den Seiten   at the sides
die Strähnchen   highlights
stutzen   to trim
tönen   to color, tint
unparfümiert   unscented
waschen   to wash

Chapter 13:   At the department store

Kapitel 13:   Im Kaufhaus

BUYING SHOES (Fig. 13-1)

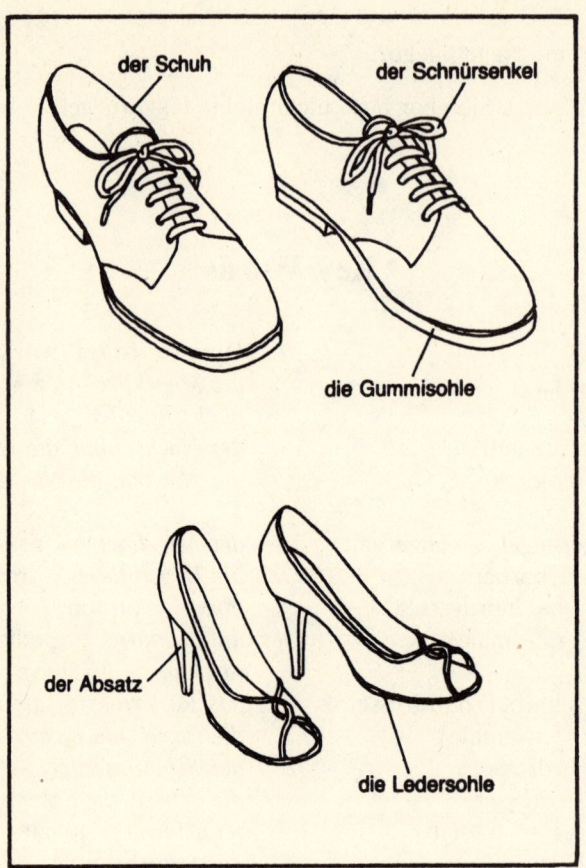

Fig. 13-1

Kann ich Ihnen *helfen*?	help
Was möchten Sie?	What would you like?
Ich brauche *ein Paar Schuhe*.[1]	a pair of shoes
Stiefel.	boots
Gummistiefel.	rubber boots
Sandalen.	sandals
Hausschuhe.	house slippers
Turnschuhe.	sneakers
Tennisschuhe	tennis shoes
Joggingschuhe.	
Welche *Größe* haben Sie?	size
Ich habe 39.	

---

[1] *Pumps* are women's high-heeled dress shoes and *Slipper* are women's and men's flat-heeled shoes without shoelaces.

Ich möchte *Lederschuhe* in *beige* (*weiß, schwarz, braun*).	leather shoes; beige; white; black; brown
Der *Absatz* ist mir zu hoch.	heel
Mir gefallen *hohe (flache) Absätze* nicht.	high (flat) heels
Ich mag keine *Gummisohlen*.	rubber soles
Diese Schuhe *passen* mir nicht.	fit
Sie sind zu *schmal*.	narrow
eng.	narrow
weit.	wide
klein.	small
Die *Zehen tun mir weh*.	toes; hurt
Ich brauche auch ein Paar *Schnürsenkel* und *Schuhcreme*.	shoelaces; shoe polish

1. Answer based on Fig. 13-2.
1. Sind es Schuhe, Sandalen oder Stiefel?
2. Haben sie Gummisohlen?
3. Sind die Absätze hoch oder flach?
4. Haben die Schuhe Schnürsenkel?

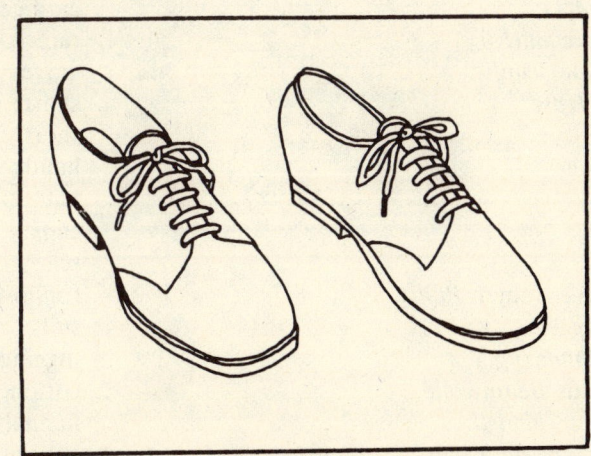

Fig. 13-2

2. Complete.
—Was möchten Sie, bitte?

—Ich möchte ein Paar _____, bitte.
₁

—Welche _____ haben Sie?
₂

—Ich habe _____ 37.
₃

—Mögen Sie lieber hohe oder flache _____?
₄

—Flache, bitte. Mir gefallen hohe _____ nicht.
₅

—Schön. Welche Farbe möchten Sie?

—Braun, bitte.

—Gefallen Ihnen diese?

—Sie gefallen mir, aber sie _____ mir nicht gut. Die _____ tun mir weh. Sie
₆ ₇

sind zu _____. Haben Sie den gleichen Schuh eine Nummer _____?
₈ ₉

BUYING MEN'S CLOTHING

Was möchten Sie?	What would you like?
Ich möchte ein *Paar Jeans.*	pair of jeans
einen *Mantel.*	overcoat
eine *Badehose.*	bathing trunks
Strümpfe.	socks
Socken.	socks
Unterhosen.	underpants
ein *Hemd.*	shirt
ein *Unterhemd.*	undershirt
ein *T-Shirt.*	T-shirt
einen *Gürtel.*	belt
eine *Krawatte.*	tie
eine *Fliege.*	bow tie
ein *Sakko.*	jacket (suit)
ein *Jackett.*	jacket (suit)
eine *Jacke.*	jacket (sport)
eine *Strickjacke.*	cardigan sweater
einen *Regenmantel.*	raincoat
ein Paar *Handschuhe.*	gloves
eine *kurze Hose.*	shorts
Shorts.	shorts
Taschentücher.	handkerchiefs
einen *Hut.*	hat
eine *Mütze.*	cap
einen *Schal.*	scarf
einen *Pullover* (einen *Pulli*).	(pullover) sweater
einen *Anzug.*	suit
einen *Jogginganzug.*	jogging suit
Ich möchte ein Hemd aus *Baumwolle.*	cotton
Flanell.	flannel
Gabardine.	gabardine
Seide.	silk
Wolle.	wool
Nylon.	nylon
Mischgewebe.	blended fabric
Kunstfasern.	synthetic fabric
Ich möchte ein *bügelfreies* Hemd.	wrinkle-resistant, no-iron
pflegeleichtes Gewebe.	easy-care fabric
Ich möchte ein Hemd mit *langen Ärmeln.*	long sleeves
kurzen	short
Manschetten.	French cuffs
Ich möchte eine *Kordjacke.*	corduroy jacket
eine *Jeansjacke.*	denim jacket
eine *Lederjacke.*	leather jacket
eine *Wildlederjacke.*	suede jacket
eine *Wolljacke.*	wool jacket
eine *Kammgarnjacke.*	worsted jacket
Mir gefällt dieses *gestreifte* Hemd.	striped
karierte Hemd.	checked

Dieses gestreifte Hemd *paßt* nicht *zu* dieser karierten *Krawatte*.	match, go with tie
Welche *Größe* haben Sie?	size
Ich weiß nicht. *Nehmen* Sie bitte *Maß*.	Take my measurements
Es paßt nicht. Es ist ein bißchen *eng*.	tight
Der *Hosenschlitz* hat einen *Reißverschluß*.	fly; zipper
Der *Reißverschluß* ist kaputt.	

3. List the articles of clothing the man in Fig. 13-3 is wearing.

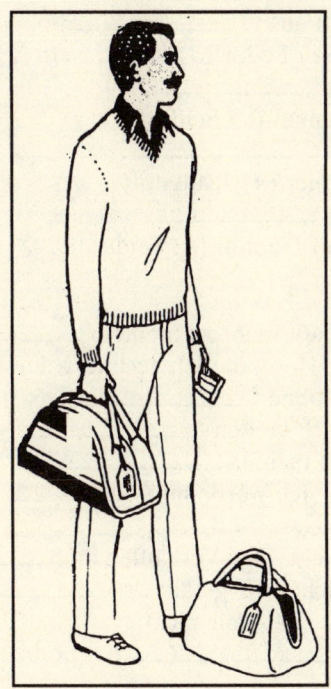

Fig. 13-3

4. Complete.

—Guten Tag. Kann ich Ihnen _____?
  ₁

—Ja. Ich _____ ein Hemd.
         2

—Soll es sportlich sein?

—Ja.

—Mit _____ oder langen Ärmeln?
       3

—Mit langen Ärmeln, bitte.

—Möchten Sie ein kariertes oder _____ Hemd?
                                   4

—Nein, ich will ein weißes _____.
                             5

—Welche _____ haben Sie?
           6

—Meine _____ ist 41.
          7

—Möchten Sie ein Hemd aus Baumwolle oder Kunstfasern?

—_____. Ich möchte keine Kunstfasern. Ich möchte auch eine _____, die zu
                8   9

dem Hemd _____.
              10

—Welche Farbe wollen Sie?

—Ich möchte eine blaue _____, da ich sie zu einem _____ Anzug tragen
                            11   12

werde.

5. Choose the one word that does not belong.
1. Ich möchte ein Unterhemd aus _____.
   (*a*) Wolle (*b*) Baumwolle (*c*) Leder (*d*) Kunstfasern
2. Ich möchte eine Hose aus _____.
   (*a*) Wolle (*b*) Kord (*c*) Gummi (*d*) Seide
3. Ich möchte eine Jacke aus _____.
   (*a*) Wolle (*b*) Kord (*c*) Papier (*d*) Jeansstoff
4. Ich möchte Schuhe aus _____.
   (*a*) Leder (*b*) Wildleder (*c*) Gummi (*d*) Seide

6. Complete.
1. Dieses gestreifte Hemd paßt nicht zu meinem _____ Sakko.
2. Der _____ der Hose, die ich gestern gekauft habe, ist kaputt.
3. Ich trage ungern Schuhe ohne _____.
4. Für diese Hose brauche ich keinen _____.
5. Wenn es regnet, trage ich meinen _____.
6. Ich brauche Unterwäsche. Ich werde mir sechs _____ und sechs _____
   kaufen.
7. Ich weiß meine Größe nicht. Der Verkäufer muß _____ _____.
8. Baumwolle gefällt mir nicht. Mir gefällt _____ besser, weil er bügelfrei ist.
9. Dieses Jackett _____ mir nicht.
10. Dieses Jackett ist mir zu _____. Ich brauche es eine Nummer größer.

BUYING WOMEN'S CLOTHING

Was möchten Sie, bitte?	What would you like?
Ich möchte einen *Schal.*	scarf
ein *Halstuch.*	scarf
einen *Mantel.*	coat
einen *Morgenmantel.*	dressing gown, house coat
einen *Bademantel.*	bathrobe
eine *Bluse.*	blouse
Jeans.	jeans
eine *Handtasche.*	handbag, pocketbook
Unterwäsche.	underwear
einen *Slip.*	panties
einen *Unterrock.*	slip; half-slip
ein *T-Shirt.*	T-shirt
einen *Body.*	bodysuit
einen *Rock.*	skirt
ein Paar *Handschuhe.*	gloves
einen *Regenmantel.*	raincoat
Strümpfe.	stockings
Strumpfhosen.	panty hose

Ich möchte *Taschentücher*.	handkerchiefs
einen *Hut*.	hat
einen *Büstenhalter (BH)*.	brassiere (bra)
einen *Pullover*.	sweater
einen *Badeanzug*.	bathing suit
einen *Hosenanzug*.	pantsuit
ein *Kostüm*.	suit
ein *Kleid*.	dress
Ich möchte eine Bluse aus *Baumwolle*.	cotton
Seide.	silk
Nylon.	nylon
Kunstfasern.	synthetic fabric
Sie ist *knitterfrei*.	wrinkle-resistant
Möchten Sie lange oder kurze *Ärmel*?	sleeves
Ich möchte eine *gestreifte* Bluse.	striped
karierte Bluse.	checked
gepunktete Bluse.	with polka dots
Bluse *ohne Spitzen*.	without lace
Ich möchte einen Rock aus *Kord*.	corduroy
Wolle.	wool
Wildleder.	suede
Kammgarn.	worsted
Ich *ziehe Mischgewebe vor*.	prefer; blended fabric
Diese Bluse *paßt* zu dem Rock.	goes well with
Welche Größe haben Sie?	What is your size?
Ich habe Größe 40.	
Ich weiß nicht. Können Sie *Maß nehmen*?	take measurements

7. List the articles of clothing the woman in Fig. 13-4 is wearing.

Fig. 13-4

8. Choose the most appropriate word.
1. Ich möchte eine Handtasche aus _____.
   (*a*) Leder (*b*) Kunstfasern
2. Nein, ich möchte keinen Rock. Ich ziehe _____ vor.
   (*a*) einen Hosenanzug (*b*) einen Schal
3. Haben Sie _____ aus Nylon?
   (*a*) Schuhe (*b*) Strümpfe
4. Ich habe ein Halstuch aus _____ gekauft.
   (*a*) Gummi (*b*) Seide
5. Es ist kalt. Ich möchte einen _____.
   (*a*) Pullover (*b*) Badeanzug

9. Complete.
1. Ich brauche Unterwäsche. Ich werde einen _____, einen _____ und
   einen _____ kaufen.
2. Ich möchte keine Bluse aus Baumwolle, weil das zu sehr knittert. Ich ziehe ein
   _____ aus Baumwolle und Kunstfasern vor.
3. Eine gestreifte Bluse _____ nicht zu einem _____ Rock.
4. Ich weiß meine Größe nicht. Ich lasse _____ nehmen.

10. Answer based on Fig. 13-5.
1. Das ist eine _____ Bluse.
2. Das ist ein _____ Hemd.
3. Das ist ein _____ Halstuch.

Fig. 13-5

Key Words

der Absatz, die Absätze	heel (of a shoe)
der Anzug, die Anzüge	suit
der Ärmel, die Ärmel	sleeve
der Badeanzug,
  die Badeanzüge	bathing suit
die Baumwolle	cotton
die Bluse, die Blusen	blouse
der Body, die Bodys	bodysuit
breit	wide
bügelfrei	no-iron, drip-dry
das Bündchen	cuff
der Büstenhalter (BH),
  die Büstenhalter (BHs)	bra
empfehlen	to recommend
eng	narrow, tight
flach	flat
der Flanell	flannel
die Fliege, die Fliegen	bow tie
gepunktet	polka-dotted
gestreift	striped
das Gewebe, die Gewebe	fabric
die Größe, die Größen	size
das Gummi	rubber
der Gummistiefel,
  die Gummistiefel	rubber boot
der Gürtel, die Gürtel	belt
das Halstuch, die Halstücher	scarf
der Handschuh, die Handschuhe	gloves
die Handtasche,
  die Handtaschen	handbag, pocketbook
der Hausschuh, die Hausschuhe	slipper
helfen	to help
das Hemd, die Hemden	shirt
hoch	high
die Hose, die Hosen	pants
der Hosenanzug,
  die Hosenanzüge	pantsuit
der Hosenschlitz,
  die Hosenschlitze	fly (in pants)
die Jacke, die Jacken	jacket (sports)
das Jackett, die Jacketts	suit jacket
die Jeans	jeans
der Jeansstoff	denim
der Jogginganzug,
  die Jogginganzüge	jogging suit
der Joggingschuh,
  die Joggingschuhe	jogging shoe
das Kammgarn	worsted
kariert	checked

das Kleid, die Kleider	dress
klein	small
der Kniestrumpf,
  die Kniestrümpfe	knee sock
knitterfrei	wrinkle-resistant
knittern	to wrinkle
der Knopf, die Knöpfe	button
der Kord	corduroy
das Kostüm, die Kostüme	woman's suit
die Krawatte, die Krawatten	tie
die Kunstfaser	synthetic fabric
kurz	short
lang	long
das Leder	leather
die Manschetten	French cuffs
der Manschettenknopf,
  die Manschettenknöpfe	cuff link
der Mantel, die Mäntel	coat
Maß nehmen	to take measurements
die Maße	measurements
das Mischgewebe,
  die Mischgewebe	blended fabric
das Nylon	nylon
das Paar	pair
passen	to fit; to go with (zu)
pflegeleicht	easy-care
der Pulli, die Pullis	sweater
der Pullover,
  die Pullover	pullover, sweater
die Pumps	women's high-heeled dress
     shoes
das Pünktchen,
  die Pünktchen	polka dot
der Rayon	rayon
der Regenmantel,
  die Regenmäntel	raincoat
der Reißverschluß,
  die Reißverschlüsse	zipper
der Rock, die Röcke	skirt
der Sakko, die Sakkos	jacket (suit)
die Sandale, die Sandalen	sandal
der Schal, die Schals	scarf
der Schlips, die Schlipse	tie
schmal	narrow
der Schnürsenkel,
  die Schnürsenkel	shoelace
der Schuh, die Schuhe	shoe
die Seide	silk
die Shorts	shorts

der Slip, die Slips   panties
der Slipper,
   die Slipper   flat shoes without shoelaces
die Socke, die Socken   socks
die Sohle, die Sohlen   sole (shoe)
die Spitze, die Spitzen   lace
sportlich   casual
der Stiefel, die Stiefel   boot
die Strickjacke,
   die Strickjacken   cardigan sweater
der Strumpf, die Strümpfe   sock, stocking
die Strumpfhose,
   die Strumpfhosen   panty hose
das Sweatshirt, die Sweatshirts   sweatshirt
das Taschentuch,
   die Taschentücher   handkerchief
der Turnschuh, die Turnschuhe   sneaker

das Unterhemd,
   die Unterhemden   undershirt
die Unterhose, die Unterhosen   underpants
der Unterrock,
   die Unterröcke   slip, half-slip
die Unterwäsche   underwear
die Viskose   viscose
vorziehen   to prefer
weder ... noch   neither ... nor
weit   wide
das Wildleder   suede
die Wolle   wool
der Wollstrumpf,
   die Wollstrümpfe   wool sock
der Zeh, die Zehen   toe
die Zehe, die Zehen   toe

Chapter 14: At the dry cleaner (laundry)
Kapitel 14: In der Reinigung (Wäscherei)[1]

Ich habe viel *Wäsche*.	dirty laundry
Ich gehe zur *Reinigung*.[1]	dry cleaner's
Können Sie dieses Hemd *waschen* und *bügeln*?	wash; iron, press
Ich möchte keine *Stärke*.	starch
Es soll nicht gestärkt werden.	I don't want it starched.
Können Sie diesen Anzug *reinigen*?	dry-clean
Wann wird es *fertig* sein?	ready
Ich *brauche* es Montag.	need
Wird der Pullover beim Reinigen *einlaufen*?	shrink
In diesem Pullover ist ein *Loch*.	hole
Können Sie ihn *reparieren*?	repair
Können Sie ihn *flicken*?	mend
Können Sie den *Fleck entfernen*?	stain, spot; remove
Können Sie den *Knopf annähen*?	button; sew on
Können Sie es *stopfen*?	darn, mend
Das *Futter* ist *lose*.	lining; loose
Können Sie es *nähen*?	sew
Der *Schneider* ist heute nicht da.	tailor
Es ist *schmutzig*.	dirty
Es ist *dreckig*.	dirty
Der *Saum* ist *aufgerissen*.	hem; torn open
Der *Naht* ist *geplatzt*.	seam; burst, split open

1. Complete.

1. Dieser Pullover wird _____, wenn ich ihn mit Wasser wasche. Ich lasse ihn in der _____ _____.

2. Dieses Hemd ist _____. Ich muß es waschen. Hinterher muß ich es _____.

3. Ich möchte meine Hemden nicht _____ haben.

4. Der _____ an dem Sakko ist _____. Können Sie ihn _____?

5. In diesem Rock ist ein Loch. Können Sie es _____?

6. Können Sie diesen Knopf _____?

7. Hier ist ein Fleck auf meinem Hemd. Können Sie den _____ entfernen?

2. Complete.
In der Reinigung

—Guten Abend. Können Sie dieses Hemd _____ und _____?

1   2

—Ja. Möchten Sie es _____ haben?

3

—Ja, ein bißchen, bitte. Und hier ist ein Fleck. Können Sie ihn _____?

4

---

[1] A *Wäscherei* is a laundry where clothes and linens are washed and pressed. A *Reinigung* is the dry cleaner where clothes are dry-cleaned with chemicals; they are also pressed here.

—Wissen Sie, was es ist?

—Ja. Es ist ein Kaffeefleck.

—Wir können es versuchen, aber wir können nichts versprechen. Es ist sehr schwer, einen

_____ zu _____.
          5   6

—Ja, ich weiß. Können Sie den Pullover waschen?

—Nein, nicht waschen. Er ist aus Wolle, und er wird _____. Sie müssen den Pullover
                                              7

_____ lassen.
          8

—Gut. Wann sind die Sachen fertig?

—Das Hemd können Sie morgen haben, aber nicht den Pullover. Die Reinigung dauert zwei

Tage.

—Gut. Danke.

Key Words

annähen	to sew on		*das Loch, die Löcher*	hole
aufgerissen	torn open		*lose*	loose
bügeln	to iron, press		*nähen*	to sew
dreckig	dirty		*die Naht, die Nähte*	seam
einlaufen	to shrink		*reinigen*	to dry-clean
entfernen	to remove		*reparieren*	to repair
fertig	ready		*der Saum, die Säume*	hem
der Fleck, die Flecken	stain		*schmutzig*	dirty
flicken	to mend		*der Schneider, die Schneider*	tailor
das Futter, die Futter	lining		*die Stärke*	starch
gerissen	torn		*stopfen*	to darn
gestärkt	starched		*versprechen*	to promise
das Kleidungsstück,			*die Wäsche*	wash, dirty laundry
die Kleidungsstücke	article of clothing		*waschen*	to wash

Chapter 15: At the restaurant
Kapitel 15: Im Restaurant

GETTING SETTLED (Fig. 15-1)

Fig. 15-1

Dieses ist ein gutes Restaurant.[1]

Dieses Restaurant hat *gutbürgerliches Essen*. — moderately priced traditional food

Das ist eine *Kneipe*. — pub

Wir haben *einen Tisch* auf den Namen Feuerle *bestellt*. — table; reserved

Wir haben für drei Personen reservieren lassen.

Können Sie uns einen *Ecktisch* geben? — table in the corner

---

[1] There are more or less three types of restaurant-type eating establishments in Germany: (1) the *Restaurant*; (2) the *Gaststätte* or *Gasthof*; and (3) the *Kneipe*. The first and second categories are very similar. A *Kneipe*, however, offers only a limited menu and strangers might come to your table asking, "*Ist hier noch frei?*" There are, of course, other possibilities for eating even more informally and cheaply, e.g. the *Schnellimbiß* (snack bar), *Wurstbude* (sausage stand), and naturally these days a variety of international fast food chains.

Einen Tisch *am Fenster?*	near the window
draußen im Garten?	outside
im *Biergarten?*	beer garden
Da kommt der *Kellner.*	waiter
der *Ober.*	(head) waiter
die *Kellnerin.*	waitress
Er gibt den Gästen die *Speisekarte.*	menu
Was wünschen Sie?	What would you like?
Was möchten Sie trinken?	
Haben Sie schon *gewählt?*	chosen, selected

1. Complete.

1. Ich habe keinen Tisch _____. Ich hoffe, es ist noch ein _____ frei.
2. Die Preise in den guten Restaurants sind höher als in den _____.
3. Da es heute warm ist, möchte ich mich in den _____ setzen.
4. Ich will schnell etwas essen. Ich kann zum _____ gehen.

2. Complete.

Im Restaurant

—Guten Abend, die Herrschaften. Haben Sie _____ _____?
                                                          1

—Ja, ich habe einen _____ für vier Personen _____.
                              2   3

—Auf welchen Namen, bitte?

—Runge.

—Wünschen Sie einen _____ oder einen Tisch am _____?
                                4   5

—Wir möchten hier sitzen.

—Möchten Sie etwas trinken?

—Geben Sie uns die Weinkarte bitte.

3. Complete.

Der _____ arbeitet in einem Restaurant. Wenn die Gäste sich gesetzt haben, fragt
              1

er sie, ob sie ein Getränk _____. Dann bringt er ihnen die _____. Die
                                    2   3

Gäste lesen die _____, um ihre Speisen auszuwählen.
                        4

LOOKING AT THE MENU

Vorspeisen	appetizers
Suppen, Salate	soups, salads
Fleischgerichte	meat dishes
Fischgerichte	fish dishes
Geflügel	poultry
Gemüse	vegetables
Käse	cheese

Nachspeisen	desserts
Desserts	desserts
Ich bin nicht *sehr hungrig.*	very hungry
Ich bin sehr hungrig.	
Ich bin *satt.*	full
Ich *habe Durst.*	am thirsty
Ich bin *durstig.*	thirsty
Ich werde mir eine Suppe *vorweg bestellen.*	first (before); order
Als *Hauptgericht* nehme ich *Schweinebraten.*	main course; roast pork
Ich bestelle mir *nur ein Gericht.*	only one dish (course)
Haben Sie kein *Menü* heute?	fixed menu, complete meal
Was ist die *Spezialität des Hauses*?[2]	specialty of the house
Der Ober (Kellner) fragt:	
Möchten Sie eine *Vorspeise* oder eine Suppe?	appetizer
Heute ist ... *zu empfehlen.*	recommended
Ich wünsche *guten Appetit.*	Enjoy your meal!
Der Gast fragt:	
Haben Sie eine *Weinkarte*?[3]	wine list
Ich möchte *Rotwein.*	red wine
Ich möchte ein Glas *Weißwein.*	white wine
Haben Sie *offene Weine*?	wine by the glass or carafe
Ich möchte eine *Flasche Mineralwasser.*[4]	bottle of mineral water

4. Answer based on Fig. 15-2.
1. Ist es ein gutbürgerliches Restaurant oder eine Kneipe?
2. Wie viele Personen sitzen am Tisch?
3. Wo ist der Tisch?
4. Wer serviert?
5. Was hat der Kellner in der linken Hand?

5. Complete.
1. Auf der Tageskarte stehen auch die kompletten _____.
2. Wenn ich nicht sehr hungrig bin, bestelle ich mir nur ein _____.
3. Der Salat kommt entweder vor oder mit dem _____.
4. Ich weiß nicht, welchen Wein wir bestellen sollen. Ich muß die _____ sehen.
5. Ich weiß nicht, was ich essen soll. Vielleicht kann mir der Ober etwas _____.

6. Complete.
—Schön guten Abend, meine Herrschaften. Was _____ Sie trinken?
                                                            1
—Ich möchte die _____ sehen.
                    2

---

[2] The specialty of the house will often be a regional specialty. Wurst and cold cuts can be found in great variety everywhere.

[3] If one does not wish to order a bottle of wine, one can order a glass or carafe from the *offene Weine* (open wines).

[4] If you request water in a German restaurant, the waiter will bring you mineral water. If you insist on tap water, you must request *Leitungswasser.*

Fig. 15-2

—Selbstverständlich.

—Ich will keine ganze _____ Wein. Ich will nur ein Glas Wein.
                                    3

—Wollen Sie lieber Weißwein oder _____?
                                              4

—Rotwein. Ich _____ den offenen Rotwein.
                     5

ORDERING MEAT OR FOWL (Fig. 15-3)

Wie wünschen Sie das *Fleisch*?	meat
Ich möchte es *rosa*.	rare
englisch.	rare
rare.	rare
medium.	medium
durchgebraten.	well done
gut durchgebraten.	
Ich möchte ein *Lammkotelett*.	lamb chop
ein *Kalbskotelett*.	veal cutlet, veal chop
ein *Schweinekotelett*.	pork chop
ein *Schnitzel*.	

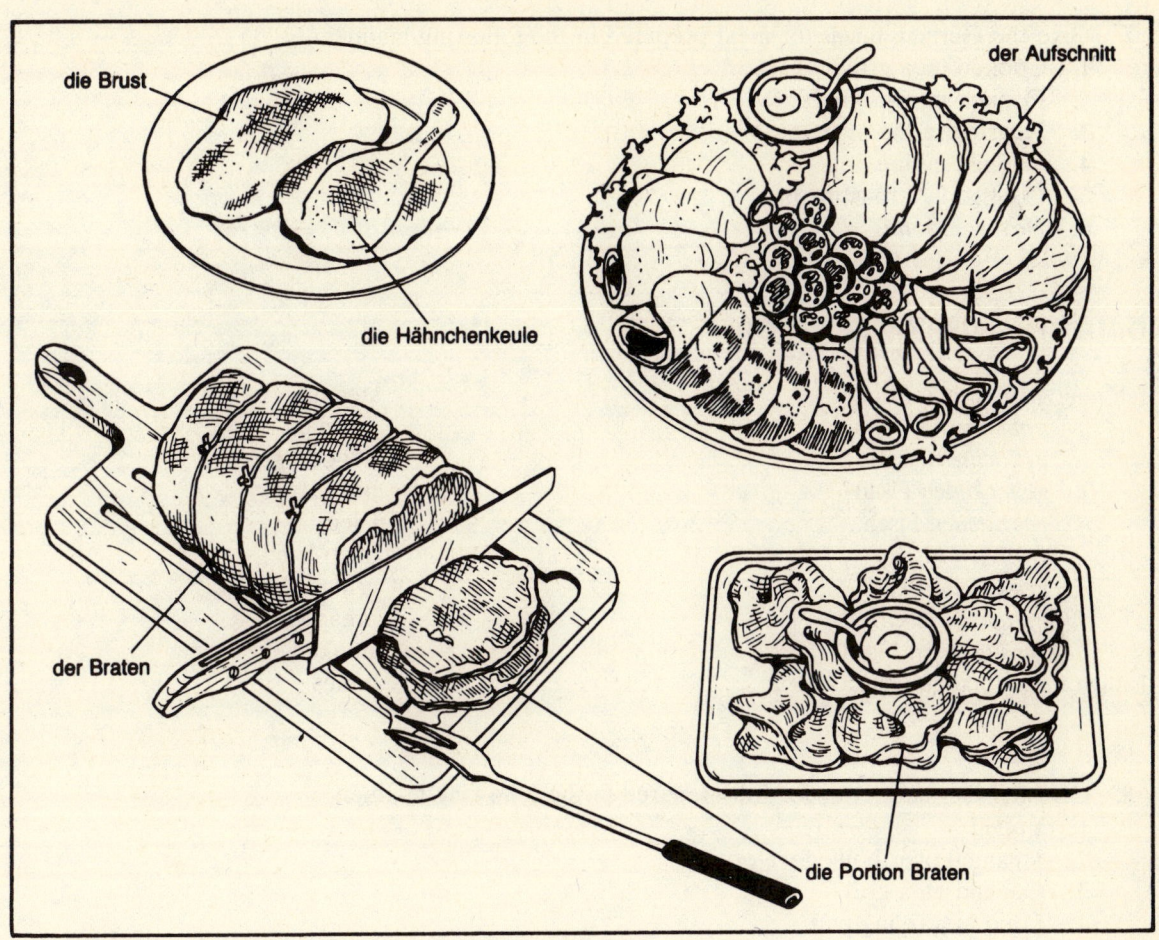

Fig. 15-3

Ich möchte eine Portion *Schweinebraten.*	roast pork
Kalbsbraten.	roast veal
Rinderbraten.	roast beef
Hackbraten.	meat loaf
Ich möchte ein Beefsteak.	
ein Rumpsteak.	
ein Filetsteak.	
ein *Hacksteak.*	hamburger, ground beef
Ich mag *gebratenes* Fleisch.	roasted, fried
gebackenes Fleisch.	baked
gegrilltes Fleisch.	grilled
Ich mag *Ragout.*	stewed meat
Schmorfleisch.	braised meat
Hackbraten.	meat loaf
Fleisch *im eigenen Saft.*	in its own juices
Ich bestelle einen *Eintopf.*	stew (literally "meal in one pot")
Ich esse gern *Brathähnchen.*[5]	roast chicken
Hähnchenkeulen.	drumsticks

[5] A *Hähnchen* is a young chicken. A *Huhn* is a larger chicken usually used for soup.

7. Give the German terms for meat prepared in the following manners.
1. Cooked on a grill
2. Cooked in own juices
3. Roasted in the oven
4. Cooked in one pot
5. Cooked in a roasting pan
6. Not well done

ORDERING FISH OR SEAFOOD

Ich mag *gedämpften* Fisch.	steamed
pochierten Fisch.	poached
gekochten Fisch.	boiled
gebackenen Fisch.	baked
gebratenen Fisch.	fried
fritierten Fisch.	deep-fried
gegrillten Fisch.	grilled, broiled
panierten Fisch.	breaded
geräucherten Fisch.	smoked
Einige Fische haben viele *Gräten*.	bones

8. Give the German terms for fish prepared in the following manners.
1. Boiled
2. Steamed over boiling water
3. Cooked on a grill
4. Fried in a frying pan
5. Breaded and fried
6. Fried in hot oil

SOME PROBLEMS YOU MAY HAVE

Ich brauche ein *Glas*.	glass
eine *Tasse*.	cup
eine *Untertasse*.	saucer
ein *Messer*.	knife
eine *Gabel*.	fork
einen *Suppenlöffel*.	soupspoon
einen *Teelöffel*.	teaspoon
eine *Serviette*.	napkin
einen *Salzstreuer*.	saltshaker
einen *Pfefferstreuer*.	pepper shaker
eine *Pfeffermühle*.	pepper mill
ein *Besteck*.	place setting (silverware)
Pfeffer, bitte.	pepper
Salz	salt
Ein *Fläschchen Mineralwasser*.	small bottle of mineral water
Zucker	sugar
Die *Tischdecke* ist *schmutzig*.	tablecloth; dirty

Der *Teller*	plate
Ein Löffel *fehlt*.	is missing
Das Fleisch ist *zu rot*.	too rare
zu gut durchgebraten.	too well done
zu zäh.	too tough
Das *Essen* ist *kalt*.	food; cold
Das Essen ist *versalzen*.	too salty
salzig.	salty

9. Complete.
1. Das Salz ist in einem _____, und der Pfeffer ist in einer _____.
2. Der _____ ist in einer Zuckerdose.
3. Ein Besteck besteht aus einem _____, einer _____, einem _____ und einem _____.
4. In der Soße ist zu viel Salz: Sie ist _____.
5. Ich kann das Fleisch nicht schneiden. Es ist _____.

10. Identify each item in Fig. 15-4.

Fig. 15-4

GETTING THE CHECK[6]

Die *Rechnung*, bitte.	check
Zahlen, bitte.	check
Ist die *Bedienung inbegriffen*?	service; included
Ich gebe ein *kleines Trinkgeld*.	small tip
Nehmen Sie *Kreditkarten*?	credit cards
Kann ich eine *Quittung* bekommen?	receipt

11. Complete.

Als wir im Restaurant mit dem Essen fertig waren, wollten wir die Rechnung haben. Ich

sagte: "_____, bitte!" Der Kellner brachte die Rechnung und fragte uns, ob das Essen
                    1

geschmeckt hätte. Ich wollte wissen, ob die _____ inbegriffen wäre. Der Kellner sagte
                                                        2

ja, aber ich gab ihm doch noch ein kleines _____, weil die Bedienung so freundlich
                                                      3

war. Leider nahm das Restaurant keine _____ an. Deshalb mußte ich in bar bezahlen.
                                                4

Ich fragte nach einer _____.
                              5

Neulich ging ich mit einigen Freunden zu Mittag essen. Als wir im Restaurant ankamen, erklärte ich dem Kellner, daß ich einen Tisch für fünf Personen bestellt hatte. Er führte uns zu einem schönen Tisch in der Ecke. Dann brachte der Kellner die Speisekarten. Wir bestellten sofort Bier, zwei große, drei kleine. Als der Kellner das Bier brachte, sagten wir ihm, daß ein Besteck fehlte. Er kam sofort mit einem Suppenlöffel, einem Teelöffel, einem Messer, einer Gabel und einer Serviette zurück.

Die drei Menüs auf der Tageskarte gefielen uns nicht, und wir bestellten schließlich vier verschiedene Hauptgerichte. Thomas hatte nicht viel Hunger und bestellte nur eine Platte mit kaltem Braten: ein paar Scheiben Schweinebraten, ein paar Scheiben Roastbeef, ein paar Scheiben Kasseler Braten [smoked pork from the back] und dazu ein paar Scheiben Roggenbrot. Alles schmeckte sehr gut: der Fisch, das Fleisch, das Geflügel und die kalte Platte.

Der Kellner fragte, ob wir ein Dessert wünschten. Wir hatten zwar genug gegessen, wollten aber das Vanilleeis mit heißen Himbeeren und die Erdbeeren mit Schlagsahne probieren.

Um vier Uhr waren wir im Café Wittmann. Jeder von uns bestellte ein Kännchen Kaffee und Kuchen: zwei Stücke Schwarzwälder Kirschtorte, ein Stück Obstkuchen mit Sahne, ein Stück Sachertorte und ein Stück Schokoladencremetorte.

Wir verlangten die Rechnung. Wir wußten, daß die Bedienung im Preis inbegriffen war. Aber wir gaben noch ein kleines Trinkgeld dazu, weil die Bedienung freundlich war.

12. Complete.
1. Die Freunde aßen in einem _____.
2. Sie saßen in der _____.
3. Sie hatten einen Tisch für fünf Personen _____.
4. Jeder bestellte sofort _____.
5. Der _____ brachte die Speisekarten.
6. Die _____ gefielen ihnen nicht.
7. Jeder bestellte ein anderes _____.

---

[6] Service charge in restaurants is always included in the price of the food. If one was pleased with the service, one leaves a small additional tip, rounding off the bill.

13. Answer.
1. Was fehlte?
2. Was tranken alle?
3. Was bestellte Thomas?
4. Welche Desserts wollten die fünf Freunde probieren?
5. Wo waren die fünf um vier Uhr?
6. War die Bedienung im Preis inbegriffen?
7. Was gaben sie aber noch dazu? Warum?

Key Words

die Bedienung   service
das Bedienungsgeld   charge for service (e.g. on a restaurant meal)
das Besteck,
  die Bestecke   place setting (silverware)
bestehen aus   to consist of
bestellen   to order, reserve
der Biergarten, die Biergärten   beer garden
braten   to roast, fry
der Braten, die Braten   roast
das Dessert, die Desserts   dessert
draußen   outside
durchgebraten   well done
gut durchgebraten   well done
der Durst   thirst
durstig   thirsty
die Ecke, die Ecken   corner
der Ecktisch, die Ecktische   corner table
der Eintopf,   stew (meal cooked in one
  die Eintöpfe   pot)
empfehlen   to recommend, suggest
englisch   rare (meat)
die Erdbeere, die Erdbeeren   strawberry
essen   to eat
fehlen   to be missing
das Fenster, die Fenster   window
der Fisch, die Fische   fish
das Fleisch   meat
fritiert   deep fried
die Frucht, die Früchte   fruit
die Gabel, die Gabeln   fork
der Gang, die Gänge   course
der Garten, die Gärten   garden
die Gaststätte, die Gaststätten   restaurant
gebacken   baked, roasted
gebraten   fried

gedämpft   steamed
das Geflügel   poultry
gegrillt   grilled
gehackt   chopped
gekocht   cooked, boiled
das Gemüse   vegetables
geräuchert   smoked
das Gericht, die Gerichte   dish, course
geschmort   sautéed, braised
geschwenkt   sautéed
das Getränk, die Getränke   drink
das Glas, die Gläser   glass
die Gräte, die Gräten   fish bone
gutbürgerlich   moderate-priced traditional food (restaurant classification)
das Hähnchen,
  die Hähnchen   roasting chicken
die Hähnchenkeule,
  die Hähnchenkeulen   drumstick
das Hauptgericht,
  die Hauptgerichte   main course
die Himbeere, die Himbeeren   raspberry
das Huhn, die Hühner   chicken
der Hunger   hunger
hungrig   hungry
inbegriffen   included
der Kaffee   coffee
das Kalbfleisch   veal
kalt   cold
das Kännchen,   small pot (coffee, tea, hot
  die Kännchen   chocolate)
die Karaffe, die Karaffen   carafe
der Käse   cheese
der Kellner, die Kellner   waiter
die Kellnerin, die Kellnerinnen   waitress
die Kneipe, die Kneipen   tavern, pub, bar

medium   medium (meat)
das Menü, die Menüs   fixed menu, menu
das Messer, die Messer   knife
die Nachspeise, die Nachspeisen   dessert
der Ober, die Ober   waiter
das Obst   fruit
offener Wein   carafe wine
paniert   breaded
der Pfeffer   pepper
die Pfeffermühle,
　die Pfeffermühlen   pepper mill
der Pfefferstreuer,
　die Pfefferstreuer   pepper shaker
pochiert   poached
probieren   to try, taste
die Quittung, die Quittungen   receipt
das Ragout, die Ragouts   stew
der Rahm   cream
rare   rare (meat)
die Rechnung, die Rechnungen   bill, check
reservieren (lassen)   to reserve
das Restaurant, die Restaurants   restaurant
das Roggenbrot,
　die Roggenbrote   rye-bread
rosa   rare (meat)
der Rotwein, die Rotweine   red wine
der Saft, die Säfte   juice
die Sahne   cream
der Salat, die Salate   salad
das Salz   salt
salzig   salty, too salty
der Salzstreuer, die Salzstreuer   salt shaker
satt   full
die Scheibe, die Scheiben   slice
die Schlagsahne   whipped cream
schmecken   to taste

das Schmorfleisch   braised meat
schneiden   to cut
das Schnitzel, die Schnitzel   cutlet
das Schweinefleisch   pork
die Serviette, die Servietten   napkin
die Speise, die Speisen   food
die Speisekarte, die Speisekarten   menu
die Spezialität, die Spezialitäten   specialty
das Steak, die Steaks   steak
das Stück, die Stücke   piece
die Suppe, die Suppen   soup
der Suppenlöffel,
　die Suppenlöffel   soupspoon
die Tageskarte,
　die Tageskarten   menu (of daily specials)
die Tasse, die Tassen   cup
der Teelöffel, die Teelöffel   teaspoon
der Teller, die Teller   plate
teuer   expensive
der Tisch, die Tische   table
die Tischdecke,
　die Tischdecken   tablecloth
das Trinkgeld   tip
die Untertasse, die Untertassen   saucer
verlangen   to ask for
versalzen   too salty, oversalted
die Vorspeise, die Vorspeisen   appetizer
der Wein, die Weine   wine
die Weinkarte, die Weinkarten   wine list
der Weißwein, die Weißweine   white wine
wünschen   to wish
zäh   tough
Zahlen, bitte!   Bill, please! (We'd like to
　　　　pay now.)
der Zucker   sugar
die Zuckerdose,
　die Zuckerdosen   sugar bowl

Chapter 16: At home

Kapitel 16: Zu Hause

THE KITCHEN (Fig. 16-1)

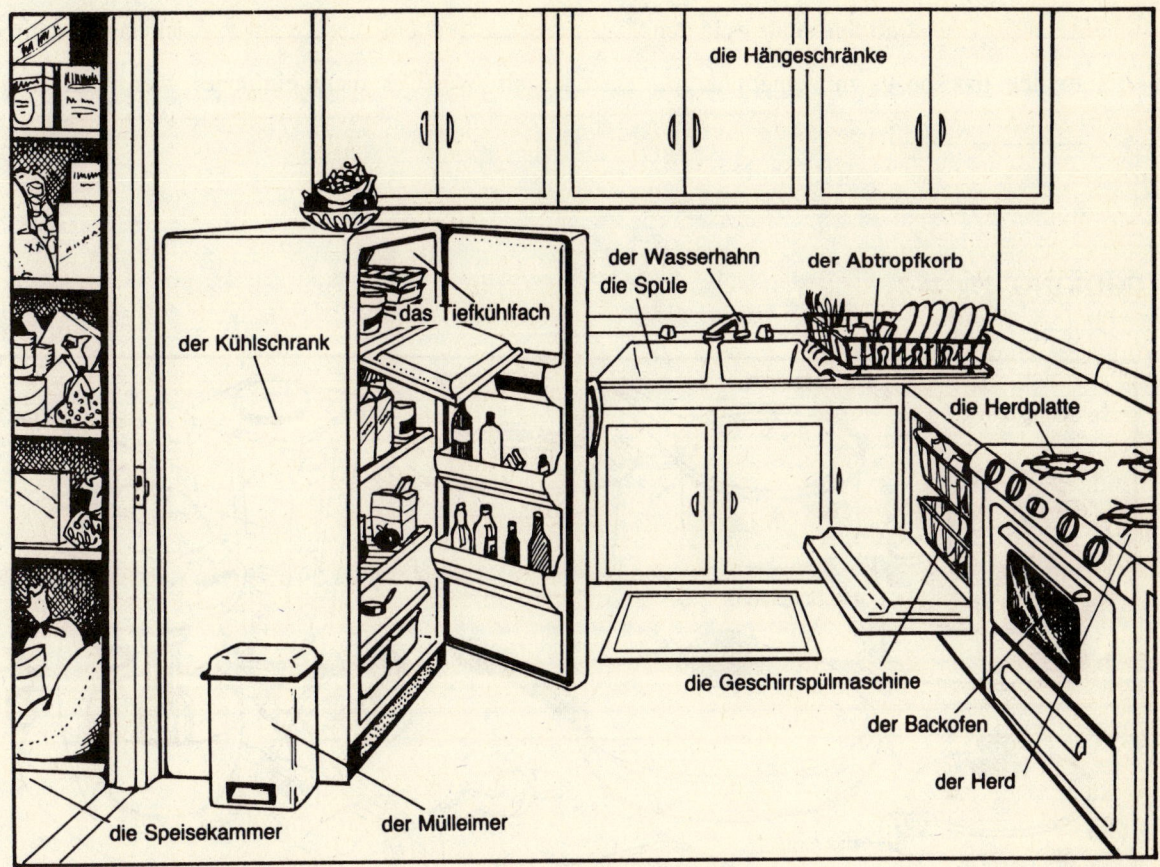

die Hängeschränke

der Wasserhahn
die Spüle

der Abtropfkorb

das Tiefkühlfach

der Kühlschrank

die Herdplatte

die Geschirrspülmaschine

der Backofen

der Herd

die Speisekammer

der Mülleimer

Fig. 16-1

WASHING THE DISHES

Ich wasche das *Geschirr* in der *Spüle* ab.	dishes; sink
Ich *drehe* den *Wasserhahn auf*.	turn on; faucet
Ich *schließe* den *Abfluß* mit einem *Stöpsel*.	close; drain plug; stopper
mit einem *Pfropfen*.	plug, stopper
Ich *gebe Spülmittel* ins *Spülwasser*.	add; liquid soap; dishwater
Ich wasche das Geschirr mit einem *Schwamm* ab.	sponge
Dann *stelle* ich das Geschirr in den *Abtropfkorb*.	put; dish drainer
Ich *trockne* das Geschirr mit einem *Geschirrtuch* ab.	dry; dish towel

1. Complete.

Ich habe einen Berg schmutzigen Geschirrs. Ich muß das Geschirr abwaschen. Zuerst

schließe ich den _____ mit einem _____. Ich drehe den _____ auf
$\qquad$ 1 $\qquad$ 2 $\qquad$ 3

97

und lasse die _____ mit heißem Wasser vollaufen. Ins Spülwasser gebe ich ein bißchen
_____, und dann beginne ich mit der Arbeit. Ich wasche das Geschirr mit einem
4

_____, und dann beginne ich mit der Arbeit. Ich wasche das Geschirr mit einem
5

_____ ab und stelle es in den _____. Dann _____ ich das Geschirr
6   7   8

ab. Ich trockne es mit einem _____ ab. Wäre es nicht einfacher, wenn ich eine
9

_____ hätte?
10

COOKING (Fig. 16-2)

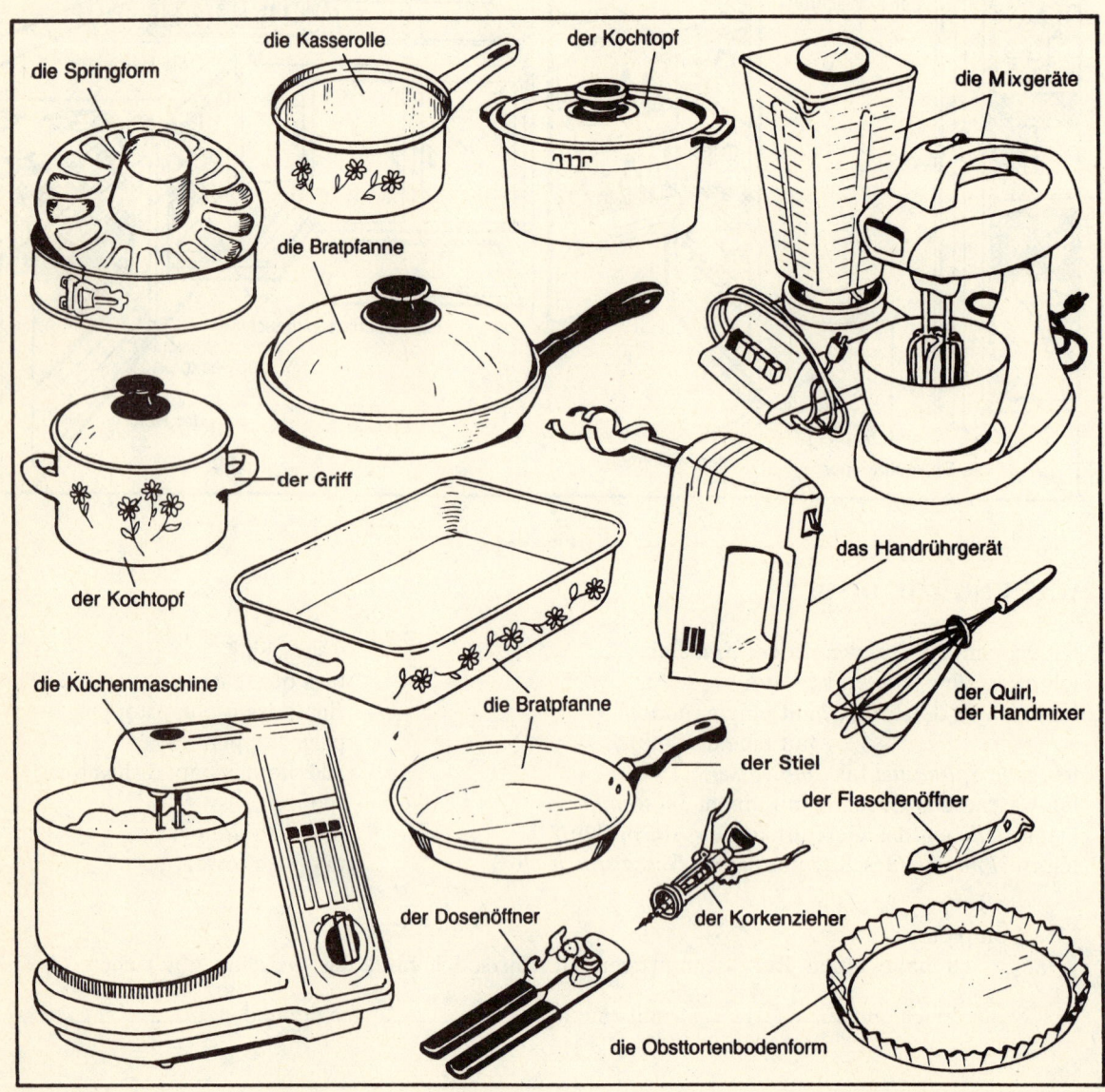

Fig. 16-2

Ich muß das Essen *vorbereiten*.	prepare
Ich werde *kochen*.	cook
Ich *koche* die Eier.	boil
Ich koche Wasser in einem *Kessel*.	kettle
Ich *brate* die Kartoffeln in einer *Bratpfanne*.	fry; frying pan
Ich *erhitze* das Wasser.	heat
erwärme das Wasser.	heat
Ich *brate* das Roastbeef im *Ofen*.	roast; oven
Ich werde das Gemüse *schwenken*.	sauté
Ich werde die Butter *auslassen*.	melt
Ich werde es *bei niedriger Hitze* kochen.	on a low flame
Ich *bringe es zum Kochen*.	bring to a boil
Ich werde die *Zweibeln würfeln*.	onions; dice
Ich muß das Obst mit einem *Schälmesser schälen*.	paring knife; pare, peel
Ich werde den Braten mit einem *Tranchiermesser schneiden*.	carving knife; cut (carve)
Ich muß die *Nudeln* im *Durchschlag abtropfen lassen*.	noodles; colander; drain

2. Tell which pot you need.
   1. Ich werde Wasser kochen.
   2. Ich werde einen Braten und Gemüse im Ofen braten.
   3. Ich backe einen Kuchen.
   4. Ich werde Bratkartoffeln rösten.

3. Tell what utensil you need.
   1. Ich muß den Braten schneiden.
   2. Ich muß die Kartoffeln schälen.
   3. Ich muß die Eier schlagen.
   4. Ich muß die Nudeln abtropfen lassen.
   5. Ich ziehe den Korken aus einer Weinflasche.
   6. Ich öffne eine Dose Thunfisch.

4. Complete.
   1. Ich werde die Zwiebeln _____, und dann werde ich sie in Öl in der Pfanne _____.
   2. Ich werde weichgekochte Eier zubereiten. Ich werde sie jetzt _____.
   3. Ich werde das Lammfleisch im Backofen _____.
   4. Bevor ich den Reis koche, muß ich das Wasser zum _____ bringen.
   5. Bevor ich die Kartoffeln brate, muß ich sie mit einem Schälmesser _____.

5. Give the German verb for:
   1. to bake something in the oven
   2. to fry something in the frying pan
   3. to sauté something in butter
   4. to boil something such as potatoes
   5. to roast pork in the oven
   6. to melt butter

6. Answer based on Fig. 16-3.
   1. Ist in der Küche eine Geschirrspülmaschine?

Fig. 16-3

2. Wie viele Wasserhähne gibt es?
3. Liegt Geschirr im Abtropfkorb?
4. Gibt es eine Speisekammer in der Küche?
5. Sind in der Speisekammer Lebensmittel?
6. Ist in der Küche ein elektrischer Herd oder ein Gasherd?
7. Wie viele Brenner hat der Herd?
8. Sind im Tiefkühlfach Eiswürfel?

THE BATHROOM (Fig. 16-4)

Morgens tue ich folgendes:

Ich *bade* oder *dusche*.	bathe; shower
Ich *wasche mir das Haar*.	wash; my hair
Ich *trockne mich* mit einem Badetuch *ab*.	dry myself
Nach dem *Duschen ziehe* ich den Bademantel *an*.	shower; put on
Ich *putze meine Zähne* mit *Zahnpaste*.	brush my teeth; toothpaste
Ich rasiere mich mit *Rasierschaum* oder *Rasierseife*.	shaving cream; shaving soap
Ich rasiere mich mit einem *Rasierapparat*.	razor (electric or safety razor)
Ich *schminke mich*.	apply/put on makeup
Ich *kämme mich*.	comb my hair

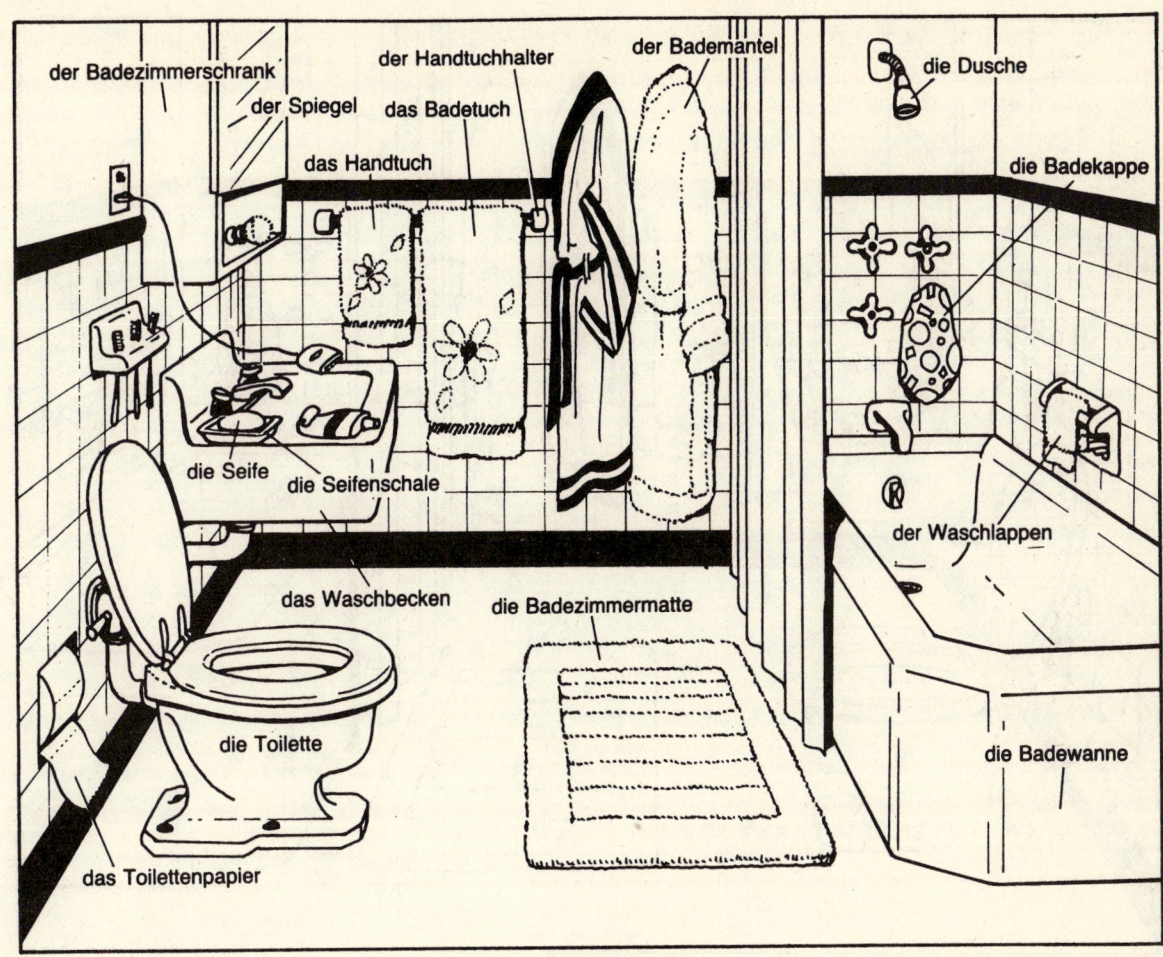

Fig. 16-4

7. Complete based on Fig. 16-4.
1. Ich wasche mir die Hände im _____. Wenn ich mir die Hände waschen will, brauche ich _____ und ein_____.
2. Wenn ich fertig bin, lege ich die Seife in die _____.
3. Ich bade in der _____, oder ich dusche unter der _____.
4. Nachdem ich gebadet (geduscht) habe, trockne ich mich mit einem _____ ab.
5. Die Handtücher hängen am _____.
6. Während ich mich kämme, schaue ich in den _____.
7. Ich putze mir die Zähne, und dann lege ich die _____ in den _____.
8. Wenn mein Haar nicht naß werden soll, muß ich eine _____ aufsetzen.
9. Neben dem Waschbecken ist die _____.
10. Nachdem ich geduscht und mich abgetrocknet habe, ziehe ich den _____ an.

8. Label each item in Fig. 16-5.

THE DINING ROOM (Figs. 16-6 and 16-7)

Der Tisch ist *gedeckt*.   set
Die Dame *deckt den Tisch*.   sets the table
Die *Gäste nehmen* am Tisch *Platz*.   guests; sit down, take their seats

Fig. 16-5

Es wird serviert.	dinner is served
Nach der *Mahlzeit stehen* die Gäste *auf.*	meal; get up
Der Herr *räumt den Tisch ab.*	clears the table
Er *stellt* alles auf ein *Tablett.*	puts; tray

9. Complete.
1. Ich möchte Zucker. Würden Sie mir die _____ reichen, bitte?
2. Ich möchte Butter. Würden Sie mir die _____ reichen, bitte?
3. Ich möchte Salz. Würden Sie mir den _____ reichen, bitte?
4. Ich möchte Pfeffer. Würden Sie mir den _____ (die _____) reichen, bitte?
5. Ich möchte noch Soße. Würden Sie mir die _____ reichen, bitte?

10. Complete.
1. Der Salat wird in einer _____ serviert.
2. Die Suppe wird in einer _____ serviert.
3. Das Fleisch wird auf einem _____ serviert.
4. Die Soße wird in einer _____ serviert.
5. Die Teller werden auf der _____ vorgewärmt.

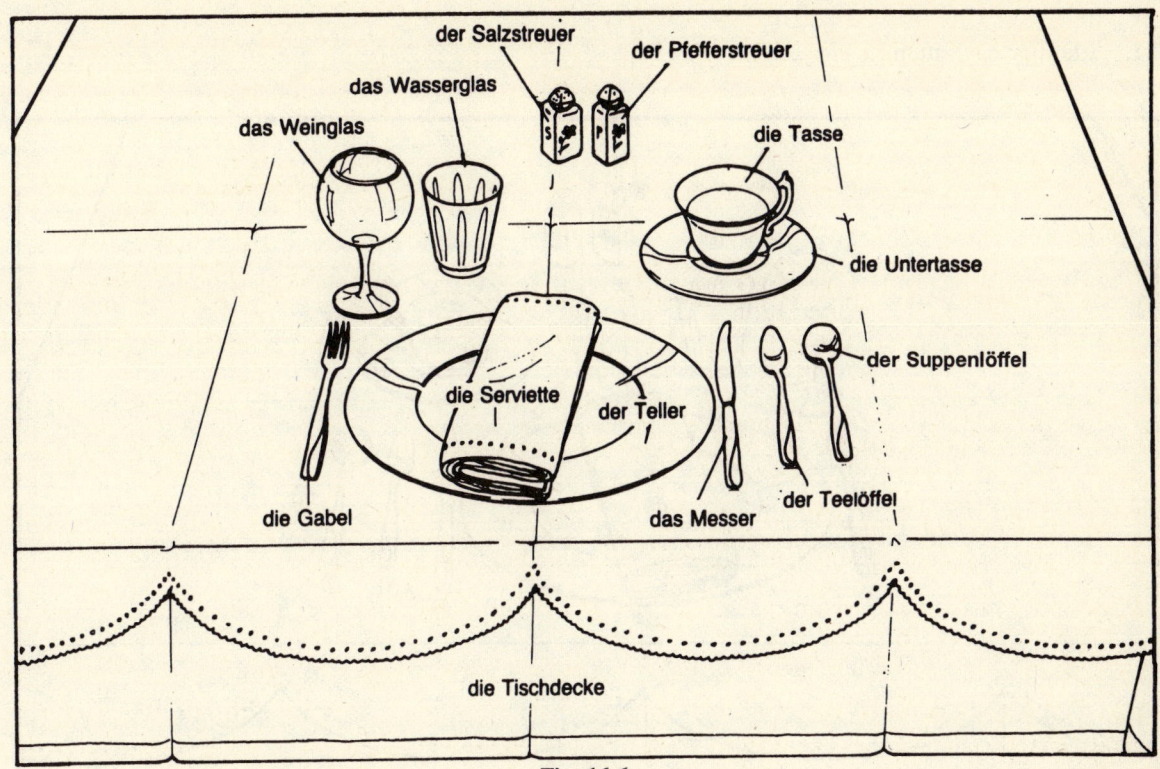

Fig. 16-6

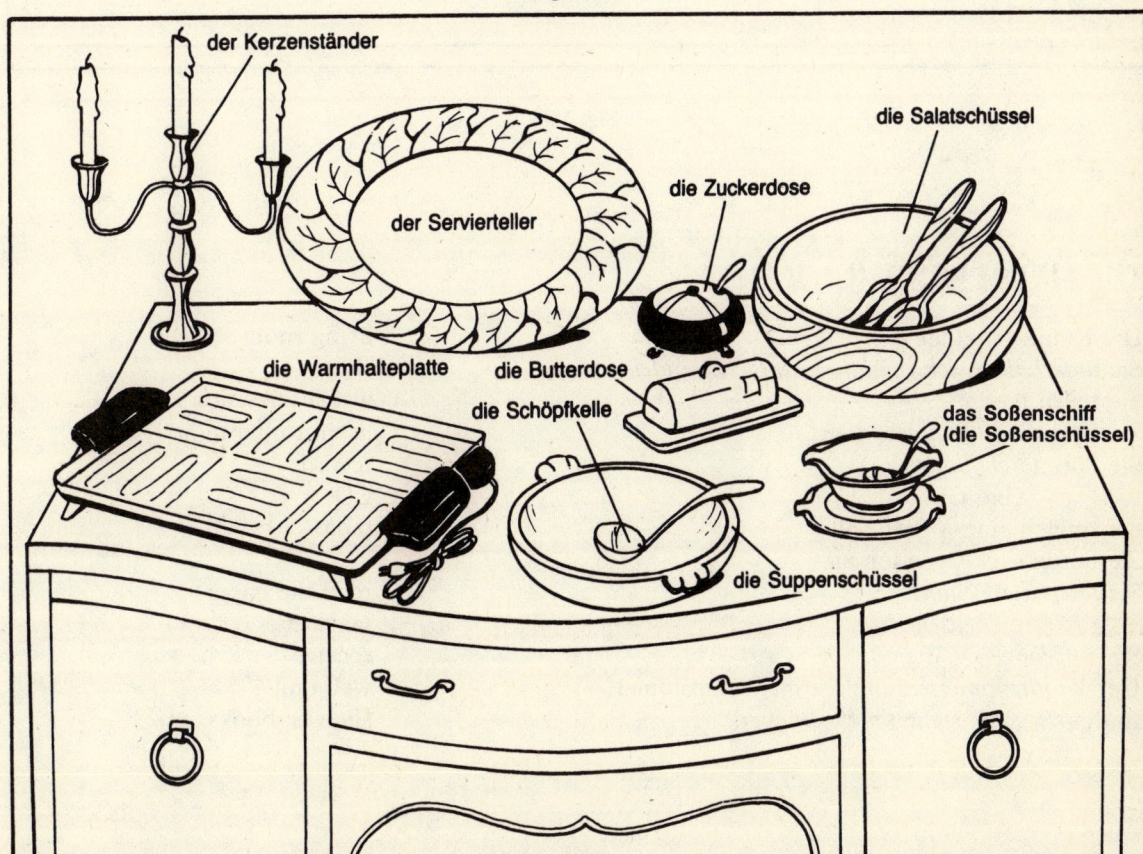

Fig. 16-7

11. Identify each item in Fig. 16-8.

Fig. 16-8

THE LIVING ROOM (Fig. 16-9)

Die Familie sitzt im *Wohnzimmer*.	living room
Sie *unterhalten sich* (*plaudern, sprechen miteinander*).	chat
Sie *sehen fern*.	watch television
Sie *hören eine Radiosendung*.	listen to the radio
Sie hören *Schallplatten*.	records
eine *CD*.	CD
Sie spielen eine *Kassette* ab.	tape
Sie hören sich Kassetten an.	
Sie *lesen die Zeitung*.	read the paper
Zeitschriften.	magazines
Sie *empfangen* Gäste.	receive
Der *Wohnzimmerschrank*[1] ist im Wohnzimmer.	wall unit
In den *Regalen* stehen viele *Bücher*.	shelves; books

---

[1] A *Wohnzimmerschrank* or *Schrankwand* is the central piece of furniture in many homes. It contains bookshelves, closed compartments, a display case for dishes and glasses, and perhaps a bar and space for a television set.

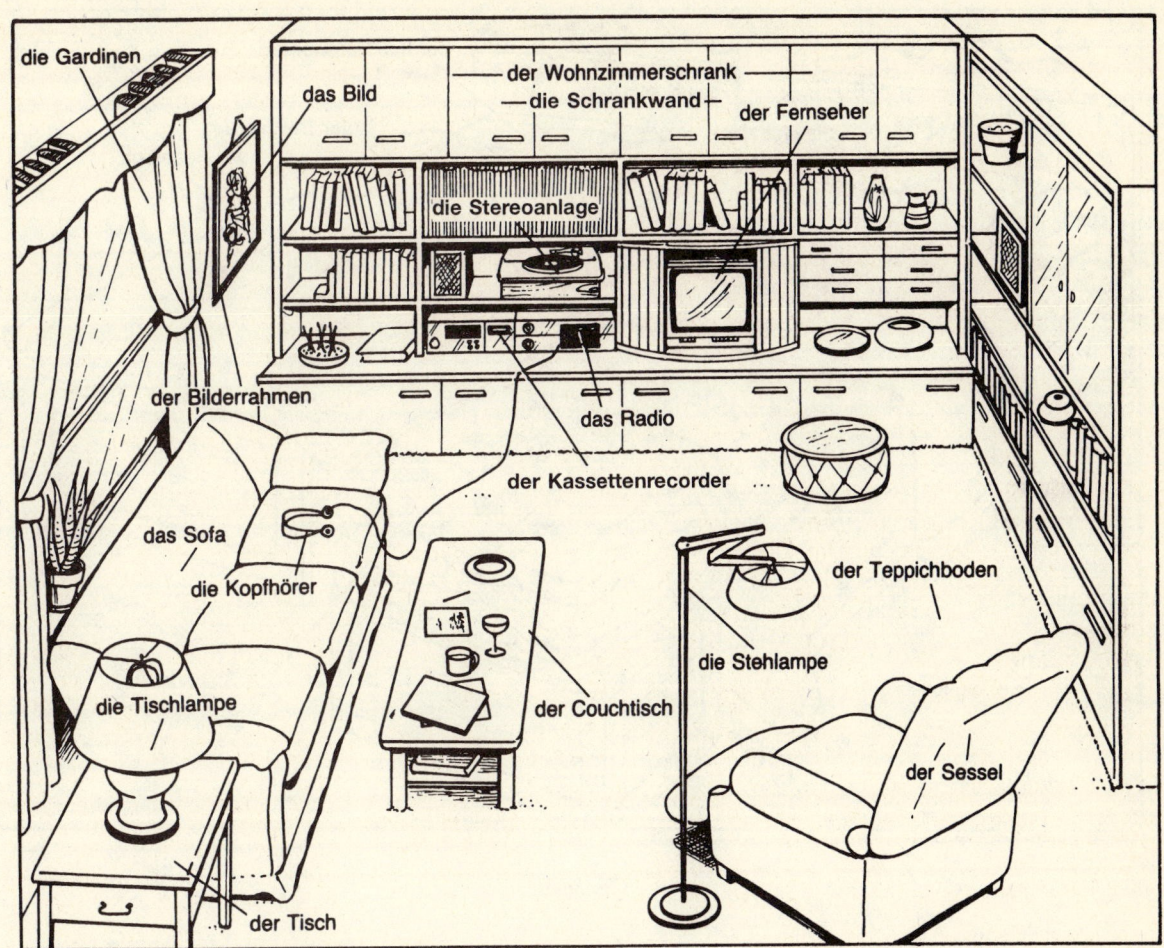

Fig. 16-9

12. Complete.
    1. Die _____ hängen vor dem Fenster.
    2. In den _____ sind viele Bücher.
    3. Das Bild hat einen _____ aus Holz.
    4. Die Tischlampe steht auf dem _____ neben dem _____.
    5. Abends sehe ich _____ oder höre eine _____.
    6. Der _____ bedeckt den ganzen Fußboden.
    7. Nur eine Person kann im _____ sitzen, aber drei oder vier können auf dem _____ sitzen.
    8. Abends setze ich mich ins Wohnzimmer, wo ich die _____ lese und _____, _____ oder _____ höre.
    9. Heute abend bin ich allein. Ich erwarte keine _____.
    10. Auf dem Sofa liegen die _____.

THE BEDROOM (Figs. 16-10 and 16-11)

Ich *gehe ins Bett.*	go to bed
Ich *stelle* den *Wecker.*	set; alarm clock
Ich *schlafe* acht Stunden.	sleep

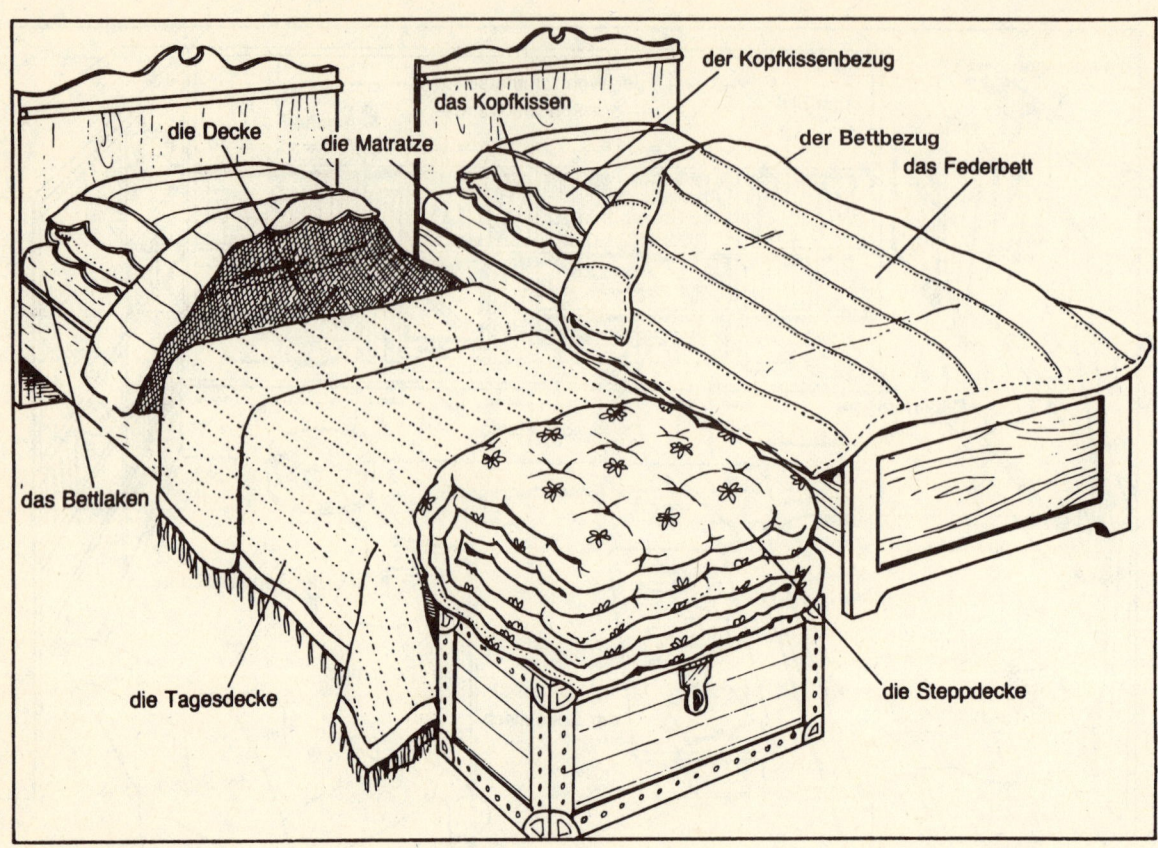

Fig. 16-10

Ich *schlafe* sofort *ein*.	fall asleep
Ich *stehe* um acht Uhr *auf*.	get up
Ich *mache das Bett*.	make the bed
beziehe das Bett.	put fresh sheets on
Ich nehme eine Decke aus dem *Kleiderschrank*.[2]	armoire, wardrobe

13. Complete.
   1. Im Schlafzimmer stehen zwei Betten. Auf dem _____ zwischen den zwei Betten stehen eine _____ und ein _____.
   2. Ein Bett für zwei Personen ist ein _____.
   3. Auf einem Doppelbett liegen meistens zwei _____. Die Kopfkissen sind mit einem _____ bezogen.
   4. Wenn ich das Bett mache, ziehe ich das _____ glatt; dann lege ich das _____ darauf und endlich die _____ über das Bett.
   5. In der Kommode sind fünf _____.
   6. Ich kann nichts mehr in den _____ hängen, weil ich keine Kleiderbügel mehr habe.

---

[2] Built-in closets are very rare in German homes. Thus a *Kleiderschrank* must be bought and placed in the bedroom. In it is room for clothes, bedclothes, blankets, etc.

die Kommode

die Schublade

der Wecker

der Nachtschrank

der Kleiderschrank

Fig. 16-11

14. Name six items that go on a bed.

15. Answer.
1. Um wieviel Uhr gehst du ins Bett?
2. Stellst du den Wecker?
3. Wie viele Stunden schläfst du nachts?
4. Schläfst du sofort ein, oder wälzt du dich unruhig hin und her?
5. Um wieviel Uhr stehst du auf?
6. Machst du sofort das Bett?

HOUSEWORK

Ich muß *waschen*.	do the laundry
Ich muß die *Wäsche* waschen.	laundry
Ich fülle die *Waschmaschine*.	washing machine
Die saubere Wäsche kommt in den *Trockner*.	dryer
Ich muß *bügeln*.	do ironing
Wo sind das *Bügeleisen* und das *Bügelbrett*?	iron; ironing board
Ich muß *Staub wischen*.	dust
Wo ist das *Staubtuch*?	dustcloth

Ich muß *staubsaugen*.	vacuum-clean
Ich muß den *Teppich saugen*.	carpet; vacuum-clean
Wo ist der *Staubsauger*?	vacuum cleaner
Ich muß die *Möbel polieren*.	furniture; polish
Ich muß den *Fußboden kehren*.	floor; sweep
fegen.	sweep
Wo ist der *Kehrbesen*?	broom
Ich muß den Fußboden *wischen*.	wipe, scrub, wash
Wo sind die *Putzlappen*?	cleaning cloths, rags
Heute ist großer *Hausputz*.	housecleaning
Wir *putzen*.	clean (house)
Wir *putzen die Fenster*.	wash the windows
Wo ist der *Schwamm*?	sponge
Ich muß den *Müll hinausbringen*.	garbage; take out
die *Abfälle* hinausbringen.	garbage
Ich muß den *Mülleimer leeren*.	garbage can; empty
Ich muß den Müll *trennen*.[3]	separate
Papier und Flaschen werden recycled.	

16. Complete.

Heute habe ich viel zu tun. Ich habe einen Berg schmutziger Wäsche. Zuerst muß ich die

_____ waschen. Gott sei Dank habe ich eine _____, die die Arbeit
          1   2

erleichtert. Wenn die Wäsche fertig ist, kommt sie in den _____. Dann muß ich die
                                                                  3

Hemden _____. Ich stelle das _____ und das _____ in die Küche
              4   5   6

und bügele.

Nach dem Waschen und Bügeln muß ich den Teppich im Wohnzimmer _____. In
                                                                              7

der Küche werde ich den Fußboden _____ und _____. Die _____
                                          8   9   10

putze ich heute nicht, weil es regnen wird. Ich muß auch den _____ trennen und
                                                                    11

_____.
       12

17. Match what you are doing in column A with what you need in column B.

A		**B**	
1.	bügeln	(*a*)	Putzlappen
2.	kehren	(*b*)	Bügelbrett
3.	den Fußboden wischen	(*c*)	Staubtuch
4.	Staub wischen	(*d*)	Kehrbesen
5.	staubsaugen	(*e*)	Möbel
		(*f*)	Staubsauger

---

[3] Environmental concerns are accorded great importance in Germany and recycling is mandated by law. Thus separating recyclable materials is required. The law also provides the consumer with the right to leave packaging materials at the point of sale.

SOME MINOR PROBLEMS AROUND THE HOME

Ich *schalte das Licht an*.	turn on the light
Es geht nicht an.	It won't go on.
Ist die *Glühbirne durchgebrannt*?	light bulb; burned out
Nein, ich muß den *Stecker* in die *Steckdose stecken*.	plug; outlet; plug in
Das Licht *ist ausgegangen*.	has gone out
Ich habe es nicht *ausgeschaltet*.	turned off
Eine *Sicherung ist durchgebrannt*.	a fuse; has blown
Ich muß im *Sicherungskasten nachsehen*.	fuse box; check
Wo ist der *Lichtschalter*?	light switch
Ich werde den *Elektriker rufen* müssen.	electrician; call
Die *Spüle läuft nicht ab*.	sink; doesn't drain
Das Wasser *läuft nicht ab*.	doesn't drain
Ich habe den *Stöpsel gezogen*.	stopper; pulled
Der *Abfluß* ist *verstopft*.	drain; clogged
Die Dusche *leckt*.	is dripping, leaking
Ich werde einen *Klempner* rufen müssen.	plumber
Die *Rohre* sind alt.	plumbing, pipes

18. Complete.

Ich kann das Licht nicht anschalten. Ich weiß nicht, was geschehen ist. Kann es die

_____ sein? Aber nein. Hör' mal! Die Lampe ist nicht eingesteckt. Ich muß den
      1

_____ einstecken. Aber wo ist die _____?
      2   3

19. Complete.

Das Licht ist aus. Was ist geschehen? Ich habe es nicht _____. Vielleicht ist eine
                 1

_____ durchgebrannt. Ich muß mal im _____ nachsehen. Wenn keine
      2   3

_____ durchgebrannt ist, die ich leicht ersetzen kann, muß ich den _____
      4   5

rufen.

20. Complete.

—Die Spüle ist verstopft. Das Wasser _____ nicht ab.
                          1

—Hast du den _____ gezogen?
          2

—Natürlich habe ich ihn gezogen.

—Nun, dann ist der Abfluß _____. Wir werden den _____ rufen müssen.
                     3   4

Bald werden wir alle _____ im Haus ersetzen müssen.
                     5

Key Words

Die Küche   The kitchen

der Abfall   garbage
der Abfluß, die Abflüsse   drain
abtrocknen   to dry
abtropfen   to drain
der Abtropfkorb,
   die Abtropfkörbe   dish drainer
(Geschirr) abwaschen   to wash (the dishes)
aufdrehen   to turn on
(Butter) auslassen   to melt (butter)
der Backofen, die Backöfen   oven
braten   to fry, roast
die Bratpfanne,   frying pan, roasting
   die Bratpfannen   pan
der Brenner, die Brenner   burner
der Dosenöffner,
   die Dosenöffner   can opener
der Durchschlag,
   die Durchschläge   colander
erhitzen   to heat
der Flaschenöffner,
   die Flaschenöffner   bottle opener
das Geschirr   dishes
die Geschirrspülmaschine,
   die Geschirrspülmaschinen   dishwasher
das Geschirrtuch,
   die Geschirrtücher   dish towel
der Griff, die Griffe   handle
der Hängeschrank,
   die Hängeschränke   wall cabinet
der Herd, die Herde   stove
bei niedriger Hitze   on a low flame (at low
                                       heat)
die Kasserolle, die Kasserollen   pot
der Kessel, die Kessel   kettle
kochen   to cook, boil
zum Kochen bringen   to bring to a boil
der Korkenzieher,
   die Korkenzieher   corkscrew
die Küchenmaschine,
   die Küchenmaschinen   food processor
der Kühlschrank,
   die Kühlschränke   refrigerator
die Küche, die Küchen   kitchen
der Mixer, die Mixer   blender
der Müll   garbage
der Mülleimer, die Mülleimer   garbage can
der Ofen, die Öfen   oven

die Pfanne, die Pfannen   pan
putzen   to clean
der Quirl, die Quirle   whisk, beater
schälen   to pare, peel
das Schälmesser,
   die Schälmesser   paring knife
schlagen   to beat
schließen   to close
schneiden   to cut, carve
der Schwamm, die Schwämme   sponge
schwenken   to sauté
die Speisekammer,
   die Speisekammern   pantry
die Spüle, die Spülen   sink
Staub wischen   to dust
der Stiel, die Stiele   handle
der Stöpsel, die Stöpsel   plug, stopper
das Tiefkühlfach,
   die Tiefkühlfächer   freezer compartment
der Tiefkühlschrank,
   die Tiefkühlschränke   freezer (upright)
die Tiefkühltruhe,
   die Tiefkühltruhen   freezer
der Topf, die Töpfe   pot
tranchieren   to carve
das Tranchiermesser,
   die Tranchiermesser   carving knife
das Tuch, die Tücher   cloth
vorbereiten   to prepare
der Wasserhahn, die Wasserhähne   faucet
wischen   to wipe
würfeln   to dice
ziehen   to pull

Das Badezimmer   The bathroom

sich abtrocknen   to dry oneself
sich etwas anziehen   to put something on
aufsetzen   to put something on one's head
die Badekappe,
   die Badekappen   bathing (shower) cap
der Bademantel, die Bademäntel   bathrobe
baden   to bathe
sich baden   to take a bath
das Badetuch, die Badetücher   bath towel
die Badewanne, die Badewannen   bathtub
das Badezimmer, die
   Badezimmer   bathroom

die Badezimmermatte,
  die Badezimmermatten   bath mat
der Badezimmerschrank,   bathroom
  die Badezimmerschränke   cabinet
die Dusche, die Duschen   shower
sich duschen   to take a shower
das Handtuch, die Handtücher   hand towel
der Handtuchhalter,
  die Handtuchhalter   towel rack
sich kämmen   to comb one's hair
naß   wet
sich die Zähne putzen   to brush one's
                                teeth
der Rasierapparat,
  die Rasierapparate   razor
sich rasieren   to shave (oneself)
der Rasierschaum   shaving cream
die Rasierseife   shaving soap
schauen   to look
die Schminke   makeup
sich schminken   to apply makeup
die Seife   soap
die Seifenschale,
  die Seifenschalen   soap dish
der Spiegel, die Spiegel   mirror
die Toilette, die Toiletten   toilet
das Toilettenpapier   toilet paper
tragen   to wear
das Waschbecken,
  die Waschbecken   sink, wash basin
sich waschen   to wash (oneself)
der Waschlappen,
  die Waschlappen   washcloth
die Zahnbürste,
  die Zahnbürsten   toothbrush
die Zahnpaste,   toothpaste

Das Eßzimmer   The dining room

abdecken   to clear the table
abräumen   to clear the table
die Anrichte,   buffet, sideboard,
  die Anrichten   credenza
aufstehen   to get up
die Butterdose, die Butterdosen   butter dish
den Tisch decken   to set the table
der Eßlöffel, die Eßlöffel   tablespoon
das Eßzimmer, die Eßzimmer   dining
                                room
das Glas, die Gläser   glass
der Kerzenständer, die
  Kerzenständer   candelabra

die Mahlzeit, die Mahlzeiten   meal
das Messer, die Messer   knife
Platz nehmen   to take a seat
reichen   to reach, to hand, to pass
die Salatschüssel,
  die Salatschüsseln   salad bowl
der Salatteller, die Salatteller   salad dish
servieren   to serve
der Servierteller,
  die Servierteller   serving plate
die Serviette, die Servietten   napkin
die Soßenschüssel,
  die Soßenschüsseln   gravy boat
stellen   to put
der Suppenlöffel,
  die Suppenlöffel   soupspoon
die Suppentasse,
  die Suppentassen   soup cup
der Suppenteller,
  die Suppenteller   soup bowl
das Tablett, die Tabletts   tray
die Tasse, die Tassen   cup
der Teelöffel, die Teelöffel   teaspoon
der Teller, die Teller   plate
die Tischdecke,
  die Tischdecken   table cloth
die Untertasse, die Untertassen   saucer
vorwärmen   to preheat
die Warmhalteplatte,
  die Warmhalteplatten   heating tray
der Zucker   sugar
die Zuckerdose,
  die Zuckerdosen   sugar bowl

Das Wohnzimmer   The living room

sich anhören   to listen to
bedecken   to cover
das Bild, die Bilder   picture
der Bilderrahmen,
  die Bilderrahmen   picture frame
das Buch, die Bücher   book
das Bücherregal,
  die Bücherregale   bookshelf
der Bücherschrank,
  die Bücherschränke   bookcase
die CD, die CDs   CD
der Couchtisch,
  die Couchtische   coffee table
empfangen   to receive (guests)
erwarten   to expect
fernsehen   to watch television

der Fernseher, die Fernseher   television set
der Fußboden, die Fußböden   floor
die Gardine, die Gardinen   drapes, curtain (sheer)
der Gast,
    die Gäste   guest (male or female)
die Jalousie, die Jalousien   venetian blind
der Kamin, die Kamine   fireplace
die Kassette, die Kassetten   tape cassette
der Kassettenrecorder,
    die Kassettenrecorder   tape recorder
der Kopfhörer, die Kopfhörer   headphones
die Lampe, die Lampen   lamp
plaudern   to chat
das Radio, die Radios   radio
die Radiosendung,
    die Radiosendungen   radio program
der Rahmen, die Rahmen   frame
das Regal, die Regale   shelf
das Rollo, die Rollos   shade
die Schallplatte, die Schallplatten   record
die Schrankwand,
    die Schrankwände   wall system
der Sessel, die Sessel   armchair
das Sofa, die Sofas   sofa, couch
spielen   to play (tapes, records)
die Stehlampe, die Stehlampen   floor lamp
stellen   to put, place
die Stereoanlage,
    die Stereoanlagen   stereo equipment
der Teppich, die Teppiche   carpet, rug
der Teppichboden, die
    Teppichböden   wall-to-wall carpeting
der Tisch, die Tische   table
die Tischlampe,
    die Tischlampen   table lamp
sich unterhalten   to chat
der Vorhang, die Vorhänge   curtain
das Wohnzimmer,
    die Wohnzimmer   living room
der Wohnzimmerschrank,
    die Wohnzimmerschränke   wall unit
die Zeitschrift, die Zeitschriften   magazine
die Zeitung, die Zeitungen   newspaper

Das Schlafzimmer   The bedroom

der Alptraum, die Alpträume   nightmare
aufstehen   to get up
das Bett, die Betten   bed
das Bett beziehen   to make the bed
ins Bett gehen   to go to bed

der Bettbezug, die Bettbezüge   duvet cover
die Bettdecke, die Bettdecken   blanket
das Bettlaken, die Bettlaken   bed sheet
das Bett machen   to make the bed
die Decke, die Decken   blanket
einschlafen   to fall asleep
das Federbett, die Federbetten   featherbed
glattziehen   to arrange, pull smooth
der Kleiderbügel, die Kleiderbügel   hanger
der Kleiderschrank,
    die Kleiderschränke   wardrobe, armoire
die Kommode,   bureau, chest of
    die Kommoden   drawers
das Kopfkissen, die Kopfkissen   pillow
der Kopfkissenbezug,
    die Kopfkissenbezüge   pillowcase
die Matratze, die Matratzen   mattress
der Nachtschrank,   night stand, night
    die Nachtschränke   table
schlafen   to sleep
das Schlafzimmer,
    die Schlafzimmer   bedroom
der Schrank, die Schränke   closet
die Schublade, die Schubladen   drawer
(den Wecker) stellen   to set (the alarm clock)
die Steppdecke, die Steppdecken   quilt
die Tagesdecke, die
    Tagesdecken   bedspread
träumen   to dream
sich unruhig hin- und
    herwälzen   to toss and turn
der Wecker, die Wecker   alarm clock

Die Hausarbeit   Housework

der Abfall   garbage
(das Geschirr) abwaschen   to wash the dishes
der Besen, die Besen   broom
das Bügelbrett,
    die Bügelbretter   ironing board
das Bügeleisen, die Bügeleisen   iron
bügeln   to iron
erleichtern   to make easy
fegen   to sweep
das Fenster, die Fenster   window
der Fußboden, die Fußböden   floor
die Hausarbeit   housework
der Hausputz   housecleaning
hinausbringen   to take out (the garbage)
kehren   to sweep

leeren   to empty
der Müll   garbage
der Mülleimer, die Mülleimer   garbage can
polieren   to polish, shine
putzen   to clean
der Putzlappen,
    die Putzlappen   cleaning cloth
recyceln   to recycle
das Recycling   recycling
saugen   to vacuum
schmutzig   dirty
der Schwamm, die Schwämme   sponge
der Staub   dust
Staub wischen   to dust
staubsaugen   to vacuum-clean
der Staubsauger,
    die Staubsauger   vacuum cleaner
das Staubtuch, die Staubtücher   dustcloth
der Teppich, die Teppiche   carpet, rug
trennen   to separate
die Wäsche   laundry, wash
der Wäschetrockner, die
    Wäschetrockner   dryer
die Waschmaschine,
    die Waschmaschinen   washing machine
werfen   to throw
wischen   to wash (the floor), wipe

anschalten   to turn on (lights, other
        electrical devices)
ausschalten   to turn off
durchgebrannt   blown (fuse), burned out
        (light bulb)
der Elektriker, die Elektriker   electrician
ersetzen   to replace
die Glühbirne, die Glühbirnen   light bulb
der Klempner, die Klempner   plumber
lecken   to drip, leak
leeren   to empty
der Lichtschalter,
    die Lichtschalter   light switch
nachsehen   to check
das Rohr, die Rohre   pipe, plumbing
rufen   to call
die Sicherung, die Sicherungen   fuse
der Sicherungskasten,
    die Sicherungskästen   fuse box
die Spüle, die Spülen   sink
die Steckdose,
    die Steckdosen   (electric) outlet
der Stecker, die Stecker   plug (electric)
der Stöpsel, die Stöpsel   plug (sink, bottle)
den Stöpsel ziehen   to pull the plug
verstopft   clogged, stopped up

Kleine Probleme im Haus
Some minor problems around the house

der Abfluß, die Abflüsse   drain
ablaufen   to drain

Chapter 17: At the doctor's office
Kapitel 17: Beim Arzt

I HAVE A COLD

Der Patient sagt zu dem Arzt[1]:
     der Ärztin:

Mir geht es nicht gut.	I'm not well.
Ich bin *krank*.	sick
Ich glaube, ich *bin erkältet*.	have a cold
ich habe eine *Grippe*.	the flu
Ich *leide an Influenza*.	suffer from; grippe, influenza
Ich habe die *asiatische Grippe*.	influenza
Ich leide an *Verstopfung*.	constipation
Ich bin *verstopft*.	constipated
Ich habe Halsschmerzen.	My throat aches.
Mein Hals tut weh.	My throat hurts.
Ich habe *Durchfall*.	diarrhea
Ich muß mich *häufig übergeben*.	frequently; vomit
Ich habe *Ohrenschmerzen*.	I have an earache.
Mein *Ohr* tut weh.	ear
Ich habe *Fieber*.	a fever
Temperatur.	a temperature
Ich habe *Schüttelfrost*.	chills
Mir ist heiß und kalt.	I have chills and fever.
Ich friere.	I'm cold.
Meine *Lymphdrüsen* sind *geschwollen*.	lymph glands; swollen
Ich habe *geschwollene Drüsen*.	swollen glands
Ich habe *Kopfschmerzen*.	headache
Ich habe *Husten*.	cough
Ich huste.	I'm coughing.
Ich habe *Schnupfen*.	runny nose
Meine Nase ist *verstopft*.	stuffed up
Der Arzt (die Ärztin) fragt:	
Was fehlt Ihnen?	What is wrong with you?
Was sind die *Symptome*?	symptoms
Ist Ihnen *schwindelig*?	dizzy
übel?	nauseous
Öffnen Sie den Mund!	Open your mouth
Ich werde Ihren *Hals untersuchen*.	throat; examine
Rachen	throat
Tief einatmen!	Take a deep breath
Haben Sie *Schmerzen* in der *Brust*?	pain; chest
Wir werden *Fieber messen*.	take your temperature
Wir werden die Temperatur messen.	

---

[1] The doctor is called *Arzt* or *Ärztin* but addressed as *Herr Doktor* or *Frau Doktor* respectively. The doctor's office is *Arztpraxis. In der Arztpraxis* is "at the doctor's office." The waiting room is *das Wartezimmer.*

Sind Sie gegen Penizillin *allergisch?*	allergic
Ich gebe Ihnen eine *Spritze.*	injection, shot
Rollen Sie Ihren Ärmel hoch!	Roll up your sleeve.
Krempeln	roll
Machen Sie den Oberkörper frei.	Strip to the waist.
Ich werde Antibiotika *verschreiben.*	prescribe
Sie müssen die *Tabletten* (*Pillen,*[2] *Dragées*) dreimal am Tag *einnehmen.*	tablets (pills) take
Vitaminpillen einnehmen.	take vitamin pills

1. Complete.

Dem armen Herrn Klink geht es nicht gut. Er hat einen roten _____, der sehr

weh tut. Manchmal ist ihm heiß und manchmal kalt. Er leidet an _____. Seine
$\qquad$ 1

_____ sind geschwollen, er hat _____, und seine _____ tun ihm
3　　　　　　　　　　　　　　　　　　　　　4　　　　　　　　　　　　　　5

weh. Er weiß nicht, ob er nur erkältet ist, oder ob er die _____ _____ hat.
6

Er muß zum Arzt.

2. Complete.

In der _____.
1

—Guten Tag, Frau Doktor.

—Guten Tag. Was fehlt Ihnen?

—Tja, ich weiß nicht, ob ich eine _____ oder _____ habe.
2　　　　　　　　　　　　　3

—Was sind die _____?
4

—Mein _____ tut weh, und ich habe eine verstopfte _____.
5　　　　　　　　　　　　　　　　　　　　　　　　　　6

—Öffnen Sie Ihren _____, bitte. Ich werde Ihren _____ untersuchen. Er ist
7　　　　　　　　　　　　　　　　　　　8

sehr rot. Ihre _____ sind auch geschwollen. Sie müssen jetzt _____, bitte.
9　　　　　　　　　　　　　　　　　　　　　　　　　　　　　　　　10

Haben Sie Schmerzen in der _____, wenn Sie atmen?
11

—Ein bißchen, nicht viel.

—Haben Sie Husten?

—Ja, ich _____ ganz schön.
12

—Öffnen Sie noch einmal den Mund. Wir werden _____ messen. Sie haben 38 Grad
13

Fieber. Ein bißchen hoch. Wissen Sie, ob Sie gegen Medikamente _____ sind?
14

—Ich glaube nicht.

—Rollen Sie Ihren _____ hoch, bitte. Ich gebe Ihnen jetzt eine _____. Dann
15　　　　　　　　　　　　　　　　　　　　　　　　　　　　　　　　16

---

[2] *Die Pille* means "the pill" as it is used in the United States, to mean birth control pills.

_____ ich Ihnen Antibiotika. Sie müssen die _____ dreimal am Tag
17   18

einnehmen. Schon in den nächsten Tagen wird es Ihnen besser gehen.

3. Complete.
  1. Wenn man _____ ist, hat man selten Fieber. Aber gewöhnlich hat man bei einer _____ _____ Fieber.
  2. Bei Fieber fühlt man sich manchmal heiß und im nächsten Moment kalt. Wenn man friert, ist es möglich, daß man _____ bekommt.
  3. Der Patient muß seinen _____ öffnen, wenn der Arzt seinen Rachen _____ will.
  4. Wenn der Arzt eine _____ geben will, muß der Patient den _____ hoch krempeln.

A PHYSICAL EXAMINATION

die *Krankengeschichte aufnehmen*	to take the medical history
die *Vorgeschichte*	medical history
Leidet ein *Familienmitglied* an Allergien?	family member
Arthritis	
Asthma?	
Krebs?	cancer
Diabetes?	
Zuckerkrankheit?	diabetes
Herzkrankheit?	heart disease
Kreislaufstörungen?	circulatory disorders
psychischen Störungen?	mental illness
Geschlechtskrankheiten?	venereal diseases
Epilepsie?	
Tuberkulose? (TBC)	tuberculosis (TB)
Schwindsucht?	tuberculosis
Haben Sie als Kind *Masern* gehabt?	measles
Windpocken gehabt?	chickenpox
Mumps gehabt?	
Röteln gehabt?	German measles
Sind Sie als Kind gegen Polio *geimpft* worden?	vaccinated
Diphtherie	
Tetanus	
Keuchhusten	whooping cough
Sind Sie HIV positiv?	
Haben Sie AIDS?	
Ein *Psychiater behandelt* psychische Krankheiten.	psychiatrist; treats

THE VITAL ORGANS (Figs. 17-1 and 17-2)

Welche *Blutgruppe* haben Sie?	blood type
Haben Sie Probleme mit Ihrer *Regel*?	menstrual period
Sind Sie operiert worden?	

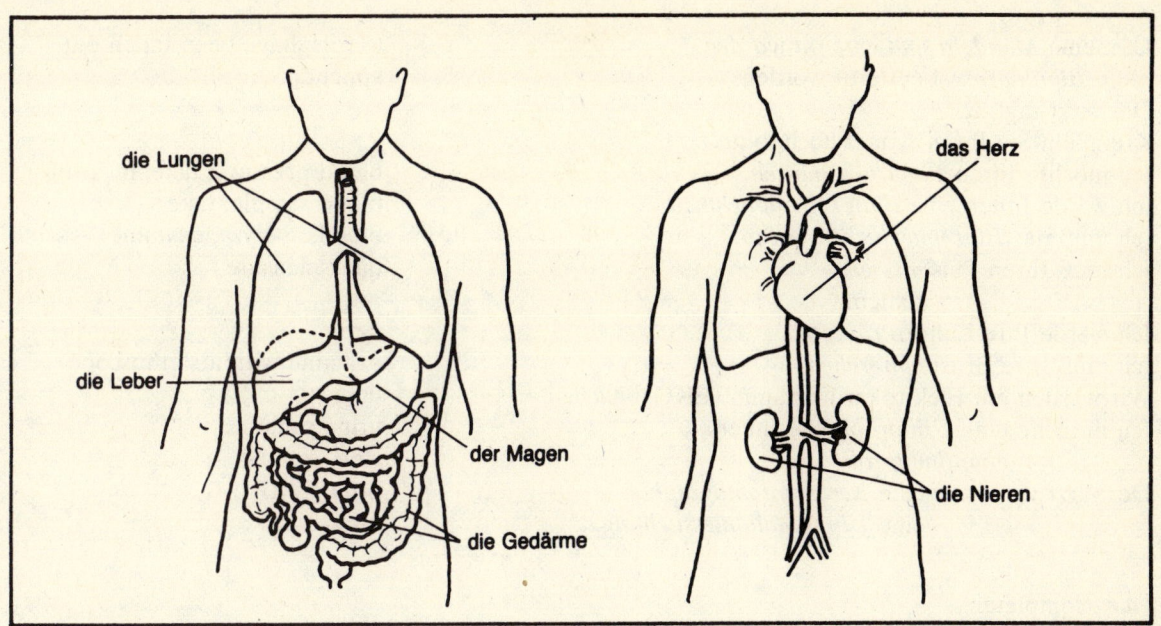

Fig. 17-1

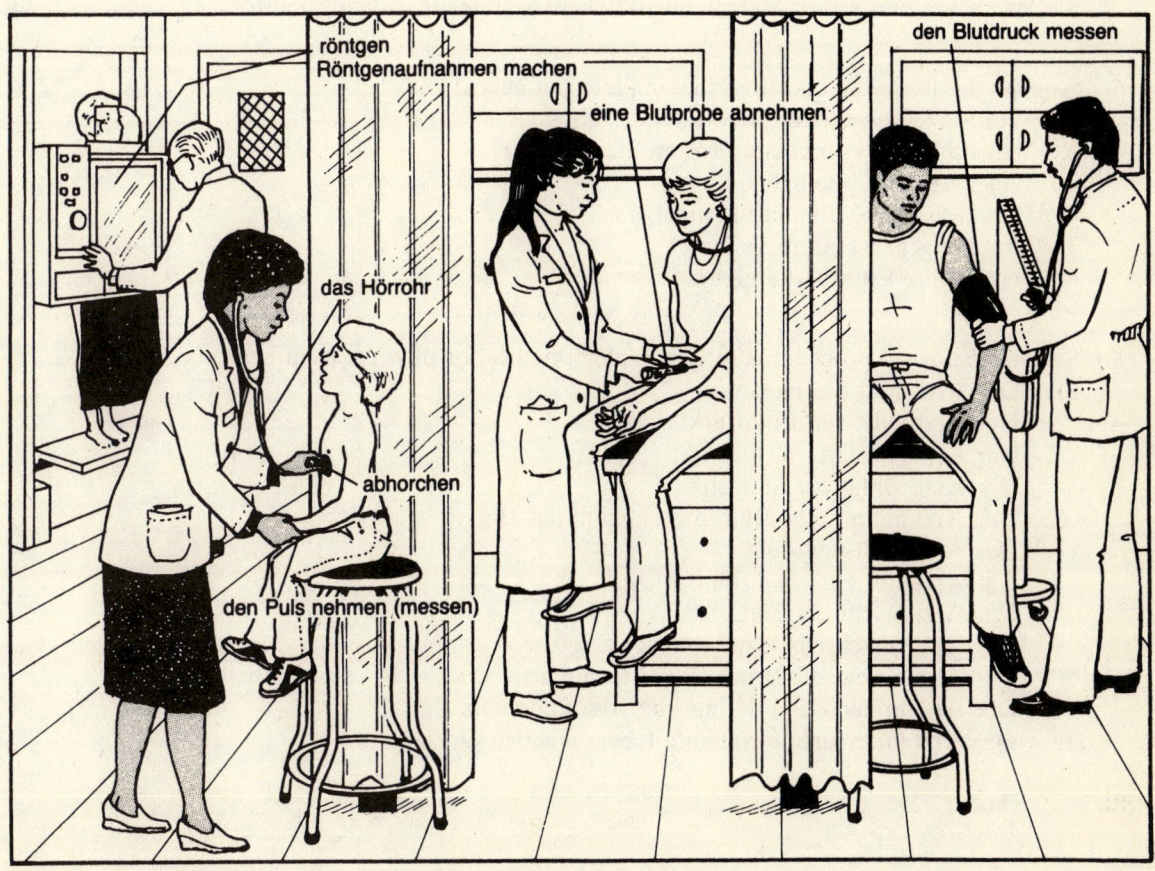

Fig. 17-2

Ja, meine *Mandeln sind entfernt worden*.	tonsils; have been taken out
Mein *Blinddarm* ist entfernt worden.	appendix
Der Arzt sagt:	
Krempeln Sie Ihren Ärmel hoch, bitte.	
Ich möchte Ihren *Blutdruck messen*.	blood pressure; take, measure
Ich werde Ihnen eine *Blutprobe abnehmen*.	blood sample; take
Ich muß das *Blut untersuchen* lassen.	blood; analyze, examine
Ich muß Ihren Puls *messen*.	take, measure
fühlen.	
Ich werde Ihre Lungen *röntgen*.	x-ray
Ich muß Ihre Brust *abhorchen*.	examine with a stethoscope
Wir werden ein Elektrokardiogramm (EKG) *machen*.	take
Ich brauche eine *Urinprobe* von Ihnen.	urine sample
eine *Stuhlprobe*.	stool sample
Der Arzt *verordnet* eine *Kernspintomographie*.	orders; MRI
eine *Ultraschalluntersuchung*.	ultrasound

4. Complete.
1. Er ist gegen Penizillin empfindlich. Er ist gegen Penizillin _____.
2. Gegen ansteckende Krankheiten kann man _____ werden.
3. Ein Psychiater behandelt _____ Krankheiten.
4. Wenn man einen Autounfall hat, ist es wichtig seine _____ zu wissen.
5. Wenn Sie zum ersten Mal zu einem neuen Arzt gehen, nimmt er Ihre _____ auf.

5. Answer the following questions in complete sentences.
1. Sind Sie je (ever) operiert worden?
2. Welche Kinderkrankheiten hatten Sie als Kind?
3. Welche Blutgruppe haben Sie?
4. Haben Sie Ihren Blinddarm immer noch?
5. Sind Sie gegen Masern geimpft?
6. Haben Ihre Eltern Allergien?

6. Select the normal procedures for a complete medical or physical examination.
1. Der Arzt mißt das Fieber.
2. Der Arzt mißt den Blutdruck.
3. Der Arzt operiert.
4. Der Arzt röntgt die Lungen.
5. Der Arzt nimmt eine Blutprobe ab, um das Blut zu analysieren.
6. Der Arzt fühlt den Puls.
7. Der Arzt gibt eine Penizillinspritze.
8. Der Arzt macht ein EKG.
9. Der Arzt verschreibt Antibiotika.
10. Der Arzt horcht die Brust des Patienten ab.
11. Der Arzt braucht eine Urinprobe vom Patienten.
12. Der Arzt untersucht bestimmte lebenswichtige Organe.

I HAD AN ACCIDENT (Fig. 17-3)

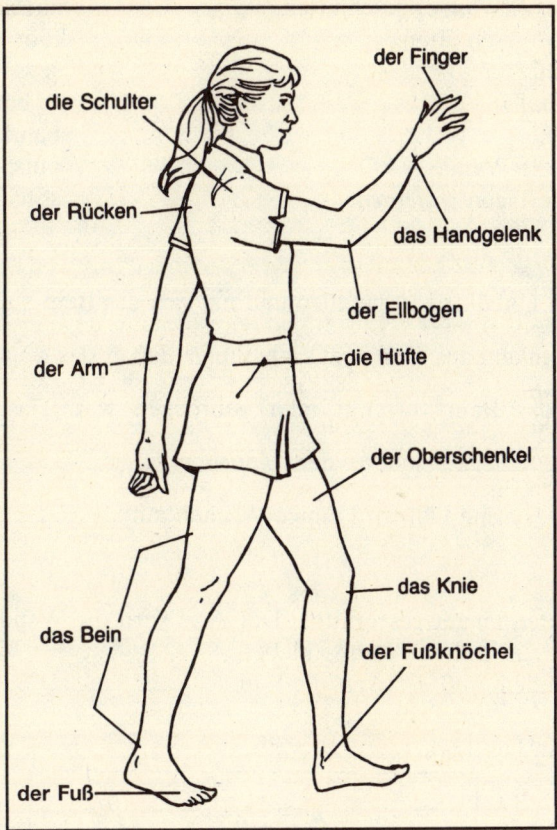

die Schulter

der Finger

der Rücken

das Handgelenk

der Ellbogen

der Arm

die Hüfte

der Oberschenkel

das Knie

das Bein

der Fußknöchel

der Fuß

Fig. 17-3

Ich habe mir den Finger gebrochen.	
den Arm gebrochen.	
das *Handgelenk* gebrochen.	wrist
das *Bein* gebrochen.	leg
den *Knöchel* gebrochen.	ankle
das *Knie* gebrochen.	knee
die *Hüfte* gebrochen.	hip
den *Ellbogen* gebrochen.	elbow
die *Schulter* gebrochen.	shoulder
Ich habe mir das Knie *verrenkt*.	sprained, twisted
das Handgelenk verrenkt.	
Ich habe mir den Knöchel *verstaucht*.	sprained
Ich habe *Rückenschmerzen*.	I have a backache.
Hier *tut* es *mir weh*.	hurts me
Der Arzt will den *Knochenbruch röntgen*.	break; x-ray
Er hatte einen *Autounfall*.	automobile accident
Der *Verletzte* wird ins *Krankenhaus* gebracht.	injured person; hospital
Der *Orthopäde* muß den *Knochen richten*.	orthopedist; bone; set
Er wird den Knochen in einem *Gipsverband ruhig stellen*.	cast; immobilize
Er wird ihn *in Gips legen*.	put in a cast
Der Patient wird *auf Krücken* gehen müssen.	on crutches

Ich habe *mich* in den Finger *geschnitten*.	cut myself
in die *Backe* (*Wange*) geschnitten.	cheek
in den *Fuß* geschnitten.	foot
Der Arzt *näht* die *Wunde*.	sews; wound
Er wird die Wunde *verbinden*.	to bandage
Es legt einen *Verband* an.	bandage
Er *klebt* ein *Pflaster* auf die Wunde.	puts; adhesive bandage
Er wird die *Nähte* in fünf Tagen *entfernen*.	stitches; take out

7. Complete.

Ulli hatte einen Unfall. Er ist gefallen und hat sich das Bein ＿＿＿＿＿＿. Seine Eltern

1

brachten ihn ins Krankenhaus. Der Arzt sagte ihnen, daß er das Bein ＿＿＿＿＿ wollte. Er

2

wollte sehen, ob das Bein verrenkt oder gebrochen war. Das Röntgenbild zeigte einen

Bruch. Der ＿＿＿＿＿ mußte den Knochen ＿＿＿＿＿ und ihn dann in Gips

3   4

＿＿＿＿＿. Der arme Ulli wird einige Wochen auf ＿＿＿＿＿ gehen müssen.

5   6

8. Complete.
1. Sie hat sich in den Finger geschnitten. Der Arzt wird die Wunde nicht nähen, sondern nur
   ein ＿＿＿＿＿ auf die Wunde kleben.
2. Vor dem Verbinden muß der Arzt die Wunde ＿＿＿＿＿, weil sie sehr tief ist.

9. Identify each item in Fig. 17-4.

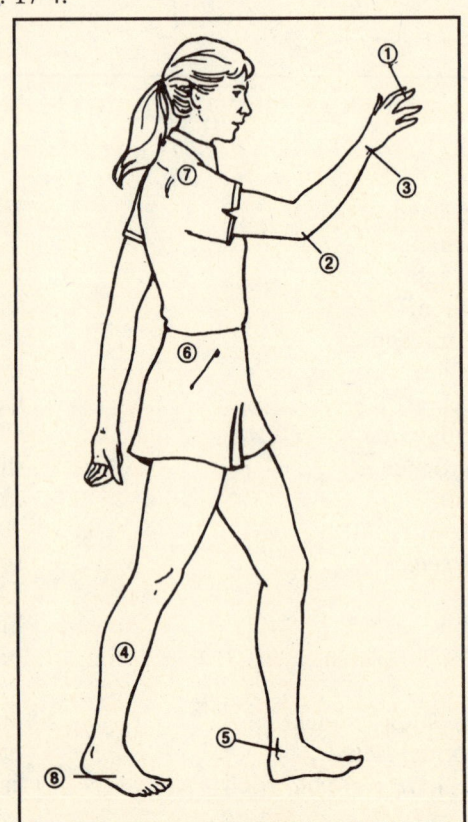

Fig. 17-4

AT THE DENTIST

Ich habe *Zahnschmerzen*.	toothache
Mein *Backenzahn tut* mir *weh*.	molar; hurts
Ich *brauche* einen *Zahnarzt*.	need; dentist
Ich rufe beim Zahnarzt an.	
Er gibt mir einen *Termin*.	appointment
Die *Sprechstundenhilfe* bringt mich zum *Behandlungsraum*.	receptionist/assistant; treatment room
Ich setze mich in den *Behandlungsstuhl*.	dentist's chair
Der Zahnarzt fragt, *welcher* Zahn weh tut.	which
Der Backenzahn *oben rechts*.	upper right
Er *untersucht* den Zahn und findet ein *Loch*.	examines; cavity
Ich brauche eine *Füllung*.	filling
Ich brauche eine *Plombe*.	filling

10. Answer the following questions in complete sentences.
1. Was tut mir weh?
2. Was für einen Arzt brauche ich?
3. Wer bringt mich zum Behandlungsraum?
4. Wo setze ich mich hin?
5. Welcher Backenzahn tut mir weh?
6. Was macht der Zahnarzt?
7. Was findet er?
8. Was brauche ich?

Key Words

abhorchen to examine using a stethoscope, auscultate	*die Backe, die Backen* cheek
die Allergie, die Allergien allergy	*der Backenzahn, die Backenzähne* molar
allergisch allergic	*behandeln* to treat
analysieren to analyze	*der Behandlungsraum,*
ansteckend contagious	*die Behandlungsräume* treatment room
das Antibiotikum,	*der Behandlungsstuhl,*
die Antibiotika antibiotics	*die Behandlungsstühle* dental chair
der Arm, die Arme arm	*das Bein, die Beine* leg
der Ärmel, die Ärmel sleeve	*der Blinddarm, die Blinddärme* appendix
die Arthritis arthritis	*das Blut* blood
der Arzt, die Ärzte doctor (male)	*der Blutdruck* blood pressure
die Ärztin, die Ärztinnen doctor (female)	*die Blutgruppe,*
die Arztpraxis,	*die Blutgruppen* blood type
die Arztpraxen doctor's office	*die Blutprobe,*
das Asthma asthma	*die Blutproben* blood sample
atmen to breathe	*brauchen* to need
der Autounfall,	*der Bruch, die Brüche* break, fracture
die Autounfälle automobile accident	*die Brust, die Brüste* chest, breast
	der Darm, die Därme bowels, intestine

der Diabetes diabetes
die Diphtherie diphtheria
das Dragée, die Dragées coated pill
die Drüse, die Drüsen
  (Lymphdrüsen) gland (lymph gland)
der Durchfall diarrhea
tief einatmen to take a deep breath
das Elektrokardiogramm,
  die Elektrokardiogramme
  (EKG) electrocardiogram (EKG)
der Ellenbogen, die Ellenbogen elbow
empfindlich gegen sensitive to
entfernen to remove
die Epilepsie epilepsy
der epileptische Anfall, epileptic
  die epileptischen Anfälle seizure
erkältet sein to have a cold
die Erkältung, die Erkältungen cold
das Fieber fever
Fieber messen to take one's temperature
der Finger, die Finger finger
sich frei machen to undress (term used in
                doctor's office only)
frieren to be cold, freeze, be freezing
(den Puls) fühlen to feel (the pulse)
die Füllung, die Füllungen filling
der Fuß, die Füße foot
gebrochen broken
geimpft vaccinated
die Geschlechtskrankheit, venereal
  die Geschlechtskrankheiten disease
geschnitten cut
geschwollen swollen
in Gips legen to put in a cast
der Gipsverband,
  die Gipsverbände (plaster) cast
die Grippe flu
die asiatische Grippe Asian flu
der Hals, die Hälse neck
die Halsschmerzen sore throat
das Handgelenk, die Handgelenke wrist
häufig frequently
das Herz, die Herzen heart
der Herzanfall,
  die Herzanfälle heart attack
der Herzinfarkt,
  die Herzinfarkte heart attack
hochkrempeln to roll up
die Hüfte, die Hüften hip
husten to cough
der Husten cough
impfen to vaccinate

die Influenza influenza
die Kernspintomographie
        magnetic resonance imaging (MRI)
der Keuchhusten whooping cough
die Kinderkrankheit, childhood
  die Kinderkrankheiten disease
die Kinderlähmung infantile paralysis,
              poliomyelitis
kleben to put on
das Knie, die Knie knee
der Knöchel, die Knöchel ankle
der Knochen, die Knochen bone
krank sick, ill
die Krankengeschichte,
  die Krankengeschichten medical history
das Krankenhaus,
  die Krankenhäuser hospital
die Krankheit,
  die Krankheiten illness, sickness
die psychische Krankheit, mental
  die psychischen Krankheiten illness
der Krebs cancer
krempeln to roll up
die Krücken crutches
die lebenswichtigen Organe vital organs
die Leber liver
leiden an to suffer from
das Loch, die Löcher cavity
die Lunge, die Lungen lung
der Magen, die Mägen stomach
die Mandeln tonsils
die Masern measles
messen to measure
die Möglichkeit,
  die Möglichkeiten possibility
der Mumps mumps
der Mund, die Münder mouth
nähen to sew, stitch
die Nähte stitches
die Niere, die Nieren kidney
oben rechts upper right
das Ohr, die Ohren ear
die Ohrenschmerzen earache
die Operation, die Operationen operation
operieren to operate
der Orthopäde,
  die Orthopäden orthopedist (male)
die Orthopädin,
  die Orthopädinnen orthopedist (female)
das Penizillin penicillin
die Penizillinspritze,
  die Penizillinspritzen penicillin injection

das Pflaster, die Pflaster   adhesive bandage
die Plombe, die Plomben   filling
die Polio   poliomyelitis
die Probe, die Proben   sample
der Psychiater, die Psychiater   psychiatrist
der Puls, die Pulse   pulse
der Rachen, die Rachen   throat
die Regel   menstrual period
richten   to set (bone)
röntgen   to take x-rays, to x-ray
das Röntgenbild,
    die Röntgenbilder   x-ray (image, picture)
die Röteln   German measles
der Rücken, die Rücken   back
ruhig stellen   to immobilize (a bone)
sagen   to say, tell
der Schleim   mucus, phlegm
der Schmerz, die Schmerzen   pain
schneiden   to cut
der Schnupfen   runny nose
die Schulter, die Schultern   shoulder
der Schüttelfrost   chills and fever
die Schwierigkeit,
    die Schwierigkeiten   difficulty
schwindelig   dizzy
die Schwindsucht   tuberculosis
die Sprechstundenhilfe,   assistant,
    die Sprechstundenhilfen   receptionist
                                      in a doctor's
                                      office
die Spritze, die Spritzen   injection, shot
die psychische Störung, die psychischen
    Störungen   mental illness
der Stuhl   stool
der Stuhlgang   bowel movement

das Symptom, die Symptome   symptoms
die Tablette, die Tabletten   tablet
der Termin, die Termine   appointment
der Tetanus   tetanus
die Tuberkulose (TBC)   tuberculosis (TB)
übel   nauseous
sich übergeben   to vomit
der Ultraschall   ultrasound
der Unfall, die Unfälle   accident
untersuchen   to examine, analyze
der Urin   urine
der Verband, die Verbände   bandage
verbinden   to bandage
der Verletzte,
    die Verletzten   injured person (male)
die Verletzte,
    die Verletzten   injured person (female)
verrenken   to twist, sprain
verschreiben   to prescribe
verstauchen   to sprain
verstopft   constipated (digestive problem),
                                      stuffed up (nose)
die Verstopfung   constipation
die Wange, die Wangen   cheek
weh tun   to hurt
welcher   which
die Windpocken   chickenpox
die Wunde, die Wunden   wound
der Zahnarzt,
    die Zahnärzte   dentist (male)
die Zahnärztin,
    die Zahnärztinnen   dentist (female)
die Zahnschmerzen   toothache
die Zuckerkrankheit   diabetes

Chapter 18: At the hospital
Kapitel 18: Im Krankenhaus

ADMISSION TO THE HOSPITAL[1]

Füllen Sie bitte dieses *Formular aus.*   fill out; form
In welcher *Krankenkasse*[2] sind Sie?   insurance

IN THE EMERGENCY ROOM (Fig. 18-1)

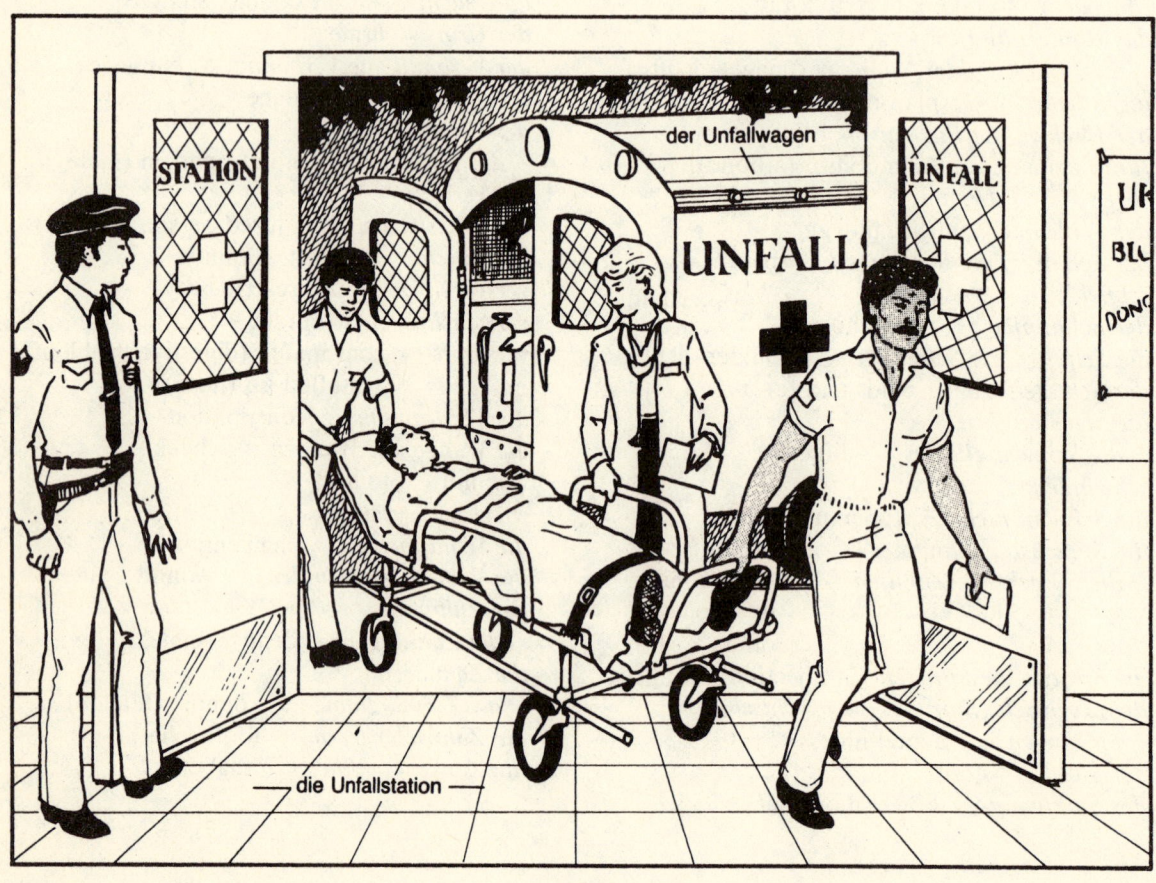

Fig. 18-1

Der *Rettungswagen* kommt.   ambulance
Der *Krankenwagen* kommt.   ambulance
Der *Unfallwagen* kommt.   ambulance

---

[1] The customary word for hospital is *Krankenhaus*, but *Klinik* can refer to a hospital as well as a clinic. Very often a doctor or group of doctors owns its own private hospital, which is called a *Klinik*.

[2] Patients not insured under the compulsory German statutory insurance scheme would indicate that they are *Privatpatienten*, naming their insurance company.

Der Patient liegt auf einer *Tragbahre*.	stretcher
Er sitzt nicht im *Rollstuhl*.	wheelchair
Er wird auf die *Unfallstation* gebracht.	emergency room
Sofort fühlt eine *Krankenschwester* seinen Puls.	nurse (female)
eine *Krankenpflegerin* seinen Puls.	nurse (female)
ein *Krankenpfleger* seinen Puls.	nurse (male)
Der Krankenpfleger muß auch seinen *Blutdruck messen*.	measure blood pressure
Der Arzt (die Ärztin) *untersucht* den Patienten.	examines
Ein *Assistenzarzt* untersucht ihn auf der Unfallstation.	intern
Der Patient hat *Bauchschmerzen*.	abdominal pain, stomach ache
Der Arzt will *röntgen*.	take x-rays
Man bringt den Patienten zur Radiologie.[3]	

1.   Answer.
   1.   Wie kommt der Patient ins Krankenhaus?
   2.   Kann der Patient laufen?
   3.   Wo liegt der Patient?
   4.   Was macht eine Krankenschwester sofort?
   5.   Wer untersucht den Patienten?
   6.   Wo wird er untersucht?
   7.   Was hat der Patient?
   8.   Was will der Arzt tun?
   9.   Wohin bringt man den Patienten?

2.   Complete.

Wenn ein Patient im Krankenhaus aufgenommen wird, muß er oder ein Familienmitglied bei

der Aufnahme ein ⎯⎯⎯⎯⎯⎯⎯ ausfüllen. Auf dem ⎯⎯⎯⎯⎯⎯⎯ muß er den Namen seiner
                              1   2

⎯⎯⎯⎯⎯⎯⎯ angeben.
           3

3.   Complete.
   1.   Viele Patienten werden auf einer ⎯⎯⎯⎯⎯⎯⎯ ins Krankenhaus gebracht.
   2.   Wenn der Patient nicht laufen kann, legt man ihn auf eine ⎯⎯⎯⎯⎯⎯⎯, oder man setzt
        ihn in einen ⎯⎯⎯⎯⎯⎯⎯.
   3.   Wenn der Patient in einem Krankenwagen ins Krankenhaus kommt, kommt er im
        allgemeinen auf die ⎯⎯⎯⎯⎯⎯⎯.
   4.   Fast immer gibt es einen Krankenpfleger (oder eine Krankenpflegerin), der (die) den
        ⎯⎯⎯⎯⎯⎯⎯ des Patienten fühlt und seinen ⎯⎯⎯⎯⎯⎯⎯ mißt.
   5.   Wenn der Arzt (oder die Ärztin) nicht weiß, was der Patient hat, wird er (sie) ihn
        ⎯⎯⎯⎯⎯⎯⎯.

SURGERY (Fig. 18-2)

Der Patient wird *operiert*.	operated on
Der Arzt wird einen *chirurgischen Eingriff vornehmen*.	operate

---

[3] The medical departments of hospitals that are named for their medical specialty have as a rule very similar names
in German and in English since the words in both languages are derived from Latin and Greek roots. There are,
however, small variations. For example, the final "-y" in English becomes "-ie" in German, e.g., radiology—
Radiologie. The names of the medical specialists practicing in these fields also exhibit a systematic pattern. The
ending "-ologist" in English often becomes *-ologe* (male) and *-ologin* (female) in German, e.g., gynecologist—
Gynäkologe, Gynäkologin, etc.

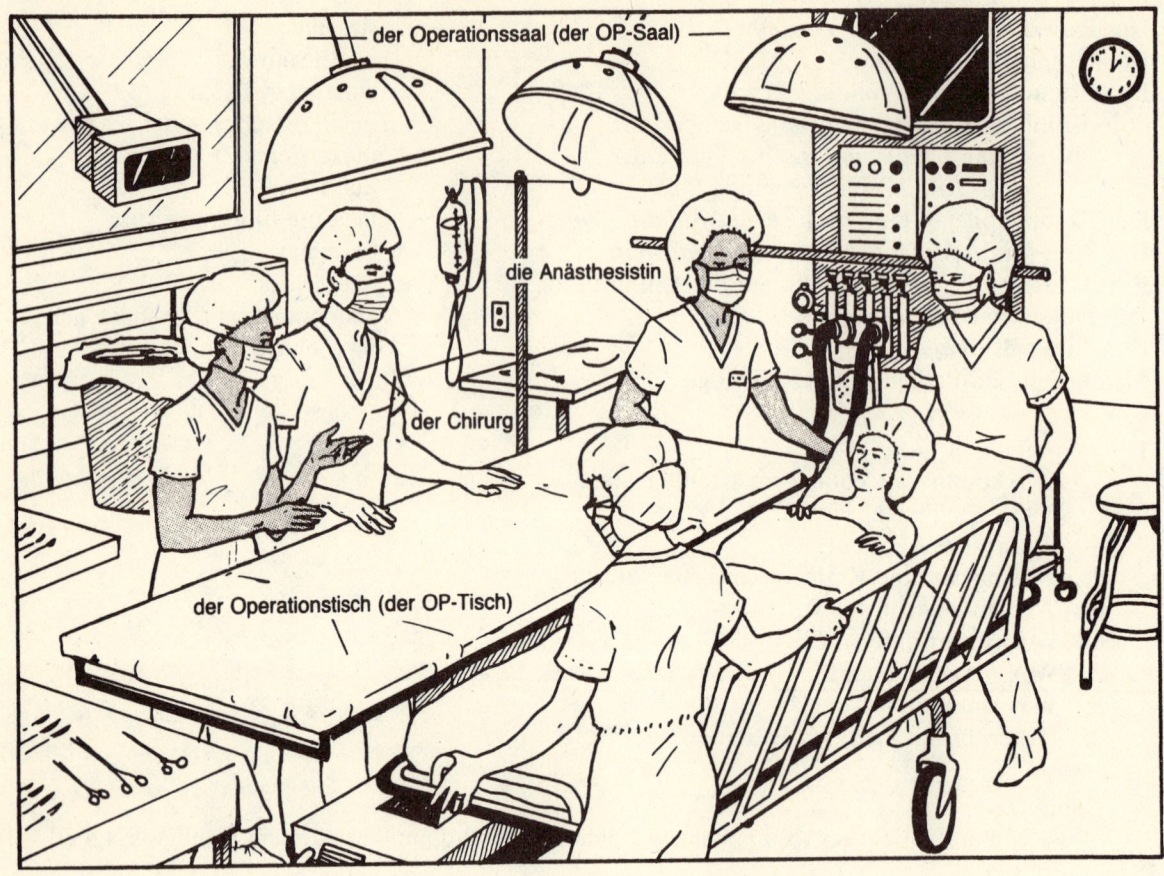

der Operationssaal (der OP-Saal)

die Anästhesistin

der Chirurg

der Operationstisch (der OP-Tisch)

Fig. 18-2

Man gibt dem Patienten eine *Spritze* mit einem	injection
Beruhigungsmittel.	tranquilizer
Man *bereitet* den Patienten für die Operation *vor.*	prepare
Auf einer *fahrbaren Trage* bringt man den Patienten in den	gurney
Operationssaal (in den *OP-Saal*).	operating room
Man *legt* ihn auf den *Operationstisch (OP-Tisch).*	place; operating table
Die *Anästhesistin leitet* die Anästhesie *ein.*	anesthesiologist (female);
	introduces
Der *Chirurg* operiert.	surgeon
Die Chirurgin *führt* die Operation *durch.*	operates
Der Patient wird am *Blinddarm* operiert.[4]	appendix
Der Chirung *nimmt* den Blinddarm *heraus.*	takes out
Er *entfernt* ihn.	removes
Der Patient hat eine *Blinddarmentzündung* (akute	appendicitis
Appendizitis).	

---

[4] Other words you may want to know are: *die Blase*, bladder; *die Brust*, breast; *der Dickdarm*, colon; *das Geschwür*, ulcer; *die Zyste*, cyst; *die Hämorrhoiden*, hemorrhoids; *die Polypen*, polyps; *die Eierstöcke* (*Ovarien*), ovaries; *die Hysterektomie*, hysterectomy; *die Gallenblase*, gallbladder; *der graue Star* (*Katarakt*), cataract.

4. Complete.

Der Patient muß _____ werden. Bevor der Arzt den chirurgischen _____
    1   2

vornimmt, und ehe der Patient in den _____ gebracht wird, bekommt er eine Spritze
                                          3

mit einem _____. Der Patient soll nicht nervös sein. Dann wird er auf einer
                4

_____ _____ in den OP-Saal gebracht. Im Op-Saal wird er auf den
        5

OP-_____ gelegt. Die _____ leitet die Anästhesie ein, und dann beginnt der
      6   7

_____ mit der _____. Der Chirurg _____ den Blinddarm.
      8   9   10

5. Give other terms for:
1. einen chirurgischen Eingriff vornehmen
2. der Eingriff
3. am Blinddarm operieren
4. Appendizitis

IN THE RECOVERY ROOM[5]

Nach einer Operation wird der Patient in den
   Beobachtungsraum gebracht.   recovery room
Im Beobachtungsraum bekommt er vielleicht *Sauerstoff*.   oxygen
Der Patient liegt nicht in einem *Sauerstoffzelt*.   oxygen tent
Er bekommt *künstliche Ernährung*.   intravenous feeding
Er wird *intravenös ernährt*.   fed intravenously
Die Krankenschwester sagt, daß die *Prognose* nicht   prognosis
   schlecht ist.

6. Complete.
1. Nach der Operation kommt der Patient in den _____.
2. Damit der Patient leichter atmen kann, bekommt er _____.
3. Manchmal bekommt der Patient intravenöse _____.
4. Der Patient war zufrieden, weil man ihm erzählt, daß seine _____ nicht schlecht
   wäre.

IN THE DELIVERY ROOM

Die Frau ist *schwanger*.   pregnant
Sie wird ein *Kind* bekommen.   child
Sie steht vor der *Entbindung*.   delivery
Sie liegt *in den Wehen*.[6]   in labor
Die Wehen sind *schmerzhaft*.   painful

---

[5] After an operation critical patients are taken to a recovery room called *Intensivstation*, supervised by a doctor. Patients not in critical condition after an operation are taken to the *Beobachtungsraum* (literally, observation room).

[6] *Wehen* means both "in labor" and "labor pains."

Die Frau liegt im *Entbindungssaal*.	delivery room
im *Kreißsaal*.	delivery room
Der *Geburtshelfer* ist *bereit*.	obstetrician; ready
Die *Hebamme* hilft der Frau.	midwife

7. Complete.

Die Frau ist _____. Sie steht vor der _____. Jetzt liegt sie in den
                1   2
_____. Im _____ ist der _____ bereit.
   3   4   5

Eines Morgens wachte Holger mit Bauchschmerzen auf. Er konnte nicht aufstehen. Er wußte nicht, was er tun sollte und rief endlich einen Krankenwagen. Der Krankenwagen kam sofort. Man setzte Holder in einen Rollstuhl und brachte ihn ins Krankenhaus. In fünf Minuten war er auf der Unfallstation. Ein Krankenpfleger fühlte seinen Puls, und ein anderer maß den Blutdruck. Ein Arzt kam und fragte nach seinen Symptomen. Holger beschrieb seine Schmerzen. Der Arzt wollte wissen, ob Holger sich übergeben oder Durchfall hätte. Holger sagte nein, daß er nur Bauchschmerzen hätte. Der Arzt untersuchte ihn und sagte, er wollte ihn röntgen. Eine Krankenschwester half Holger in den Rollstuhl und brachte ihn zur Radiologie. Dort machte man sofort Röntgenbilder. Nach einer Stunde erklärte der Arzt Holger, daß er eine akute Appendizitis hätte, und daß ein chirurgischer Eingriff notwendig wäre. Man gab Holger ein Beruhigungsmittel und er schlief fast sofort ein. Die Anästhesistin gab ihm eine Spritze in den rechten Arm und sagte, er sollte bis zehn zählen. Der Chirurg entfernte den Blinddarm und nähte den Schnitt zu. Beim Aufwachen fand sich Holger im Beobachtungsraum wieder. Er hatte Sauerstoffschläuche in der Nase. Er bekam intravenöse Ernährung. Der arme Holger wußte kaum, wo er war, bis die Krankenschwester sagte, daß alles in Ordnung wäre. Die Operation war vorbei, und der Arzt sagte, die Prognose wäre sehr gut. In ein paar Tagen wird er das Krankenhaus verlassen können, nicht auf einer Tragbahre, nicht in einem Rollstuhl, sondern zu Fuß.

8. Complete.

1. Holger hatte _____.
2. Er ist in einem _____ ins Krankenhaus gefahren.
3. Er saß nicht in dem Krankenwagen. Er lag auf einer _____.
4. Im Krankenhaus brachte man ihn auf die _____.
5. Dort maß man seinen _____ und seinen _____.
6. Dem Arzt erklärte er seine _____.
7. Eine Krankenschwester brachte Holger zur _____, wo man _____ machte.
8. Der Arzt mußte einen chirurgischen _____ vornehmen.
9. Ehe sie ihn in den OP-Saal brachten, gaben sie ihm ein _____.
10. Man legte ihn auf den _____.
11. Die _____ gab ihm eine Spritze.
12. Der _____ entfernte den _____.
13. Der Chirurg _____ den Schnitt zu.
14. Holger wachte im _____ auf.
15. Um leichter atmen zu können, hatte er _____ in der Nase.
16. Er bekam _____ Ernährung.
17. Holger war nicht nervös, weil ihm der Chirurg eine gute _____ voraussagte.

Key Words

die Anästhesie   anesthesia

der Anästhesist,   anaestheiologist
   die Anästhesisten   (male)

die Anästhesistin,   anesthesiologist
   die Anästhesistinnen   (female)

die Appendizitis   appendicitis

der Assistenzarzt,
   die Assistenzärzte   intern (male)

die Assistenzärztin,
   die Assistenzärztinnen   intern (female)

atmen   to breathe

die Aufnahme, die Aufnahmen   admission

aufnehmen   to admit (hospital)

die Bauchschmerzen   stomach pains

der Beobachtungsraum,
   die Beobachtungsräume   recovery room

bereit   ready

das Beruhigungsmittel,
   die Beruhigungsmittel   tranquilizer

die Blase, die Blasen   bladder

die akute   acute
   Blinddarmentzündung   appendicitis

der Blutdruck   blood pressure

der Chirurg, die Chirurgen   surgeon (male)

die Chirurgin,
   die Chirurginnen   surgeon (female)

einen chirurgischen
    Eingriff vornehmen   to operate

der Dickdarm, die Dickdärme   colon

der Eierstock, die Eierstöcke   ovary

der Eingriff,
   die Eingriffe   operation, intervention

die Entbindung,
   die Entbindungen   delivery

der Entbindungssaal,
   die Entbindungssäle   delivery room

entfernen   to remove

die Ernährung   feeding (food)

ernst   serious

das Formular,   form (document to fill
   die Formulare   out)

die Gallenblase,
   die Gallenblasen   gallbladder

der Geburtshelfer,
   die Geburtshelfer   obstetrician (male)

die Geburtshelferin,   obstetrician
   die Geburtshelferinnen   (female)

das Geschwür, die Geschwüre   ulcer

die Hämorrhoiden   hemorrhoids

die Hebamme, die Hebammen   midwife

herausnehmen   to take out

die Hysterektomie   hysterectomy

die Intensivstation,
   die Intensivstationen   intensive care

intravenös   intravenous

die Katarakt   cataract

die Klinik, die Kliniken   clinic, hospital

das Krankenhaus,
   die Krankenhäuser   hospital

die Krankenkasse,
   die Krankenkassen   health insurance

der Krankenpfleger,
   die Krankenpfleger   nurse (male)

die Krankenpflegerin,   nurse
   die Krankenpflegerinnen   (female)

die Krankenschwester,
   die Krankenschwestern   nurse (female)

der Krankenwagen,
   die Krankenwagen   ambulance

der Kreißsaal, die Kreißsäle   delivery room

legen   to put, place

die Mandeln   tonsils

messen   to measure, take (e.g. blood
       pressure, temperature)

die Nahrung   food

die Operation, die Operationen   operation

eine Operation durchführen   to operate

der Operationssaal,
   die Operationssäle   operating room

der Operationstisch,
   die Operationstische   operating table

operieren   to operate

die Ovarien   ovaries

der Patient, die Patienten   patient (male)

die Patientin,
   die Patientinnen   patient (female)

die Polypen   polyps

die Prognose, die Prognosen   prognosis

der Puls   pulse

die Radiologie   radiology

der Rettungswagen   ambulance

der Rollstuhl, die Rollstühle   wheelchair

röntgen   to take x-rays

die Röntgenaufnahme,   x-ray (image,
   die Röntgenaufnahmen   film)

das Röntgenbild,
   die Röntgenbilder   x-ray (image, film)

der Sauerstoff   oxygen

der Sauerstoffschlauch,
   die Sauerstoffschläuche   oxygen tube
das Sauerstoffzelt,
   die Sauerstoffzelte   oxygen tent
der Schmerz, die Schmerzen   pain
schmerzhaft   painful
der Schnitt, die Schnitte   cut, incision
schwanger   pregnant
die Schwangerschaft,
   die Schwangerschaften   pregnancy
die Spritze, die Spritzen   injection, shot

der graue Star   cataract
die Tragbahre, die Tragbahren   stretcher
die Unfallstation,
   die Unfallstationen   emergency room
der Unfallwagen,
   die Unfallwagen   ambulance
untersuchen   to examine
voraussagen   to predict
vorbereiten   to prepare
die Wehe, die Wehen   labor, labor pains
die Zyste, die Zysten   cyst

Chapter 19: At the theater and the movies

Kapitel 19: Im Theater und im Kino

SEEING A SHOW

Ich möchte ins *Theater* gehen.	theater
Was für ein *Stück* wirst du sehen?	play
Schauspiel wirst du sehen?	play
Wirst du eine *Tragödie* sehen?	tragedy
eine *Komödie* sehen?	comedy
Ich möchte ein *Musical* sehen.	musical
ein *Varieté* sehen.	variety show
Welcher *Schauspieler* (welche *Schauspielerin*) spielt mit?	actor; actress
Wer *spielt* die *Rolle* des Faust?	plays; part, role
Wer ist der *Held* (die *Heldin*)?	hero; heroine
Das Stück hat drei *Akte.*	acts
Jeder Akt hat zwei *Szenen.*	scenes
Nach dem zweiten Akt ist eine *Pause.*	intermission
Der Schauspieler (die Schauspielerin) *erscheint auf der Bühne.*	appears on stage
Die *Zuschauer* applaudieren.	spectators, audience
Die Zuschauer *klatschen.*	clap, applaud
Die *Vorstellung* (die Aufführung) gefällt ihnen.	performance
Der Vorhang hebt sich.	The curtain rises.
Der Vorhang *fällt.*	falls

1. Complete.
1. Warum gehen wir nicht ins ＿＿＿＿＿＿? Ich möchte ein Theaterstück sehen.
2. Ich möchte keine Tragödie sehen. Ich ziehe eine ＿＿＿＿＿ vor.
3. Der ＿＿＿＿＿ Uwe Ochsenknecht spielt die Rolle des Königs und die Schauspielerin Katja Riemann spielt die Rolle der Königin.
4. Sie hat die wichtigste Rolle. Sie ist die ＿＿＿＿＿.
5. Das Stück ist ziemlich lang. Es hat fünf ＿＿＿＿＿ und jeder Akt hat zwei ＿＿＿＿＿.
6. Nach jedem Akt fällt der ＿＿＿＿＿.
7. Zwischen dem dritten und dem vierten Akt ist eine ＿＿＿＿＿ von zwanzig Minuten.
8. Alle Zuschauer applaudieren, wenn die Heldin zum ersten Mal ＿＿＿＿＿ ＿＿＿＿＿ erscheint.
9. Die Zuschauer applaudieren, weil ihnen die ＿＿＿＿＿ gefällt.
10. Wenn ihnen die Vorstellung gefällt, dann ＿＿＿＿＿ sie.

2. Give the right answer.
1. Wer applaudiert?
2. Wer spielt eine Rolle?
3. Wo erscheint der Schauspieler?
4. Was kommt nach dem zweiten Akt?

AT THE TICKET WINDOW (Fig. 19-1)

Fig. 19-1

An der *Theaterkasse*	ticket window, box office
Gibt es noch *Karten* für die *Vorstellung heute abend*?	tickets; tonight's performance
Es tut mir leid. Es ist alles *ausverkauft*.	sold out
Gibt es noch Karten im *Parkett* für die Vorstellung von morgen?	orchestra
Ich möchte im *ersten Rang* sitzen.	mezzanine
im *zweiten Rang* sitzen.	balcony
Ich möchte auf dem *Heuboden* sitzen.	top balcony
Ich möchte zwei Plätze im Parkett.	
Ich möchte einen Platz in der *Loge*.	box
Ich möchte zwei Plätze *in der ersten Reihe* des ersten Rangs.	in the front row
Wieviel kosten die Karten?	How much are
Hier sind Ihre *Eintrittskarten*.	(admission) tickets
Sie haben die Plätze 15 und 16 in *Reihe* D.	row
Um wieviel Uhr *beginnt* die Vorstellung?	starts
Wir können unsere Mäntel an der *Garderobe* abgeben.	cloakroom, checkroom
Die *Platzanweiserin* (der *Platzanweiser*) verteilt Programme.	usher; gives out
Der *Kassierer* (die *Kassiererin*) *verkauft* die Theaterkarten.	cashier; sells

3. Complete.

An der _____
1

—Gibt es _____ Karten für die _____ heute abend?
2   3

—Nein, es ist alles _____. Aber es gibt noch _____ für die Vorstellung von
4   5

morgen.

—Morgen ist auch gut.

—Möchten Sie lieber im _____, im _____ oder im _____ sitzen?
6   7   8

—Ich möchte zwei _____ im Parkett, bitte.
9

—Oh, Entschuldigung! Es tut mir leid. Für die Vorstellung morgen abend ist das Parkett

ausverkauft. Aber ich habe noch einige Plätze im ersten _____.
10

—Das ist mir recht. Wieviel _____ die Karten?
11

—35,– Mark pro Karte.

—Gut, ich nehme sie.

—Hier sind Ihre _____. Sie sind in _____ A im ersten Rang.
12   13

—Vielen Dank. Um wieviel Uhr _____ die Vorstellung?
14

—Um Punkt acht Uhr _____ sich der Vorhang.
15

4. Read the conversation and answer the questions that follow.

Karin: Warst du heute an der Theaterkasse?

Jutta: Ja, ich war dort.

Karin: Und, gehen wir heute abend ins Theater?

Jutta: Heute abend nicht. Es gab keine Karten mehr. Es war alles ausverkauft, aber ich habe
zwei Karten für die Vorstellung morgen abend.

Karin: Das ist gut. Sitzen wir im Parkett?

Jutta: Nein, es gab keine Karten mehr für das Parkett, aber sie hatten noch zwei Karten für den
ersten Rang. Wir sitzen in der ersten Reihe des ersten Rangs.

Karin: Von dort kann man gut sehen. Ich sitze nicht gern im zweiten Rang oder auf dem
Heuboden. Von dort sieht man nicht gut. Ich sitze lieber im Parkett oder im ersten
Rang.

1. Wo war Jutta heute?
2. Gehen Jutta und Karin heute ins Theater?
3. Was gab es nicht für die Vorstellung von heute abend?
4. War die Vorstellung morgen abend auch ausverkauft?
5. Wie viele Karten hat Jutta für morgen bekommen?
6. Sitzen sie im Parkett?
7. Warum nicht?
8. Wo werden Jutta und Karin sitzen?
9. Warum sitzt Karin nicht gern im zweiten Rang oder auf dem Heuboden?
10. Wo sitzt sie am liebsten?

5. Correct each statement.
1. Man kann die Theaterkarten an der Garderobe kaufen.
2. Die Kassiererin (der Kassierer) zeigt den Zuschauern ihre Plätze.
3. Im Theater kann man den Mantel an der Theaterkasse abgeben.
4. Der Vorhang fällt, wenn die Vorstellung beginnt.
5. Im Theater sieht man vom zweiten Rang am besten.

AT THE MOVIES

Im *Kino*	movies
Welcher Film *wird* heute *gespielt*?	is being played
gezeigt?	shown
Welcher Film läuft heute?	
Welcher Schauspieler *spielt* in dem Film *mit*?	is playing, acting
Gibt es *noch Karten* für heute abend?	tickets still available
Ich möchte nicht *zu nahe* an der *Leinwand* sitzen.	too close; screen
Es ist ein amerikanischer Film, der *synchronisiert* worden ist	dubbed
(*in deutscher Synchronisation*).	dubbed in German
Wo wurde der Film *gedreht*?	shot

6. Complete.
1. Im Kino Metro wird ein neuer _____ von Doris Dörrie _____.
2. Es ist ein deutscher Film; er wurde in Hamburg _____.
3. Ich verstehe nicht sehr gut deutsch. Wissen Sie, ob der Film _____ worden ist?
4. Warum gehen wir nicht in den Film, wenn es noch _____ gibt?
5. Im Kino sitze ich nicht gern nahe an der _____.

Key Words

abgeben to leave, check (coats)	*die Garderobe,*
der Akt, die Akte act	*die Garderoben* cloakroom, checkroom
anfangen to begin	*der Held, die Helden* hero
applaudieren to applaud	*die Heldin, die Heldinnen* heroine
die Aufführung,	*der Heuboden, die Heuböden* top balcony
die Aufführungen performance	*die Karte, die Karten* ticket
ausverkauft sold out	*der Kassierer, die Kassierer* cashier (male)
beginnen to begin	*die Kassiererin,*
die Bühne, die Bühnen stage	*die Kassiererinnen* cashier (female)
das Drama, die Dramen drama	*das Kino, die Kinos* movie theater
einen Film drehen to shoot a film	*klatschen* to clap, applaud
die Eintrittskarte,	*die Komödie, die Komödien* comedy
die Eintrittskarten admission ticket	*die Leinwand, die Leinwände* screen
(auf der Bühne) erscheinen to appear (on stage)	*die Loge, die Logen* box
	der Logenplatz, die Logenplätze box seat
fallen to fall	*das Musical, die Musicals* musical
der Film, die Filme film, movie	*das Parkett, die Parkette* orchestra

die Pause, die Pausen   intermission
der Platz, die Plätze   seat
der Platzanweiser,
   die Platzanweiser   usher (male)
die Platzanweiserin,
   die Platzanweiserinnen   usher (female)
das Programm, die Programme   program
der erste Rang,
   die ersten Ränge   mezzanine
der zweite Rang,
   die zweiten Ränge   balcony
die Reihe, die Reihen   row
die Rolle, die Rollen   part, role
das Schauspiel,
   die Schauspiele   (theater) play
der Schauspieler, die Schauspieler   actor
die Schauspielerin,
   die Schauspielerinnen   actress

spielen   to play
das Stück, die Stücke   play
synchronisieren   to dub
die Szene, die Szenen   scene
das Theater, die Theater   theater
die Theaterkasse,   ticket window, box
   die Theaterkassen   office
das Theaterstück, die Theaterstücke   play
die Tragödie, die Tragödien   tragedy
das Varieté   variety show
verkaufen   to sell
der Vorhang, die Vorhänge   curtain
die Vorstellung,
   die Vorstellungen   show, performance
vorziehen   to prefer
zeigen   to show, present
der Zuschauer, die Zuschauer   spectator

Chapter 20: Sports
Kapitel 20: Der Sport

SOCCER[1] (Fig. 20-1)

Dies ist eine *Fußballmannschaft*.	soccer team
Jede Mannschaft *besteht* aus elf *Spielern*.	consists; players
Die Mannschaft ist auf dem *Fußballfeld*.	soccer field
Die Spieler *spielen* den Ball.	kick
Der *Torwart hütet* das *Tor*.	goaltender; guards; goal
Er *fängt* den Ball.	catches
Der Spieler *spielt einen Paß*.	passes
Er *schießt* den Ball *nach vorne*.	shoots; forward
zur Seite.	sideways
nach rechts.	to the right
nach links.	to the left
Er *umdribbelt* seinen *Gegenspieler*.	dribbles around; opponent
Der Spieler *schießt eine Flanke* nach links.	makes a long pass
Der Spieler *spielt* seinem Mitspieler den Ball *zu*.	makes a short pass
Der Spieler *schießt ein Tor*.	makes (shoots) a goal
schießt auf das Tor.	shoots at the goal
Der *Schiedsrichter pfeift*.	referee; whistles
Er pfeift ein Foul.[2]	
Der Schiedsrichter hat *wegen eines* Fouls abgepfiffen.	because of
Es ist das *Ende* der *ersten Halbzeit*.	end; first period (first half)
Das Spiel ist *unentschieden*.	tied
Es war ein *torloses Unentschieden*.	no-score game
Keine Mannschaft hat gewonnen.	Neither team won.
Auf der *Anzeigetafel* steht der *Spielstand*.	scoreboard; score

1. Answer.
1. Wie viele Spieler gibt es in einer Fußballmannschaft?
2. Wie viele Mannschaften spielen in einem Fußballspiel?
3. Wo spielen die Spieler?
4. Wer hütet das Tor?
5. Was will der Torwart tun?
6. Was macht der Spieler mit dem Ball?
7. Wer pfeift ein Foul?
8. Was steht auf der Anzeigetafel?

---

[1] Soccer is by far the most popular spectator sport in Germany. The eighteen best teams comprise the *erste Bundesliga*. The bottom three are rotated out each year and the three best teams from the *zweiten Bundesliga* are rotated in. Well-known teams include *FC Bayern München, Borussia Dortmund, Hansa Rostock, FC Schalke 04*, and *VfB Stuttgart*. Basketball is becoming increasingly popular in Germany. Golf and tennis are also growing in popularity. (Note: *FC* stands for *Fußballclub* and *VfB* for *Verein für Ballspiele*.)

[2] Pronounced *Faul* (as in *Haus*).

Fig. 20-1

2. Complete.

Das Fußballspiel beginnt. Die beiden _____ sind auf dem _____.
　　　　　　　　　　　　　　　　　　　　　　　1　　　　　　　　　　　　　　　　　2

Insgesamt spielen _____ Spieler in jeder Mannschaft. Ein Spieler _____ den
　　　　　　　　　　　　　3　　　　　　　　　　　　　　　　　　　　　　　　　　4

Ball zur Seite. Sein Mitspieler versucht den Ball ins _____ zu schießen. Der Torwart
　　　　　　　　　　　　　　　　　　　　　　　　　　　5

_____ aber den Ball. Es ist schon das Ende der ersten _____ und das Spiel
　　　6　　　　　　　　　　　　　　　　　　　　　　　　　　　　　　7

ist immer noch ein torloses _____. Keine Mannschaft hat gewonnen.
　　　　　　　　　　　　　　　8

TENNIS

Dies ist ein *Tennisturnier.*	tennis tournament
Die *beiden Spieler* sind auf dem *Tennisplatz.*	both players; tennis court
Jeder hat einen *Tennisschläger.*	tennis racket
Sie spielen ein *Einzel.*	singles match
Sie spielen kein *Doppel.*	doubles match
Ein Spieler *hat Aufschlag.*	serves the ball
Er steht an der *Grundlinie.*	baseline
Er hat seinen *Aufschlag* nicht *verloren.*	serve; lost
Er *gewinnt* den *Punkt.*	wins; point

Der zweite Spieler *schlägt* den Ball *zurück*.	returns
Er *schlägt* den Ball über das *Netz*.	hits; net
Der Ball ist *außerhalb* des *Spielfeldes*.	out of; court
Der Ball ist aus.	
Der Spieler schlägt den Ball ins Netz.	
ins *Aus*.	out
Es ist ein *Netzball*.	net ball
Wie ist der *Spielstand*?	score
Er ist *15–Null*.	15–love
Der Spieler *gewann* zwei von drei *Sätzen*.	won; sets
Wenn man zwei von drei Sätzen *gewinnt*, gewinnt man das Match.	wins

3. Complete.

1. Im Einzel spielen zwei Spieler, im _____ vier.
2. Um Tennis zu spielen, braucht man Tennisbälle und einen _____.
3. Tennis spielt man auf dem _____.
4. Beim Tennisspiel muß man den Ball über das _____ schlagen.
5. Wenn der Ball das Netz berührt, ist es ein _____.
6. Der Spieler, der _____ hat, schlägt den Ball über das Netz. Der andere Spieler schlägt ihn zurück.
7. Wenn ein Spieler einen _____ gewonnen hat und der andere nicht, dann steht das Spiel 15–Null.
8. Der Ball ist _____, wenn er außerhalb des Spielfeldes landet.

Key Words

die Anzeigetafel,
  die Anzeigetafeln   scoreboard
der Aufschlag,
  die Aufschläge   serve (tennis)
aus   out
außerhalb   out, outside
der Ball, die Bälle   ball
berühren   to touch
das Doppel,
  die Doppel   doubles match (tennis)
das Einzel,
  die Einzel   singles match (tennis)
das Ende   end
fangen   to catch, stop (a ball)
eine Flanke schießen   to make a long pass
das Foul, die Fouls   foul
führen   to pass
das Fußballfeld,
  die Fußballfelder   soccer field
die Fußballmannschaft,
  die Fußballmannschaften   soccer team

der Gegenspieler,
  die Gegenspieler   opponent
gewann   won
gewinnen   to win
die Grundlinie,
  die Grundlinien   baseline (tennis)
die Halbzeit,
  die Halbzeiten   period, half (soccer)
hüten   to guard
die Mannschaft, die Mannschaften   team
das Match, die Matches   match (tennis)
der Mitspieler,
  die Mitspieler   fellow player, team mate
das Netz, die Netze   net
der Netzball, die Netzbälle   net ball
null   zero, (tennis) love
einen Paß schießen   to pass (soccer)
passen   to pass
pfeifen   to whistle
der Punkt, die Punkte   point
der Satz, die Sätze   set (tennis)

der Schiedsrichter,
  die Schiedsrichter referee
schießen to shoot, kick
schwer difficult
zur Seite sideways
das Single,
  die Singles singles match (tennis)
spielen to play, pass
der Spieler, die Spieler player
das Spielfeld, playing field, (tennis)
  die Spielfelder court
der Spielstand, die Spielstände score
der Tennisball, die Tennisbälle tennis ball
der Tennisplatz,
  die Tennisplätze tennis court

der Tennisschläger,
  die Tennisschläger tennis racket
das Tennisturnier,
  die Tennisturniere tennis tournament
das Tor, die Tore goal
ein Tor schießen to make a goal, score a
                     point
ein torloses Unentschieden no-score game
der Torwart, die Torwarte goaltender
treten to kick
umdribbeln to dribble around
unentschieden tied
verloren lost
nach vorne forward
zurückschlagen to return (ball)

Chapter 21: The computer
Kapitel 21: Der Computer

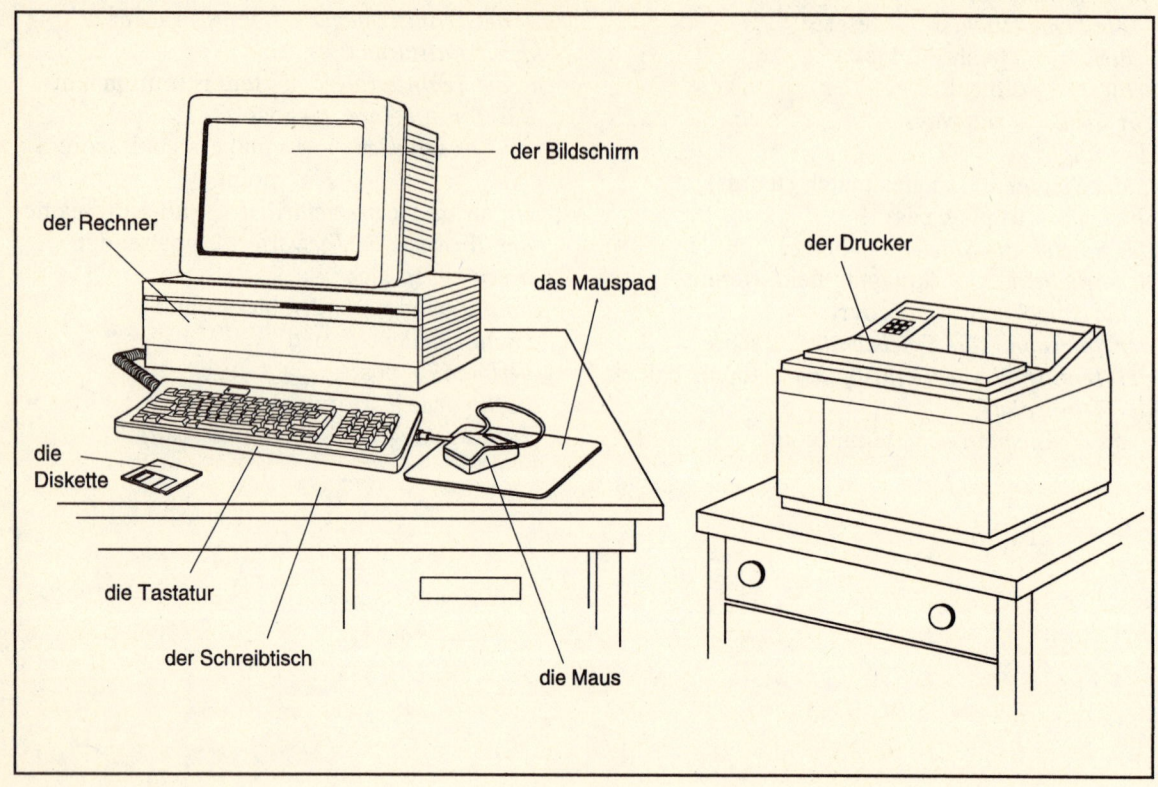

Fig. 21-1

WORKING ON THE COMPUTER (Fig. 21-1)

Der Computer steht auf dem *Schreibtisch.*	desk
Der Monitor steht auf dem *Rechner.*	CPU
Der *Bildschirm* soll in *Augenhöhe* stehen.	screen; eye level
Neben dem Computer *liegt* eine Diskette.	next to; lies
Rechts von der *Tastatur* liegt die *Maus.*	keyboard; mouse
Die Maus liegt auf dem *Mauspad.*	mouse pad
Ich *schalte* den Computer *ein.*	turn on
Ich *schalte* den Computer *aus.*	turn off
Das Menü *erscheint* auf dem Bildschirm.	appears
Ich *wähle* ein Programm *aus.*	select, choose
Ich wähle ein *Textverarbeitungsprogramm.*	word processing program
Ich *klicke* mit der Maus.	click
Ich stecke eine Diskette in den Rechner.	

1. Complete.
  1. Ich arbeite im Büro und arbeite oft am _____.
  2. Der Computer steht auf meinem _____.

3.　Der _____ steht auch auf dem Schreibtisch.
4.　Der Text erscheint auf dem _____.
5.　Ich stecke eine neue Diskette in den _____.
6.　Wenn ich mit der Arbeit fertig bin, _____ ich den Rechner _____.

SAVING A DOCUMENT

Ich *suche* eine *Datei aus.*	select; file
Ich *öffne* die Datei.	open
Ich will sie *aktualisieren.*	bring up to date
Ich *gebe* neue *Daten ein.*	input; data
Ich mache eine *Rechtschreibprüfung.*	spell check
Dann *speichere* ich die neue Datei.	save
Ich speichere die Datei unter dem Namen	
RECHNUNG.DOC	invoice
Ich speichere meine Datei auf der *Festplatte.*	hard drive
Der *Drucker* ist auch auf meinem Schreibtisch.	printer
Dann schalte ich den Drucker ein.	
Ich *drucke* das Dokument.	print
Ich mache eine Hardcopy.	
Ich schalte den Drucker aus.	
Ich *lege* eine neue Datei *an*.	create
Ich mache eine *Sicherungsdatei* auf einer Diskette.	backup file
Ich *schließe* meine neue Datei.	close
Ich *beende* meine *Sitzung.*	end; session

2.　Put in the right order.
1.　Sitzung beenden
2.　Drucker einschalten
3.　Datei speichern
4.　Daten eingeben
5.　Datei öffnen
6.　Rechtschreibprüfung
7.　Dokument drucken
8.　Datei schließen

3.　Based on Fig. 21-2, identify the following items.
1.　Bildschirm/Monitor
2.　Rechner
3.　Tastatur
4.　Maus
5.　Mauspad
6.　Diskette
7.　Schreibtisch
8.　Drucker

4.　Complete.
1.　Ich suche eine Datei aus und klicke mit der _____.
2.　Wenn ich mit meiner Computerarbeit fertig bin, beende ich die _____.

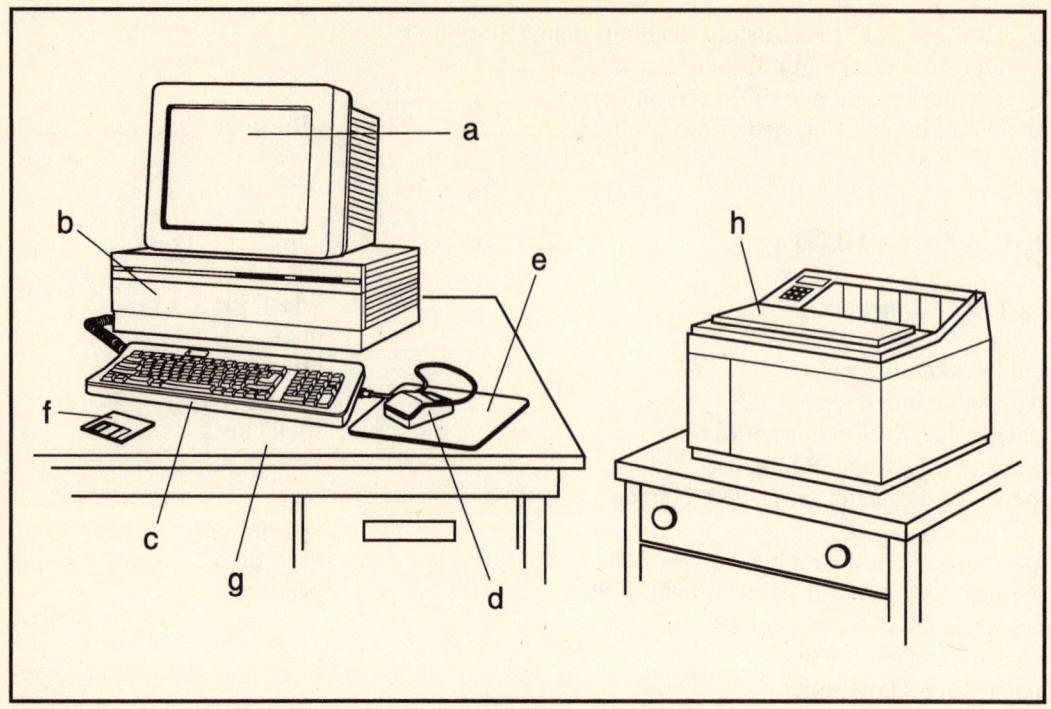

Fig. 21-2

3. Wenn ich eine neue Datei anlege, muß ich sie unter einem Namen _____.
4. Um zu drucken, muß ich den _____ anschalten.
5. Wenn ich eine alte Datei aktualisieren will, muß ich sie _____.
6. Ich mache immer eine Sicherungsdatei auf einer _____.
7. Ich schreibe einen Brief in einem _____.
8. Der _____ soll in Augenhöhe stehen.

Key Words

aktualisieren to update	*die Daten* data
anlegen to create	*die Diskette,*
die Augenhöhe eye level	*die Disketten* diskette, floppy disk
anschalten to turn on	*das Dokument, die Dokumente* document
ausschalten to turn off	*drucken* to print
aussuchen select, choose	*der Drucker, die Drucker* printer
auswählen select, choose	*eingeben* to input
beenden to exit, end	*einschalten* to turn on
benennen to name	*erscheinen* to appear
der Bildschirm, die Bildschirme monitor	*die Festplatte, die Festplatten* hard drive
das Büro, die Büros office	*klicken* to click
der Computer, die Computer Computer	*die Maus, die Mäuse* mouse
die Datei, die Dateien file	*das Mauspad, die Mauspads* mouse pad

das Menü, die Menüs   menu
der Monitor, die Monitore   monitor
öffnen   to open
der Rechner, die Rechner   CPU
die Rechtschreibprüfung,
    die Rechtschreibprüfungen   spell check
schließen   to close
der Schreibtisch, die Schreibtische   desk
die Sicherheitskopie,
    die Sicherheitskopien   back up

die Sitzung,
    die Sitzungen   session (computer)
speichern   to save
stecken   to put
die Tastatur, die Tastaturen   keyboard
das Textverarbeitungsprogramm,
    die Textverarbeitungsprogramme
                        word processing program

Appendix 1: Days of the week
Anhang 1: Die Tage der Woche

Montag	Dienstag	Mittwoch	Donnerstag	Freitag	Sonnabend	Sonntag
			1	2	3	4
5	6	7	8	9	10	11
12	13	14	15	16	17	18
19	20	21	22	23	24	25
26	27	28	29	30	31	

Montag, Dienstag, Mittwoch, Donnerstag, Freitag,
   Sonnabend (Samstag), Sonntag
Montag ist der erste Tag der Arbeitswoche.
Der zweite Tag ist Dienstag.
Montags ist Vorlesung.   on Mondays
Ich komme (am) *Montag* zurück.   on Monday

das Wochenende	weekend
der Wochentag	weekday
der Feiertag	holiday
der Werktag	weekday (workday)
der Namenstag	saint's day
der Geburtstag	birthday
Weihnachten	Christmas
Heiligabend (der heilige Abend)	Christmas Eve
der Erste Weihnachtstag	December 25
der Zweite Weihnachtstag	December 26
Neujahr	New Year's Day
das neue Jahr	new year
Silvester (Sylvester)	New Year's Eve
Ostern	Easter
Ostersonntag	Easter Sunday
Ostermontag	Easter Monday
Karfreitag	Good Friday
Pfingsten	Pentecost, Whitsun
der Maifeiertag (der Erste Mai)	May Day

Appendix 2: Months of the year and dates
Anhang 2: Die Monate des Jahres und Daten

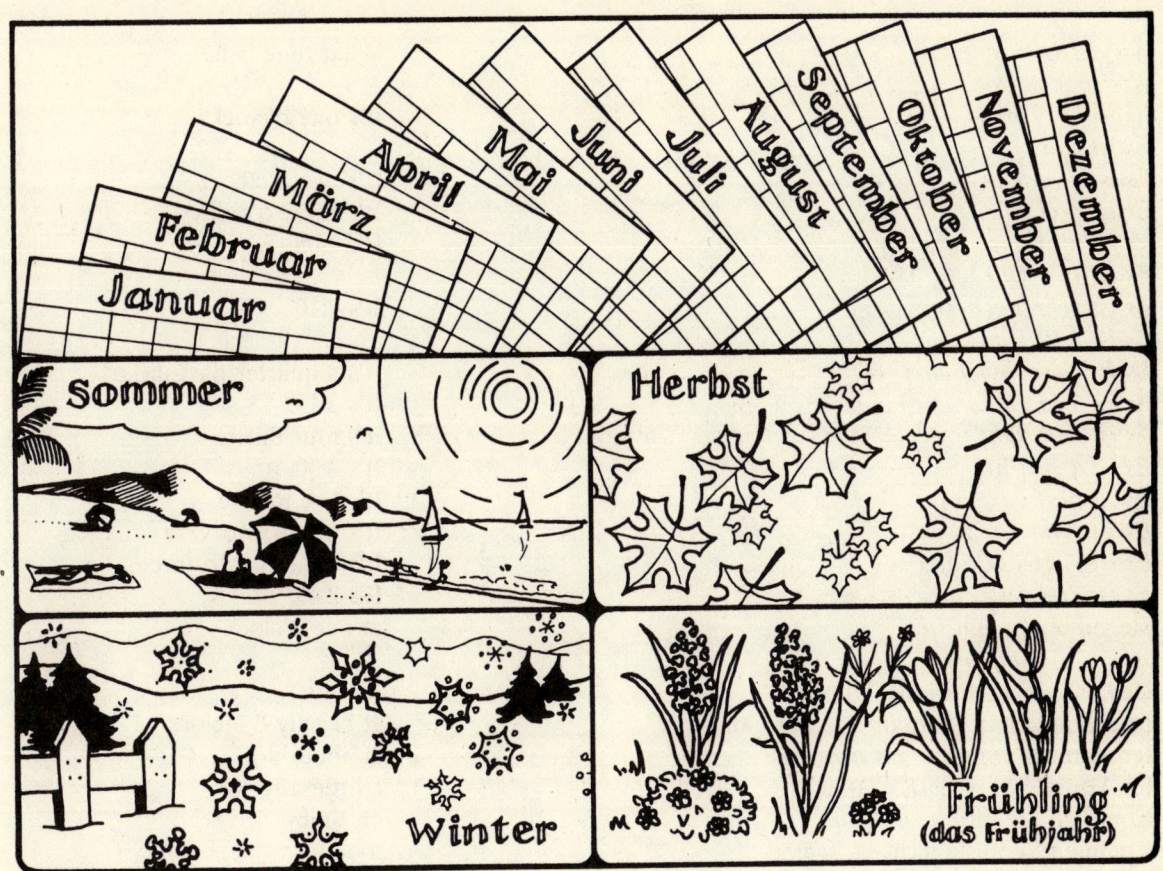

Januar	*Juli*	*der Sommer*	summer
Februar	*August*	*der Herbst*	fall
März	*September*	*der Frühling (das Frühjahr)*	spring
April	*Oktober*	*der Winter*	winter
Mai	*November*		
Juni	*Dezember*		

Was ist heute für ein Tag?

Welchen haben wir heute?

Welches Datum haben wir heute?

Heute ist der achtzehnte[1] April.

Heute ist Donnerstag, der achtzehnte April.

Heute ist der erste März.

What day is it?

What's today's date?

Today is the 18th of April.

Today is Thursday, the 18th of April.

Today is the first of March.

---

[1] Note that ordinal numbers are used for dates.

Appendix 3: Time and expressions of time
Anhang 3: Die Zeit

Wieviel Uhr ist es? }	What time is it?
Wie spät ist es?	
Es ist ein Uhr. }	It's one o'clock.
Es ist eins.	
Es ist zwei Uhr.	It's two o'clock.
Es ist drei Uhr.	It's three o'clock.
Es ist fünf nach eins. }	It's 1:05.
Es ist 1.05 Uhr.[1]	
Es ist zehn nach zwei. }	It's 2:10.
Es ist 2.10 Uhr.	
Es ist viertel nach drei.	It's a quarter past three.
Es ist 3.15 Uhr.	It's 3:15.
Es ist halb fünf.	It's four thirty.
Es ist 4.30 Uhr.	It's 4:30.
Es ist fünf vor eins.	It's five to one.
Es ist zehn vor zwei.	It's ten to two.
Es ist viertel vor drei.	It's a quarter to three.
Es ist dreiviertel drei.	It's 2:45.
Sie gehen *um ein Uhr.*	at one o'clock
um eins.	
Der Zug fährt um 14.10 Uhr ab.[2]	
Ich komme *pünktlich um acht Uhr* an.	at exactly 8 o'clock
Ich komme *ungefähr um acht* an.	at about 8
Ich komme *kurz nach acht* an.	a little after 8
Kommen Sie bitte *pünktlich.*	on time
Kommen Sie bitte nicht *zu spät.*	too late
Kommen Sie bitte nicht zu *früh.*	early
Wir kommen *morgens* an.	in the morning
nachmittags an.	in the afternoon
abends an.	in the evening
Wir kommen um vier Uhr *morgens* an.	in the morning
nachmittags an.	in the afternoon

DIVISIONS OF TIME

die Sekunde	second
die Minute	minute
die Stunde	hour

---

[1] Say: *Es ist ein Uhr fünf.*

[2] The 24-hour clock is always used for train and plane schedules, etc. If you don't use it generally, you have to specify *morgens, nachmittags,* etc.

der Tag	day
die Woche	week
zwei Wochen, vierzehn Tage	two weeks
der Monat	month
das Jahr	year
das Jahrhundert	century

OTHER IMPORTANT TIME EXPRESSIONS

die Dämmerung *die Morgendämmerung* *der Tagesanbruch*	dawn, daybreak
die Dämmerung *die Abenddämmerung* *der Einbruch der Dunkelheit*	dusk, twilight
morgens *am Morgen* *in der Frühe*	in the morning
frühmorgens *am frühen Morgen*	early in the morning
der Morgen	the morning
der Nachmittag	the afternoon
der Abend	the evening
die Nacht	the night
der Mittag	noon
morgens	in the morning, mornings
mittags	at midday
nachmittags	in the afternoon
abends	in the evening, evenings
nachts	at night
tagsüber	during the day
um zwölf Uhr mittags	at twelve noon
um Mitternacht	at midnight
heute	today
morgen	tomorrow
übermorgen	the day after tomorrow
morgen früh	tomorrow morning
gestern	yesterday
gestern morgen	yesterday morning
vorgestern	the day before yesterday
bis Montag	until/by Monday
letztes Jahr	last year
im letzten Jahr	(during the) last year
nächstes Jahr	next year
im nächsten Jahr	(during the) next year
vor einem Jahr	a year ago
vor zwei Jahren	two years ago
am Zweiten des Monats	on the second of this month
um die Jahrhundertwende	around the turn of the century
um die Mitte letzten Jahres	around the middle of last year

um das Ende dieses Jahres	around the end of this year
um das Ende des Monats	around the end of the month
am Monatsende	at the end of the month
zum Monatsende	toward the end of the month

Appendix 4:   The family
Anhang 4:   Die Familie

die Mutter, die Mütter	mother
der Vater, die Väter	father
die Eltern	parents
die Tochter, die Töchter	daughter
der Sohn, die Söhne	son
die Schwester, die Schwestern	sister
der Bruder, die Brüder	brother
die Geschwister	siblings
die Großmutter (Oma), die Großmütter (Omas)	grandmother
der Großvater (Opa), die Großväter (Opas)	grandfather
die Großeltern	grandparents
die Urgroßmutter (Uroma), die Urgroßmütter (Uromas)	great-grandmother
der Urgroßvater (Uropa), die Urgroßväter (Uropas)	great-grandfather
die Tante, die Tanten	aunt
der Onkel, die Onkel	uncle
die Nichte, die Nichten	niece
der Neffe, die Neffen	nephew
die Cousine, die Cousinen	cousin (female)
der Cousin (Vetter), die Cousins (Vetter)	cousin (male)
die Schwiegermutter, die Schwiegermütter	mother-in-law
der Schwiegervater, die Schwiegerväter	father-in-law
die Schwiegereltern	parents-in-law
die Schwiegertochter, die Schwiegertöchter	daughter-in-law
der Schwiegersohn, die Schwiegersöhne	son-in-law
die Schwägerin, die Schwägerinnen	sister-in-law
der Schwager, die Schwager	brother-in-law
die Patentante, die Patentanten	godmother
der Patenonkel, die Patenonkel	godfather
die Patin, die Patinnen	godmother
der Pate, die Paten	godfather
das Patenkind, die Patenkinder	godchild

Appendix 5:   Legal Holidays
Anhang 5:   *Gesetzliche Feiertage*

Neujahr	New Year's Day
Heilige Drei Könige[1]	Epiphany
Karfreitag	Good Friday
Ostersonntag	Easter Sunday
Ostermontag	Easter Monday
Maifeiertag (Tag der Arbeit)	May Day (Labor Day)
Christi Himmelfahrt	Ascension
Pfingstsonntag	Whitsunday (Pentecost)
Pfingstmontag	Whitmonday
Fronleichnam[1]	Corpus Christi
Maria Himmelfahrt[1]	Assumption (of the Blessed Virgin Mary)
Tag der Deutschen Einheit	German Unity Day
Reformationstag[1]	Reformation Day
Allerheiligen[1]	All Saints' Day
Buß- und Bettag	Day of Repentance and Prayer
1. Weihnachtstag (Weihnachten)	Christmas Day
2. Weihnachtstag	Second Day of Christmas

[1] These holidays are not observed in all of the *Bundesländer*.

Appendix 6: German-speaking countries and nationalities

Anhang 6: *Deutschsprachige Länder und Nationalitäten*

Land	**Nationalität**
die Bundesrepublik Deutschland	deutsch; der (die) Deutsche, die Deutschen
Österreich	österreichisch; der (die) Österreicher(in), die Österreicher(innen)
die Schweiz	schweizerisch; der (die) Schweizer(in), die Schweizer(innen)
Liechtenstein	liechtensteinisch; der (die) Liechtensteiner(in), die Liechtensteiner(innen)
Luxemburg	luxemburgisch; der (die) Luxemburger(in), die Luxemburger(innen)

Appendix 7:   The German States

Anhang 7:   *Die Bundesländer*

Baden-Württemberg	Baden-Württemberg
Bayern	Bavaria
Berlin	Berlin
Brandenburg[1]	Brandenburg
Bremen	Bremen
Hamburg	Hamburg
Hessen	Hesse
Mecklenburg-Vorpommern[1]	Mecklenburg-Western Pomerania
Niedersachsen	Lower Saxony
Nordrhein-Westfalen	North Rhine Westfalia
Rheinland-Pfalz	Rhineland-Palatinate
Saarland	Saarland
Sachsen[1]	Saxony
Sachsen-Anhalt[1]	Saxony-Anhalt
Schleswig-Holstein	Schleswig-Holstein
Thüringen[1]	Thuringia

[1] Brandenburg, Mecklenburg-Western Pomerania, Saxony, Saxony-Anhalt, and Thuringia are the five new *Bundesländer* that became part of the Federal Republic of Germany after reunification.

Appendix 8:   Numbers
Anhang 8:   Die Zahlen

null	0
eins	1
zwei	2
drei	3
vier	4
fünf	5
sechs	6
sieben	7
acht	8
neun	9
zehn	10
elf	11
zwölf	12
dreizehn	13
vierzehn	14
fünfzehn	15
sechzehn	16
siebzehn	17
achtzehn	18
neunzehn	19
zwanzig	20
einundzwanzig	21
zweiundzwanzig	22
dreiundzwanzig	23
vierundzwanzig	24
fünfundzwanzig	25
sechsundzwanzig	26
siebenundzwanzig	27
achtundzwanzig	28
neunundzwanzig	29
dreißig	30
einunddreißig	31
zweiundvierzig	42
dreiundfünfzig	53
vierundsechzig	64
fünfundsiebzig	75
sechsundachtzig	86
siebenundneunzig	97
hundert	100
zweihundert	200
dreihundert	300
vierhundert	400
fünfhundert	500
sechshundert	600
siebenhundert	700

achthundert	800
neunhundert	900
hundertvierunddreißig[1]	134
zweihundertfünfundfünfzig	255
fünfhundertachtundsechzig	568
siebenhundertneunundachtzig	789
neunhundertneunundneunzig	999
tausend (eintausend)[2]	1,000
zweitausend	2,000
fünftausend	5,000
neuntausend	9,000
eintausendelf	1,011
tausendelf	
tausendvierhundertzweiundneunzig	1,492
vierzehnhundertzweiundneunzig	
tausendsiebenhundertvierundachtzig	1,784
siebzehnhundertvierundachtzig	
tausendachthundertzwölf	1,812
achtzehnhundertzwölf	
tausendneunhundertfünfundachtzig	1,985
neunzehnhundertfünfundachtzig	
eine Million	1,000,000
zwei Millionen	2,000,000
eine Milliarde	1,000,000,000 (1 billion)
zwei Milliarden	2,000,000,000

Die Ordnungszahlen	**Ordinal numbers**
der (die, das) erste	first
zweite	second
dritte	third
vierte	fourth
fünfte	fifth
sechste	sixth
sieb(en)te	seventh
achte	eighth
neunte	ninth
zehnte	tenth

---

[1] Compound numbers are written as one word.

[2] 2,000 is written as 2.000. Periods are used instead of commas and a comma instead of a decimal point. 2,000 is also commonly written with a space in place of the period, for example, 2 000. In Switzerland 2,000 would be expressed as 2′000.

Appendix 9:   Foods
Anhang 9:   *Lebensmittel*

Vegetables   *Das Gemüse*

artichoke   *die Artischocke*
asparagus   *der Spargel*
beans   *weiße Bohnen, rote Bohnen, Wachsbohnen, grüne Bohnen, Schnittbohnen*
beet   *die rote Beete*
broccoli   *der Broccoli (Brokkoli)*
Brussels sprouts   *der Rosenkohl*
cabbage   *der Kohl*
cabbage, red   *der Rotkohl*
cabbage, white   *der Wirsingkohl*
capers   *die Kapern*
carrot   *die Karotte (die Mohrrübe)*
cauliflower   *der Blumenkohl*
celery   *der Sellerie*
chard (Swiss)   *der Mangold*
chicory   *die Chicorée*
chives   *der Schnittlauch*
eggplant   *die Aubergine*
endive   *die Endivie*
garlic   *der Knoblauch*
greens (kale)   *der Braunkohl*
leek   *der Porree*
lentils   *die Linsen*
lettuce   *der Kopfsalat, grüner Salat*
lima beans   *die Limabohnen*
mushroom   *der Pilz, der Steinpilz, der Champignon, der Pfifferling, die Trüffel*
onion   *die Zwiebel*
parsley   *die Petersilie*
peas   *die Erbsen*
peppers   *die Paprikaschote*
potato   *die Kartoffel*
pumpkin   *der Kürbis*
radish   *das Radieschen, der Rettich*
rice   *der Reis*
rutabaga   *die Steckrübe*
shallots   *die Schalotten*
spinach   *der Spinat*
squash   *der Kürbis*
sweet potatoes   *die Batate (Süßkartoffel)*

turnip   *die Steckrübe*
watercress   die Brunnenkresse
zucchini   *die Zucchini*

Fruits   *Das Obst, die Frucht, die Früchte*

apple   *der Apfel*
apricot   *die Aprikose*
avocado   *die Avocado*
banana   *die Banane*
blackberry   *die Brombeere*
blueberry   *die Heidelbeere, die Blaubeere, die Bickbeere, die Schwarzbeere*
cherry   *die Kirsche*
coconut   *die Kokosnuß*
currant (red, black)   *die Johannisbeere*
date   *die Dattel*
fig   *die Feige*
grape   *die Weintraube*
grapefruit   *die Pampelmuse*
lemon   *die Zitrone*
lime   *die Limette*
melon   *die Melone*
orange   *die Apfelsine, die Orange*
papaya   *die Papaya*
peach   *der Pfirsich*
pear   *die Birne*
pineapple   *die Ananas*
plum (blue)   *die Pflaume*
plum (small yellow)   *die Mirabelle*
pomegranate   *der Granatapfel*
prune   *die Zwetsche (Zwetschge)*
raisins   *die Rosinen*
raspberry   *die Himbeere*
rhubarb   *der Rhabarber*
strawberry   *die Erdbeere*
tomato   *die Tomate*
watermelon   *die Wassermelone*

Meats   *Das Fleisch*

bacon   *der Speck*
beef   *das Rindfleisch*

brains (veal; lamb)   *das Kalbshirn; das*
                        Hammelhirn
chopped meat   *das Hackfleisch, Gehacktes*
cold cuts   *der Aufschnitt*
filet mignon   *das Filet Mignon*
ham   *der Schinken*
hard sausage   *die Mettwurst, die Salami*
heart   *das Herz*
kidneys   *die Nieren*
lamb   *das Hammelfleisch*
liver   *die Leber*
meatballs   *die Fleischklößchen*
oxtail   *der Ochsenschwanz*
pork   *das Schweinefleisch*
sausage   *die Wurst*
suckling pig   *das Spanferkel*
sweetbread   *das Kalbsbries*
tongue   *die Zunge*
tripe   *die Kaldaunen*
veal   *das Kalbfleisch*
venison   *das Wild (das Wildbret), das Reh*

herring   *der Hering*
lobster   *der Hummer, die Languste*
mackerel   *die Makrele*
mussels   *die Miesmuscheln*
octopus   *der Oktopus*
oyster   *die Auster*
perch   *der Barsch, Flußbarsch*
prawns   *die Garnelen*
salmon   *der Lachs*
sardine   *die Sardine*
sea bass   *der Seebarsch*
sea urchin   *der Seeigel*
shrimp   *die Garnele, die Krabbe*
snail   *die Schnecke, Weinbergschnecke*
sole   *die Seezunge*
squid   *der Tintenfisch, der Kalmar*
swordfish   *der Schwertfisch*
trout   *die Forelle*
tuna   *der Thunfisch*
turbot   *der Steinbutt*
whiting   *der Merlan, der Weißling*

Fowl   *Das Geflügel*

capon   *der Kapaun, der Kapphahn*
chicken   *das Hähnchen, das Huhn*
duck   *die Ente*
goose   *die Gans*
partridge   *das Rebhuhn*
pheasant   *der Fasan*
pigeon   *die Taube*
quail   *die Wachtel*
turkey   *der Truthahn (die Pute)*

Fish and shellfish   *Fische*

anchovies   *die Sardellen, die Anschovis*
bass   *der Rotbarsch, Goldbarsch,*
            Seebarsch
carp   *der Karpfen*
clams   *die Muscheln*
cod   *der Kabeljau*
crab   *die Krabbe, der Krebs*
crayfish   *der Flußkrebs, Bachkrebs; die*
            Languste
eel   *der Aal*
flounder   *die Scholle, der (die) Flunder*
frogs' legs   *die Froschschenkel*
haddock   *der Schellfisch*
hake   *der Hecht*

Condiments, sauces   *Gewürze und*
and spices   *Saucen (Soßen)*

anise   *der Anis*
basil   *das Basilikum*
bay leaf   *das Lorbeerblatt*
capers   *die Kapern*
caraway   *der Kümmel*
cayenne   *der Cayennepfeffer*
cinnamon   *der Zimt*
clove   *die Nelke (Gewürznelke)*
coriander   *der Koriander*
curry   *der, das Curry*
dill   *der Dill*
garlic   *der Knoblauch*
ginger   *der Ingwer*
horseradish   *der Meerrettich*
ketchup   *der, das Ketchup*
marjoram   *der Majoran*
mint   *die Pfefferminze*
mayonnaise   *die Mayonnaise*
mustard   *der Senf*
mustard seeds   *die Senfkörner*
nutmeg   *die Muskatnuß*
oregano   *das Origano*
paprika   *der Paprika*
parsley   *die Petersilie*
pepper   *der Pfeffer*
rosemary   *der Rosmarin*

saffron   der Safran
salt   das Salz
sesame   der Sesam, die Sesamkörner
tarragon   der Estragon (Estragonessig,
          Estragonsenf)
thyme   der Thymian
vanilla   die Vanille

Eggs   Eier

fried eggs, sunny-side up   die Spiegeleier
hard-boiled egg   ein hartgekochtes Ei
poached eggs   pochierte Eier
scrambled eggs   die Rühreier
soft-boiled egg   ein weichgekochtes Ei

**Sweets   Süßigkeiten, Gebäck, und
          Süßspeisen**

cake   der Kuchen, die Torte
candy   das Bonbon
chewing gum   das Kaugummi
chocolate   die Schokolade
cookie   der, das Keks, das Plätzchen
cream puff   der Windbeutel
custard, cream   die Creme, die Krem
doughnut   der Krapfen
honey   der Honig
ice cream   das Eis, das Speiseeis
jam   die Marmelade
jello   das Gelee, das Fruchtgelee
marmalade   die Konfitüre
pancake   der Pfannkuchen, der Eierkuchen
pastry   das Gebäck
pudding   der Pudding
syrup   der Zuckerrübensirup
tart   das Törtchen
waffles   die Waffeln

Beverages   Die Getränke

aperitif   der Aperitif
beer   das Bier
  tap beer   Bier vom Faß
cappucino   der Cappuccino
coffee   der Kaffee
  black coffee   schwarzer Kaffee
  coffee with milk   der Milchkaffee, der
          Kaffee mit Milch

espresso   der Espresso
hot chocolate   der Kakao
juice   der Saft
lemonade   die Limonade
milk   die Milch
milk shake   das Milchmixgetränk, der
          Milchshake
mineral water   das Mineralwasser
  carbonated   mit Kohlensäure
  uncarbonated   ohne Kohlensäure
soda   das Sodawasser
tea   der Tee
wine   der Wein
  red wine   der Rotwein
  white wine   der Weißwein

Miscellaneous

baking powder   das Backpulver
bread   das Brot
butter   die Butter
cheese   der Käse
cornstarch   die Maisstärke, die Stärke, das
          Stärkemehl
cream   die Sahne, der Rahm
  for coffee   die Kaffeesahne
  whipped   die Schlagsahne
egg yolk   das Eidotter
flour   das Mehl
French fried potatoes   die Pommes frites
gravy   die Sauce, die Soße
lard   das Schmalz
margarine   die Margarine
noodles   die Nudeln
nuts   die Nüsse
oats   der Hafer
  rolled oats   die Haferflocken
oil   das Öl
olive   die Olive
olive oil   das Olivenöl
pasta   die Teigwaren
peanut   die Erdnuß
roll   das Brötchen, die Semmel
sandwich   das Sandwich
shortening   das Fett
spaghetti   die Spaghetti
spongecake   das Biskuit
sugar   der Zucker
vinegar   der Essig

Key words: English–German
Wortschatz: Englisch–Deutsch

Chapter 1: At the airport

airline *die Fluggesellschaft, die Fluggesellschaften; die Fluglinie, die Fluglinien*

airline ticket *der Flugschein, die Flugscheine*

airport *der Flughafen, die Flughäfen*

aisle *der Gang, die Gänge*

aisle (on the) *am Gang*

to announce *durchsagen; bekannt geben; aufrufen*

to announce (a flight) *(einen Flug) aufrufen*

announcement *die Durchsage, die Durchsagen; der Aufruf, die Aufrufe*

arrival *die Ankunft, die Ankünfte*

to arrive *ankommen*

bag *die Tasche, die Taschen*

baggage claim check *der Fluggepäckschein, die Fluggepäckscheine*

basket *der Korb, die Körbe*

boarding pass *die Bordkarte, die Bordkarten*

briefcase *die Aktentasche, die Aktentaschen*

bus *der Bus, die Busse*

to buzz *summen*

carry-on luggage *das Handgepäck*

to change (planes, trains, etc.) *umsteigen*

to check in *einchecken*

to check out *auschecken*

check through *durchchecken*

conveyor belt *das Fließband, die Fließbänder*

counter *der Schalter, die Schalter*

departure (of planes) *der Abflug, die Abflüge*

domestic flight *der Inlandflug, die Inlandflüge*

fare *der Tarif, die Tarife*

to fit *passen*

flight *der Flug, die Flüge*

to fly *fliegen*

free (available) *frei*

from (arriving from) *aus*

full (fully booked) *(voll) besetzt*

gate *das Gate, die Gates; der Ausgang, die Ausgänge*

international flight *der Auslandsflug, die Auslandsflüge*

to issue (a ticket) *(einen Flugschein) ausstellen*

to leave (planes) *abfliegen*

to leave (trains, buses) *abfahren*

line (queue) *die Schlange, die Schlangen*

luggage *das Gepäck*

luggage (to check one's) *das Gepäck aufgeben*

main railroad station *der Hauptbahnhof, die Hauptbahnhöfe*

no smoking section *die Nichtraucherzone, die Nichtraucherzonen*

nonstop flight *der Nonstopflug, die Nonstopflüge*

on board *an Bord*

passenger (male or female) *der Passagier, die Passagiere*

passport *der Reisepaß (Paß), die Reisepässe (Pässe)*

to pick up *abholen*

plane *die Maschine, die Maschinen; das Flugzeug, die Flugzeuge*

railroad station *der Bahnhof, die Bahnhöfe*

ready *bereit*

row *die Reihe, die Reihen*

seat *der Platz, die Plätze; der Sitz, die Sitze*

seat reservation *die Platzreservierung, die Platzreservierungen*

security check *die Sicherheitskontrolle, die Sicherheitskontrollen*

security gate *die Sicherheitsschleuse, die Sicherheitsschleusen*

to show *zeigen*

to smoke *rauchen*

smoking section *die Raucherzone, die Raucherzonen*

stopover *die Zwischenlandung, die Zwischenlandungen*

suitcase *der Koffer, die Koffer*

tag *der Anhänger, die Anhänger*

to take (a taxi, bus) *(ein Taxi, einen Bus) nehmen*

to take along *mitnehmen*

taxi *das Taxi, die Taxis*

terminal *die Halle, die Hallen*

through passenger (male or female) *der Transitpassagier, die Transitpassagiere*

ticket jacket *die Flugscheinhülle, die Flugscheinhüllen*

to (destination) *nach*

to travel *reisen*

trip *die Reise, die Reisen*

under, underneath *unter*

visa *das Visum, die Visa*

window *das Fenster, die Fenster*

window (by the) *am Fenster*

to x-ray *durchleuchten*

Chapter 2: On the airplane

air pressure *der Luftdruck*

airsickness *die Luftkrankheit*

airsickness bag *die Spucktüte, die Spucktüten*

to amount to *betragen*

back (of seat) *die Rückenlehne, die Rückenlehnen*

to be, be located *sich befinden*

belt (seat belt) *der Gurt, die Gurte*

blanket *die Decke, die Decken*

to bounce *schaukeln*

breakfast *das Frühstück*

cabin *die Kabine, die Kabinen*

captain (pilot) *der Flugkapitän, die Flugkapitäne*

carry-on luggage *das Handgepäck*

channel *der Kanal, die Kanäle*

charge (fee) *die Gebühr, die Gebühren*

to choose *wählen*

cockpit *das Cockpit, die Cockpits*

crew *die Besatzung, die Besatzungen*

drink *das Getränk, die Getränke*

economy class *die Economy-Klasse*

emergency *der Notfall, die Notfälle*

emergency exit *der Notausgang, die Notausgänge*

to encounter, meet *begegnen*

entire (all of) *gesamt*

expected *voraussichtlich*

to explain *erklären*

to fall (down from above) *herabfallen*

to fasten the seat belt *die Sicherheitsgurte anlegen; sich anschnallen*

film, movie *der Film, die Filme*

first class *die Erste Klasse*

to fit *passen*

flight *der Flug, die Flüge*

flight attendant *(male) der Flugbegleiter, die Flugbegleiter; (female) die Flugbegleiterin, die Flugbegleiterinnen*

flight personnel *das Kabinenpersonal*

flight plan *die Flugroute, die Flugrouten*

to fly *fliegen*

flying time *die Flugzeit, die Flugzeiten*

to follow (orders) *befolgen*

forbidden *verboten*

front (in the) *vorne*

front (in the front compartment) *im vorderen Teil*

to greet, welcome *begrüßen*

to happen *passieren*

headphones *der Kopfhörer, die Kopfhörer*

in case *im Falle*

in the rear *im hinteren Teil*

to inform *mitteilen*

to land *landen*

landing *die Landung, die Landungen*

to leave *verlassen*

life jacket *die Schwimmweste, die Schwimmwesten*

lit up, to be *leuchten*

long-distance flight *der Langstreckenflug, die Langstreckenflüge*

magazine *die Zeitschrift, die Zeitschriften*

meal *die Mahlzeit, die Mahlzeiten*

newspaper *die Zeitung, die Zeitungen*

no admittance *Betreten verboten*

to occupy oneself with *sich befassen*

often *oft*

overhead compartment *die Gepäckablage, die Gepäckablagen*

oxygen mask *die Sauerstoffmaske, die Sauerstoffmasken*

to pay   *zahlen*
per hour   *pro Stunde*
pillow   *das Kopfkissen, die Kopfkissen*
pilot   (male) *der Pilot, die Piloten;*
      (female) *die Pilotin, die Pilotinnen*
to place   *stellen*
pleasant   *angenehm*
to reach   *erreichen*
ready for takeoff   *startbereit*
rear compartment   *im hinteren Teil*
   (in the)
to recommend   *empfehlen*
reduction in   *der Luftdruckabfall*
   air pressure
to remain seated with   *angeschnallt*
    seat belts fastened   *sitzenbleiben*
safety   *die Sicherheitsvorschrift,*
   regulation   *die Sicherheitsvorschriften*
seat belt   *der Sicherheitsgurt, die*
      Sicherheitsgurte
seat pocket   *die Tasche, die Taschen*
   (airplane seat)   *am Sitz*
security   *die Sicherheit*
sign   *das Schild, die Schilder*
to smoke   *rauchen*
speed   *die Geschwindigkeit, die*
      Geschwindigkeiten
to stand   *stehen*
to start   *starten*
start   *der Start, die Starts*
stereo (in stereo)   *in Stereo*
to take care of   *betreuen*
toilet   *die Toilette, die Toiletten*
turbulence   *die Turbulenz, die*
      Turbulenzen
turned on   *eingeschaltet*
unexpected turbulence   *unerwartete*
      Turbulenz
upright (in a vertical position)   *senkrecht*
to use   *benutzen*
wing (of plane)   *die Tragfläche, die*
      Tragflächen; der Flügel,
      die Flügel
to work   *arbeiten*
zone (section of a plane)   *die Zone, die*
      Zonen

Chapter 3: Passport control and customs

to check (examine)   *untersuchen*
cigarette   *die Zigarette, die Zigaretten*

customs   *die Zollabfertigung, die*
      Zollabfertigungen
customs declaration   *die Zollerklärung*
customs duty   *der Zoll*
customs official   *der Zollbeamte, die*
      Zollbeamten
to declare (pay duty)   *verzollen*
fruit   *die Frucht, die Früchte; das Obst*
how long?   *wie lange?*
identity card   *der Personalausweis, die*
      Personalausweise
on business   *geschäftlich*
to open   *öffnen*
passing through, to be   *auf der Durchreise*
      sein
passport control   *die Paßkontrolle*
personal effects   *die persönlichen Sachen*
pleasure (for pleasure)   *zum Vergnügen*
sign   *das Zeichen, die Zeichen*
to stay overnight (short time)   *übernachten*
tobacco   *der Tabak*
vacation trip   *die Urlaubsreise, die*
      Urlaubsreisen
vegetables   *das Gemüse*
whiskey   *der Whisky*

Chapter 4: At the train station

all right, OK   *in Ordnung*
arrival   *die Ankunft, die Ankünfte*
to arrive   *ankommen*
baggage   *die Gepäckaufbewahrung*
   checkroom
baggage claim check   *der Gepäckschein,*
      die Gepäckscheine
to board, get on   *einsteigen*
to call   *rufen*
car   *der Wagen, die Wagen*
to carry   *tragen*
to check (e.g. tickets,   *kontrollieren*
   passports)
to check (baggage)   *abgeben*
coin   *die Münze, die Münzen*
compartment   *das Abteil, die Abteile*
conductor   *der Schaffner, die Schaffner*
couchette   *der Liegewagen, die Liegewagen*
delay   *die Verspätung, die Verspätungen*
departure   *die Abfahrt, die Abfahrten*
dining car   *der Speisewagen, die*
      Speisewagen

to find out *erfahren*
to get, receive *bekommen*
to get back *zurückbekommen*
to get off *aussteigen*
key *der Schlüssel, die Schlüssel*
late *verspätet*
to leave, depart *abfahren*
to leave *lassen*
local train *der Nahverkehrszug, die Nahverkehrszüge*
locker *das Schließfach, die Schließfächer*
luggage cart *der Kofferkuli, die Kofferkulis*
main train station *der Hauptbahnhof, die Hauptbahnhöfe*
night train *der Nachtzug, die Nachtzüge*
on time *pünktlich*
one-way ticket *die einfache Fahrkarte*
to pay *bezahlen*
to pick up, call for *abholen*
platform *der Bahnsteig, die Bahnsteige*
porter *der Gepäckträger, die Gepäckträger*
to put in (insert) *einwerfen*
reserved *reserviert*
round-trip ticket *die Rückfahrkarte, die Rückfahrkarten*
schedule *der Fahrplan, die Fahrpläne*
seat *der Sitzplatz, die Sitzplätze*
seat number *die Platznummer, die Platznummern*
sleeping car *der Schlafwagen, die Schlafwagen*
slot *der Schlitz, die Schlitze*
station café *das Bahnhofscafé, die Bahnhofscafés*
supplement *der Zuschlag, die Zuschläge*
ticket *die Fahrkarte, die Fahrkarten*
ticket window *der Schalter, die Schalter*
timetable *der Fahrplan, die Fahrpläne*
tip *das Trinkgeld, die Trinkgelder*
to (a destination) *nach*
track *das Gleis, die Gleise*
train *der Zug, die Züge*
train trip *die Bahnfahrt, die Bahnfahrten*
to transfer (change trains, buses) *umsteigen*

Chapter 5: The automobile

accelerator *das Gaspedal, die Gaspedale*
accident *der Unfall, die Unfälle*

to adjust *einstellen*
automatic transmission *das Automatikgetriebe, die Automatikgetriebe*
automatically *selbsttätig*
battery *die Batterie, die Batterien*
to blow the horn *hupen*
to brake *bremsen*
brake fluid *die Bremsflüssigkeit, die Bremsflüssigkeiten*
brake pedal *das Bremspedal, die Bremspedale*
breakdown *die Panne, die Pannen*
bumper *die Stoßstange, die Stoßstangen*
car *das Auto, die Autos; der Wagen, die Wagen*
cashier's window *die Kasse, die Kassen*
to close *schließen*
to close, lock *verschließen*
clutch *die Kupplung, die Kupplungen*
contract *der Vertrag, die Verträge*
credit card *die Kreditkarte, die Kreditkarten*
daily charge *der Tagestarif*
dashboard *das Armaturenbrett, die Armaturenbretter*
deposit *die Anzahlung, die Anzahlungen*
directional signal *der Blinker, die Blinker*
downpayment *die Anzahlung, die Anzahlungen*
driver's license *der Führerschein, die Führerscheine*
empty *leer*
to engage the clutch *kuppeln*
fender *der Kotflügel, die Kotflügel*
to fill *füllen*
flat tire *der Platten, die Platten*
full *voll*
gas pedal *das Gaspedal, die Gaspedale*
gas pump *die Zapfsäule, die Zapfsäulen*
gas station *die Tankstelle, die Tankstellen*
gas tank *der Tank, die Tanks*
gasoline *das Benzin*
gear *der Gang, die Gänge*
gear, in first *im ersten Gang*
gearshift *der Schalthebel, die Schalthebel*
to get (procure) *beschaffen*
glove compartment *das Handschuhfach, die Handschuhfächer*
to grease, lubricate *schmieren*
hand brake *die Handbremse, die Handbremsen*
to hang up *einhängen*

high beams   *das Fernlicht, die Fernlichter*

hood   *die Haube, die Hauben*

horn   *die Hupe, die Hupen*

hubcap   *die Radkappe, die Radkappen*

ignition   *die Zündung*

ignition key   *der Zündschlüssel, die Zündschlüssel*

included   *inbegriffen*

to insert   *einführen*

insurance, comprehensive coverage   *die Vollkaskoversicherung, die Vollkaskoversicherungen*

jack   *der Wagenheber, die Wagenheber*

to knock   *klopfen*

to leak (drip out)   *lecken*

license plate   *das Kennzeichen, die Kennzeichen; das Nummernschild, die Nummernschilder*

to lift   *abheben*

low beams   *das Abblendlicht, die Abblendlichter*

to lubricate   *ölen*

mileage (kilometer) charge   *das Kilometergeld*

to be missing   *fehlen*

neutral (gear of car)   *der Leerlauf*

noise   *der Lärm*

to note   *merken*

nozzle   *das Zapfventil, die Zapfventile*

number   *die Nummer, die Nummern*

odometer (reads in kilometers)   *der Kilometerzähler, die Kilometerzähler*

oil   *das Öl*

oil level   *der Ölstand*

to overheat   *überhitzen*

to put, put into   *stecken*

radiator   *der Kühler, die Kühler*

rearview mirror   *der Rückspiegel, die Rückspiegel*

to rent   *mieten*

rental contract   *der Mietvertrag, die Mietverträge*

repair   *die Reparatur, die Reparaturen*

to repair   *reparieren*

to replace   *erneuern*

reverse (gear)   *der Rückwärtsgang*

to send   *schicken*

to shift (gears)   *schalten*

to shift (into a gear)   *(einen Gang) einlegen*

to sign (a signature)   *unterschreiben*

spare part   *das Ersatzteil, die Ersatzteile*

spare tire   *der Ersatzreifen, die Ersatzreifen*

spark plugs   *die Zündkerze, die Zündkerzen*

speedometer   *das Tachometer, die Tachometer*

to stall   *abwürgen; liegen bleiben*

to start (a car)   *anlassen; anspringen*

steering wheel   *das Lenkrad, die Lenkräder*

to step on   *treten*

to stop   *halten*

tire   *der Reifen, die Reifen*

tire pressure   *der Reifendruck*

to tow   *abschleppen*

tow truck   *der Abschleppwagen, die Abschleppwagen*

traffic   *der Verkehr*

trunk   *der Kofferraum, die Kofferräume*

to turn on, operate   *betätigen*

to turn on (electrical devices)   *einschalten*

turning   *das Wenden*

to vibrate   *vibrieren*

water (in radiator of car)   *das Kühlwasser*

weekly charge   *der Wochentarif*

wheel bearings   *das Radlager, die Radlager*

windshield   *die Windschutzscheibe, die Windschutzscheiben*

windshield wiper   *der Scheibenwischer, die Scheibenwischer*

Chapter 6: Asking for directions

bus stop   *die Bushaltestelle, die Bushaltestellen*

corner   *die Ecke, die Ecken*

direction   *die Richtung, die Richtungen*

entrance (*Autobahn*)   *die Auffahrt, die Auffahrten*

exit (*Autobahn*)   *die Ausfahrt, die Ausfahrten*

far, long   *weit*

faraway, distant   *entfernt*

farther on   *weiter*

to follow   *folgen*

to get off   *aussteigen*

to go back *zurückgehen*
highway *die Bundesstraße, die Bundesstraßen*
intersection *die Kreuzung, die Kreuzungen*
lane *der Fahrstreifen, die Fahrstreifen*
to leave (get off) *verlassen*
left *links*
left at the corner *links um die Ecke*
lost (one's way) *verirrt*
nearby *in der Nähe*
neither … nor *weder … noch*
one-way street *die Einbahnstraße, die Einbahnstraßen*
opposite *entgegengesetzt*
to reach *erreichen*
rest area *der Rastplatz, die Rastplätze*
right *rechts*
right at the corner *rechts um die Ecke*
rush hour *die Hauptverkehrszeit, die Hauptverkehrszeiten*
service area *die Raststätte, die Raststätten*
(with snack bar and gas)
stop (bus, *die Haltestelle, die Haltestellen*
streetcar, etc.)
straight ahead *geradeaus*
street *die Straße, die Straßen*
suburb *der Vorort, die Vororte*
superhighway *die Autobahn, die*
(limited access) *Autobahnen*
traffic light *die Ampel, die Ampeln; das Verkehrslicht, die Verkehrslichter*
to turn *wenden*
to turn left *nach links fahren (gehen); links um die Ecke biegen*
to turn right *nach rechts fahren (gehen); rechts um die Ecke biegen*
to turn off *abbiegen*
(e.g. into a side street)
to walk *(zu Fuß) gehen*

Chapter 7: A telephone call

again *noch einmal*
answering *der Anrufbeantworter, die*
machine *Anrufbeantworter; der Telefonbeantworter, die Telefonbeantworter*
area code *die Vorwahl, die Vorwahlen*

at home *zu Hause*
beep *der Piepton, die Pieptöne*
busy *besetzt*
busy signal *das Besetztzeichen, die Besetztzeichen*
Bye! *Tschüs!*
to call (by telephone) *anrufen; telefonieren*
to call back *zurückrufen*
change *das Kleingeld*
coin slot *der Münzeinwurf, die Münzeinwürfe*
collect call *das R-Gespräch, die R-Gespräche*
to connect *verbinden*
connection *der Anschluß, die Anschlüsse; die Verbindung, die Verbindungen*
cut off (past participle) *unterbrochen*
to cut off *unterbrechen*
dead *tot*
dial (on a telephone) *die Wählscheibe, die Wählscheiben*
to dial *wählen*
to dial directly *durchwählen*
dial tone *das Amtszeichen*
to dial a wrong number *sich verwählen*
extension *die Durchwahlnummer, die Durchwahlnummern*
to get through *durchkommen*
Goodbye (said on *Auf Wiederhören*
telephone)
to hang up (telephone) *auflegen*
to have a wrong number *falsch verbunden sein*
Please hold! *Bitte, bleiben Sie am Apparat!*
information *die Auskunft*
to insert *einschieben*
key pad *die Tastatur, die Tastaturen*
later *später*
line *die Leitung, die Leitungen*
local call *das Ortsgespräch, die Ortsgespräche*
long-distance call *das Ferngespräch, die Ferngespräche*
to look *schauen*
message *die Nachricht, die Nachrichten*
message center *die Zentrale, die Zentralen*
out of order *außer Betrieb*
person-to-person *das Personengespräch,*
call *die Personengespräche*

to pick up   *abheben; abnehmen*
  (e.g. telephone receiver)
public   *öffentlich*
to put through   *verbinden*
  (a telephone call)
to reach   *erreichen*
receiver   *der Hörer, die Hörer*
to ring   *klingeln*
switchboard   *die Vermittlung, die*
               Vermittlungen
telephone book   *das Telefonbuch, die*
               Telefonbücher
telephone booth   *die Telefonzelle, die*
               Telefonzellen
telephone call   *der Anruf, die Anrufe; der*
               Telefonanruf, die
               Telefonanrufe
telephone number   *die Telefonnummer, die*
               Telefonnummern; die
               Rufnummer, die
               Rufnummern
town   *der Ort, die Orte*
to try   *versuchen*
to use   *benutzen*
to wait   *warten*

Chapter 9: At the hotel

air conditioner   *die Klimaanlage, die*
               Klimaanlagen
air-conditioned   *klimatisiert*
to amount to   *betragen*
to arrive   *ankommen*
to ask   *fragen*
to ask for   *verlangen*
bar of soap   *das Stück Seife*
bath towel   *das Badetuch, die Badetücher*
bathroom   *das Badezimmer, die*
               Badezimmer
bed   *das Bett, die Betten*
bellhop   *der Hotelpage, die Hotelpagen*
bill   *die Rechnung, die Rechnungen*
blanket   *die Decke, die Decken*
breakfast   *das Frühstück*
burned out (light bulb)   *durchgebrannt*
cashier's window   *die Kasse, die Kassen*
to charge   *berechnen*
to check out (vacate a hotel
  room)   *auschecken; räumen*
clogged   *verstopft*
cold   *kalt*
to be cold   *frieren*

Come in!   *Herein!; Kommen Sie herein!*
confirmation   *die Bestätigung, die*
               Bestätigungen
desk clerk   *die Empfangsdame, die*
  (female)   *Empfangsdamen*
double bed   *das Doppelbett, die*
               Doppelbetten
double room   *das Doppelzimmer, die*
               Doppelzimmer
electric hair drier   *der Fön, die Föne*
electric outlet   *die Steckdose, die*
               Steckdosen
facing   *mit Blick auf . . .*
facing the courtyard   *zum Hof*
facing the street   *zur Straße*
faucet   *der Wasserhahn, die Wasserhähne*
to freeze   *frieren*
full (hotel with no vacancy)   *voll belegt*
to function (be operational)   *funktionieren*
guest   *der Gast, die Gäste*
hand towel   *das Handtuch, die Handtücher*
hanger   *der Kleiderbügel, die Kleiderbügel*
to have dry-cleaned   *reinigen lassen*
heat   *die Heizung*
heated   *geheizt*
hot water   *heißes Wasser*
hotel room   *die Vollpension* (with lunch
               and dinner included in the
               price)
hotel room   *die Halbpension* (with lunch **or**
               dinner included in the
               price)
I'm cold.   *Mir ist kalt.*
included   *(im Preis) inbegriffen*
  (in the price)
to iron   *bügeln*
laundry service   *der Wäsche-Service*
light   *das Licht*
light bulb   *die Glühbirne, die Glühbirnen*
light switch   *der Lichtschalter, die*
               Lichtschalter
maid   *das Zimmermädchen, die*
               Zimmermädchen
to make a mistake in   *falsch berechnen*
  a charge on the bill
to make up the room   *das Zimmer machen*
mountain   *der Berg, die Berge*
to offer   *bieten*
to order   *bestellen*
pillow   *das Kopfkissen, die Kopfkissen*
razor   *der Rasierapparat, die*
               Rasierapparate

reception desk	der Empfang; die Rezeption
receptionist (male)	der Portier, die Portiers
registration	die Anmeldung, die Anmeldungen
registration form	der Meldeschein, die Meldescheine
reserve	vorbestellen; reservieren; bestellen
roll	die Rolle, die Rollen
room	das Zimmer, die Zimmer
room key	der Zimmerschlüssel, die Zimmerschlüssel
room service	der Zimmer-Service
room with twin beds	ein Zimmer mit Einzelbetten
'Rooms available.'	'Zimmer frei.'
sea	die See
sea view	der Seeblick
service	die Bedienung; der Service
shower	die Dusche, die Duschen
to sign (a signature)	unterschreiben
signature	die Unterschrift, die Unterschriften
single room	das Einzelzimmer, die Einzelzimmer
sink	das Waschbecken, die Waschbecken
soap	die Seife
to stay	bleiben
to stay overnight	übernachten
surcharge	der Zuschlag, die Zuschläge
swimming pool	das Schwimmbad, die Schwimmbäder
television set	der Fernseher, die Fernseher
thing	die Sache, die Sachen
toilet	die Toilette, die Toiletten
toilet paper	das Toilettenpapier
to turn on (water faucet)	aufdrehen
to turn on (light and other electric devices)	anschalten
twin bed	das Einzelbett
to vacate (e.g. a hotel room)	räumen
value-added tax	die Mehrwertsteuer
voltage	die Spannung
to wash	waschen
wash basin	das Waschbecken, die Waschbecken; das Becken, die Becken
water	das Wasser
what kind of...	was für ein (eine)...

Chapter 10: At the bank

account	das Konto, die Konten
amount	der Betrag, die Beträge
ATM	der Geldautomat, die Geldautomaten
bank	die Bank, die Banken
bank balance	der Kontostand, die Kontostände
bank employee	(male) der Bankangestellte, die Bankangestellten; (female) die Bankangestellte, die Bankangestellten
bankbook (for a savings account)	das Sparbuch, die Sparbücher
bill (paper money)	der Schein, die Scheine
bill	die Rechnung, die Rechnungen
cash	das Bargeld
to cash (a check)	(einen Scheck) einlösen
cash machine	der Geldautomat, die Geldautomaten
cashier	(male) der Kassierer, die Kassierer; (female) die Kassiererin, die Kassiererinnen
to change (exchange)	wechseln
change (especially coins)	das Kleingeld
checkbook	das Scheckheft, die Scheckhefte
checking account	das Girokonto, die Girokonten
closed	geschlossen
coin	das Geldstück, die Geldstückedie; die Münze, die Münzen
counter (window) at the bank	der Bankschalter, die Bankschalter
to deposit (money in an account)	einzahlen
down payment (to make)	die Anzahlung, die Anzahlungen (leisten)
due date	der Fälligkeitstag, die Fälligkeitstage
to endorse (sign)	unterschreiben
exchange bureau	die Wechselstube, die Wechselstuben
fee	die Gebühr, die Gebühren
to grant	gewähren
to grow	wachsen
higher	höher
installment (payments)	die Rate, die Raten
interest	die Zinsen
interest rate	der Zinssatz

loan   *das Darlehen, die Darlehen*
lower   *niedriger*
money   *das Geld*
monthly payment   *die monatliche Rate*
mortgage   *die Hypothek, die Hypotheken*
mortgage, to assume,   *eine Hypothek*
    to take out a   *aufnehmen*
to need   *brauchen*
to open   *eröffnen*
passbook (for a   *das Sparbuch, die*
    savings account)   *Sparbücher*
to pay, pay for   *bezahlen; zahlen*
to pay cash   *in bar bezahlen*
to pay off in installments   *in Raten zahlen*
PIN number   *die Geheimnummer, die*
        Geheimnummern
to purchase on the   *auf Raten kaufen*
    installment plan
rate of exchange   *der Wechselkurs, die*
        Wechselkurse
to receive   *erhalten*
to save   *sparen*
savings   *die Ersparnisse*
savings account   *das Sparkonto, die*
        Sparkonten
to select   *wählen*
to sign (endorse)   *unterschreiben*
to spend   *ausgeben*
Sunday afternoon   *Sonntagnachmittag*
to take out (money from a bank
    account)   *abheben*
to take out   *entnehmen*
to take out a loan   *ein Darlehen*
        aufnehmen
teller   (male) *der Bankangestellte, die*
        Bankangestellten; (female) *die*
        Bankangestellte, die
        Bankangestellten
traveler's check   *der Reisescheck, die*
        Reisechecks; der
        Travellerscheck, die
        Travellerschecks
to withdraw (money   *abheben*
    from a bank account)

Chapter 11: At the post office

address   *die Adresse, die Adressen; die*
        Anschrift, die Anschriften
airmail   *die Luftpost*

by airmail   *mit Luftpost, per Luftpost*
to buy   *kaufen*
customs declaration   *die Zollerklärung, die*
        Zollerklärungen
to deliver (mail, newspapers)   *austragen*
envelope   *der Briefumschlag, die*
        Briefumschläge
to fill out (a form)   *ausfüllen*
fragile   *zerbrechlich*
to insure   *versichern*
to last (to take time)   *dauern*
letter   *der Brief, die Briefe*
to mail   *absenden; abschicken; einwerfen*
mail   *die Post*
mailbox   *der Briefkasten, die Briefkästen*
money order   *die Zahlungsanweisung, die*
        Zahlungsanweisungen
package   *das Paket, die Pakete*
package (small)   *das Päckchen, die*
        Päckchen
to pick up   *abholen*
post office   *die Post; das Postamt, die*
        Postämter
post office box   *das Postfach, die*
        Postfächer
postage   *die Postgebühr, die Postgebühren;*
        das Porto
postcard   *die Postkarte, die Postkarten*
recipient, addressee   *der Empfänger, die*
        Empfänger
by registered mail   *per Einschreiben*
scale   *die Waage, die Waagen*
to send   *schicken; abschicken; absenden*
sender   *der Absender, die Absender*
stamp   *die Briefmarke, die Briefmarken*
surface mail   *der Landweg*
to throw   *werfen*
valuable   *wertvoll*
to weigh   *wiegen*
zip code   *die Postleitzahl, die Postleitzahlen*

Chapter 12: At the hairdresser

back, in the   *hinten*
barber,   (male) *der Friseur (Frisör), die*
    hairdresser   *Friseure (Frisöre);* (female)
        die Friseuse (Friseurin), die
        Friseusinnen (Friseurinnen)
beard   *der Bart, die Bärte*
color   *die Farbe, die Farben*

to color (tint) *tönen*
to comb *kämmen*
to cut off *abschneiden*
to cut *schneiden*
to dye *färben*
fingernail *der Fingernagel, die Fingernägel*
hair *das Haar, die Haare*
hair spray *der Haarspray, die Haarsprays*
haircut *der Haarschnitt, die Haarschnitte*
hairdresser, at the *beim Friseur*
hairdresser, to the *zum Friseur*
highlights *die Strähnchen*
manicure *die Nagelpflege; die Maniküre*
mousse *der Schaumfestiger*
mustache *der Schnurrbart, die Schnurrbärte*
nail polish *der Nagellack*
neck, back of the *der Nacken, die Nacken*
pedicure *die Pediküre*
perm (permanent wave) *die Dauerwelle, die Dauerwellen*
razor *das Rasiermesser, die Rasiermesser*
scissors *die Schere, die Scheren*
to set (hair) *legen*
shampoo *die Haarwäsche, die Haarwäschen*
shave *die Rasur, die Rasuren*
to shave *rasieren*
short *kurz*
side *die Seite, die Seiten*
sideburns *die Koteletten*
sides, on the *an den Seiten*
toenail *der Fußnagel, die Fußnägel*
top, on top *oben*
trim *der Nachschnitt, die Nachschnitte*
to trim *kürzer schneiden; nachschneiden*
to trim (the beard) *stutzen*
unscented *unparfümiert*
to wash *waschen*

Chapter 13: At the department store

bathing suit *der Badeanzug, die Badeanzüge*
belt *der Gürtel, die Gürtel*
blended fabric *das Mischgewebe, die Mischgewebe*
blouse *die Bluse, die Blusen*
bodysuit *der Body, die Bodys*
boot *der Stiefel, die Stiefel*

bow tie *die Fliege, die Fliegen*
bra *der Büstenhalter (BH), die Büstenhalter (BHs)*
button *der Knopf, die Knöpfe*
cardigan sweater *die Strickjacke, die Strickjacken*
casual *sportlich*
checked *kariert*
coat *der Mantel, die Mäntel*
corduroy *der Kord*
cotton *die Baumwolle*
cuff *das Bündchen, die Bündchen*
cuff link *der Manschettenknopf, die Manschettenknöpfe*
denim *der Jeansstoff, die Jeansstoffe*
dress *das Kleid, die Kleider*
easy-care *pflegeleicht*
fabric *das Gewebe, die Gewebe*
to fit *passen*
flannel *der Flanell*
flat *flach*
flat shoes without shoelaces *der Slipper, die Slipper*
fly (in pants) *der Hosenschlitz, die Hosenschlitze*
French cuffs *die Manschetten*
glove *der Handschuh, die Handschuhe*
to go with *passen*
handbag *die Handtasche, die Handtaschen*
handkerchief *das Taschentuch, die Taschentücher*
heel (of a shoe) *der Absatz, die Absätze*
to help *helfen*
high *hoch*
high-heeled women's dress shoes *die Pumps*
jacket *die Jacke, die Jacken*
jacket (men's) *der Sakko, die Sakkos*
jeans *die Jeans*
jogging shoe *der Joggingschuh, die Joggingschuhe*
jogging suit *der Jogginganzug, die Jogginganzüge*
knee sock *der Kniestrumpf, die Kniestrümpfe*
lace *die Spitze, die Spitzen*
leather *das Leder*
long *lang*
measurements *die Maße*
narrow *schmal; eng*
neither ... nor *weder ... noch*

no-iron   *bügelfrei*
nylon   *das Nylon*
pair   *das Paar, die Paare*
panties   *der Slip, die Slips*
pants   *die Hose, die Hosen*
pantsuit   *der Hosenanzug, die Hosenanzüge*
panty hose   *die Strumpfhose, die Strumpfhosen*
pocketbook   *die Handtasche, die Handtaschen*
polka dot   *das Pünktchen, die Pünktchen*
polka-dotted   *gepunktet*
to prefer   *vorziehen*
pullover   *der Pullover, die Pullover*
raincoat   *der Regenmantel, die Regenmäntel*
rayon   *der Rayon*
to recommend   *empfehlen*
rubber   *das Gummi*
rubber boot   *der Gummistiefel, die Gummistiefel*
sandal   *die Sandale, die Sandalen*
scarf   *der Schal, die Schals; das Halstuch, die Halstücher*
shirt   *das Hemd, die Hemden*
shoe   *der Schuh, die Schuhe*
shoelace   *der Schnürsenkel, die Schnürsenkel*
short   *kurz*
shorts   *die Shorts*
silk   *die Seide*
size   *die Größe, die Größen*
skirt   *der Rock, die Röcke*
sleeve   *der Ärmel, die Ärmel*
slip, half-slip   *der Unterrock, die Unterröcke*
slipper   *der Hausschuh, die Hausschuhe*
small   *klein*
sneaker   *der Turnschuh, die Turnschuhe*
sock   *der Strumpf, die Strümpfe; die Socke, die Socken*
sole (shoe)   *die Sohle, die Sohlen*
stocking   *der Strumpf, die Strümpfe*
striped   *gestreift*
suede   *das Wildleder*
suit   *der Anzug, die Anzüge*
suit jacket   *das Jackett, die Jacketts*
sweatshirt   *das Sweatshirt, die Sweatshirts*
sweater   *der Pullover, die Pullover; der Pulli, die Pullis*
synthetic fabric   *die Kunstfaser*

to take measurements   *Maß nehmen*
tie   *die Krawatte, die Krawatten; der Schlips, die Schlipse*
tight   *eng*
toe   *der Zeh, die Zehen; die Zehe, die Zehen*
underpants   *die Unterhose, die Unterhosen*
undershirt   *das Unterhemd, die Unterhemden*
underwear   *die Unterwäsche*
viscose   *die Viskose*
wide   *breit; weit*
woman's suit   *das Kostüm, die Kostüme*
wool   *die Wolle*
wool sock   *der Wollstrumpf, die Wollstrümpfe*
worsted   *das Kammgarn*
to wrinkle   *knittern*
wrinkle-resistant   *knitterfrei*
zipper   *der Reißverschluß, die Reißverschlüsse*

Chapter 14: At the dry cleaner (laundry)

clothing, article of   *das Kleidungsstück, die Kleidungsstücke*
to darn   *stopfen*
dirty   *dreckig; schmutzig*
to dry-clean   *reinigen*
hem   *der Saum, die Säume*
hole   *das Loch, die Löcher*
to iron   *bügeln*
lining   *das Futter, die Futter*
loose   *lose*
to mend   *flicken*
to press   *bügeln*
to promise   *versprechen*
ready   *fertig*
to remove   *entfernen*
to repair   *reparieren*
seam   *die Naht, die Nähte*
to sew   *nähen*
to sew on   *annähen*
to shrink   *einlaufen*
stain   *der Fleck, die Flecken*
starch   *die Stärke*
starched   *gestärkt*
tailor   *der Schneider, die Schneider*
torn   *gerissen*
torn open   *aufgerissen*

to wash   *waschen*
wash   *die Wäsche*

Chapter 15: At the restaurant

appetizer   *die Vorspeise, die Vorspeisen*
to ask for   *verlangen*
baked   *gebacken*
beer garden   *der Biergarten, die Biergärten*
bill   *die Rechnung, die Rechnungen*
Bill, please!   *Zahlen, bitte!*
   (We'd like
   to pay now.)
boiled   *gekocht*
braised   *geschmort*
braised meat   *das Schmorfleisch*
breaded   *paniert*
carafe   *die Karaffe, die Karaffen*
carafe wine   *offener Wein*
charge for service   *das Bedienungsgeld*
   (e.g. on a restaurant
   meal)
check   *die Rechnung, die Rechnungen*
cheese   *der Käse*
chicken   *das Huhn, die Hühner*
chopped   *gehackt*
coffee   *der Kaffee*
cold   *kalt*
to consist of   *bestehen aus*
cooked   *gekocht*
corner   *die Ecke, die Ecken*
corner table   *der Ecktisch, die Ecktische*
course   *der Gang, die Gänge*
cream   *der Rahm; die Sahne*
cup   *die Tasse, die Tassen*
to cut   *schneiden*
cutlet   *das Schnitzel, die Schnitzel*
deep-fried   *fritiert*
dessert   *das Dessert, die Desserts; die
      Nachspeise, die Nachspeisen*
dish (course)   *das Gericht, die Gerichte*
drink   *das Getränk, die Getränke*
drumsticks   *die Hähnchenkeule, die
      Hähnchenkeulen*
to eat   *essen*
expensive   *teuer*
fish   *der Fisch, die Fische*
fish bone   *die Gräte, die Gräten*
food   *die Speise, die Speisen*
fork   *die Gabel, die Gabeln*

fried   *gebraten*
fruit   *das Obst; die Frucht, die Früchte*
to fry   *braten*
full   *satt*
garden   *der Garten, die Gärten*
glass   *das Glas, die Gläser*
grilled   *gegrillt*
hunger   *der Hunger*
hungry   *hungrig*
included   *inbegriffen*
juice   *der Saft, die Säfte*
knife   *das Messer, die Messer*
main course   *das Hauptgericht, die
      Hauptgerichte*
meat   *das Fleisch*
medium (meat)   *medium*
menu   *die Speisekarte, die Speisekarten*
menu (of daily specials)   *die Tageskarte,
      die Tageskarten*
menu (fixed menu)   *das Menü, die Menüs*
to be missing   *fehlen*
moderately priced   *gutbürgerlich*
   traditional food
   (restaurant classification)
napkin   *die Serviette, die Servietten*
to order   *bestellen*
outside   *draußen*
oversalted   *versalzen*
pepper   *der Pfeffer*
pepper mill   *die Pfeffermühle, die
      Pfeffermühlen*
pepper shaker   *der Pfefferstreuer, die
      Pfefferstreuer*
piece   *das Stück, die Stücke*
place setting (silverware)   *das Besteck, die
      Bestecke*
plate   *der Teller, die Teller*
poached   *pochiert*
pork   *das Schweinefleisch*
poultry   *das Geflügel*
pub   *die Kneipe, die Kneipen*
rare (meat)   *rosa; rare; englisch*
raspberry   *die Himbeere,
      die Himbeeren*
receipt   *die Quittung, die Quittungen*
to recommend   *empfehlen*
red wine   *der Rotwein, die Rotweine*
to reserve   *bestellen; reservieren (lassen)*
restaurant   *das Restaurant, die Restaurants;
      die Gaststätte, die Gaststätten*
to roast   *braten*
roast   *der Braten, die Braten*

roasting chicken   *das Hähnchen, die Hähnchen*

rye bread   *das Roggenbrot, die Roggenbrote*

salad   *der Salat, die Salate*

salt   *das Salz*

salt shaker   *der Salzstreuer, die Salzstreuer*

salty (too salty)   *salzig*

saucer   *die Untertasse, die Untertassen*

sautéed   *geschwenkt*

service   *die Bedienung*

slice   *die Scheibe, die Scheiben*

small pot (coffee,   *das Kännchen, die*
tea, hot chocolate)   *Kännchen*

smoked   *geräuchert*

soup   *die Suppe, die Suppen*

soupspoon   *der Suppenlöffel, die Suppenlöffel*

specialty   *die Spezialität, die Spezialitäten*

steak   *das Steak, die Steaks*

steamed   *gedämpft*

stew   *das Ragout, die Ragouts*

stew (meal cooked   *der Eintopf, die*
in one pot)   *Eintöpfe*

strawberry   *die Erdbeere, die Erdbeeren*

sugar   *der Zucker*

sugar bowl   *die Zuckerdose, die Zuckerdosen*

to suggest   *empfehlen*

table   *der Tisch, die Tische*

tablecloth   *die Tischdecke, die Tischdecken*

to taste   *probieren; schmecken*

teaspoon   *der Teelöffel, die Teelöffel*

thirst   *der Durst*

thirsty   *durstig*

tip   *das Trinkgeld*

too salty   *versalzen*

tough   *zäh*

to try   *probieren*

veal   *das Kalbfleisch*

vegetables   *das Gemüse*

waiter   *der Ober, die Ober; der Kellner, die Kellner*

waitress   *die Kellnerin, die Kellnerinnen*

well done   *durchgebraten; gut durchgebraten*

whipped cream   *die Schlagsahne*

white wine   *der Weißwein, die Weißweine*

window   *das Fenster, die Fenster*

wine   *der Wein, die Weine*

wine list   *die Weinkarte, die Weinkarten*

to wish   *wünschen*

Chapter 16: At home

The kitchen

to beat   *schlagen*

blender   *der Mixer, die Mixer*

to boil   *kochen*

to bring to a boil   *zum Kochen bringen*

bottle opener   *der Flaschenöffner, die Flaschenöffner*

burner   *der Brenner, die Brenner*

can opener   *der Dosenöffner, die Dosenöffner*

to carve   *tranchieren*

carving knife   *das Tranchiermesser, die Tranchiermesser*

to clean   *putzen*

to close   *schließen*

cloth   *das Tuch, die Tücher*

colander   *der Durchschlag, die Durchschläge*

to cook   *kochen*

corkscrew   *der Korkenzieher, die Korkenzieher*

to cut   *schneiden*

to dice   *würfeln*

dish drainer   *der Abtropfkorb, die Abtropfkörbe*

dish towel   *das Geschirrtuch, die Geschirrtücher*

dishes   *das Geschirr*

dishwasher   *die Geschirrspülmaschine, die Geschirrspülmaschinen*

to drain   *abtropfen*

drain   *der Abfluß, die Abflüsse*

to dry   *abtrocknen*

to dust   *Staub wischen*

faucet   *der Wasserhahn, die Wasserhähne*

food processor   *die Küchenmaschine, die Küchenmaschinen*

freezer   *die Tiefkühltruhe, die Tiefkühltruhen (chest); der Tiefkühlschrank, die Tiefkühlschränke (upright)*

freezer compartment   *das Tiefkühlfach, die Tiefkühlfächer*

to fry   *braten*

frying pan   *die Bratpfanne, die Bratpfannen*

garbage   *der Müll; der Abfall*

garbage can   *der Mülleimer, die Mülleimer*

handle   *der Griff, die Griffe; der Stiel, die Stiele*
to heat   *erhitzen*
kettle   *der Kessel, die Kessel*
kitchen   *die Küche, die Küchen*
low flame, on a   *bei niedriger Hitze*
low heat, at   *bei niedriger Hitze*
to melt (butter)   *(Butter) auslassen*
oven   *der Backofen, die Backöfen; der Ofen, die Öfen*
pan   *die Pfanne, die Pfannen*
pantry   *die Speisekammer, die Speisekammern*
to pare   *schälen*
paring knife   *das Schälmesser, die Schälmesser*
to peel   *schälen*
plug (sink)   *der Stöpsel, die Stöpsel*
pot   *der Topf, die Töpfe; die Kasserolle, die Kasserollen*
to prepare   *vorbereiten*
to pull   *ziehen*
refrigerator   *der Kühlschrank, die Kühlschränke*
to roast   *braten*
roasting pan   *die Bratpfanne, die Bratpfannen*
to sauté   *schwenken*
sink   *die Spüle, die Spülen*
sponge   *der Schwamm, die Schwämme*
stove   *der Herd, die Herde*
to turn on   *aufdrehen*
wall cabinet   *der Hängeschrank, die Hängeschränke*
to wash (the dishes)   *(Geschirr) abwaschen*
whisk   *der Quirl, die Quirle*
to wipe   *wischen*

The bathroom

to apply makeup   *sich schminken*
bath mat   *die Badezimmermatte, die Badezimmermatten*
bath towel   *das Badetuch, die Badetücher*
to bathe   *baden*
bathrobe   *der Bademantel, die Bademäntel*
bathroom   *das Badezimmer, die Badezimmer*
bathroom cabinet   *der Badezimmerschrank, die Badezimmerschränke*

bathtub   *die Badewanne, die Badewannen*
to brush one's teeth   *sich die Zähne putzen*
to comb one's hair   *sich kämmen*
to dry oneself   *sich abtrocknen*
hand towel   *das Handtuch, die Handtücher*
to look   *schauen*
makeup   *die Schminke, das Make-up*
mirror   *der Spiegel, die Spiegel*
to put on (hat, glasses)   *aufsetzen*
to put something on (an article of clothing)   *sich etwas anziehen*
razor   *der Rasierapparat, die Rasierapparate*
to shave (oneself)   *sich rasieren*
shaving cream   *der Rasierschaum*
shaving soap   *die Rasierseife*
shower   *die Dusche, die Duschen*
shower cap   *die Badekappe, die Badekappen*
sink   *das Waschbecken, die Waschbecken*
soap   *die Seife*
soap dish   *die Seifenschale, die Seifenschalen*
to take a bath   *sich baden*
to take a shower   *sich duschen*
toilet   *die Toilette, die Toiletten*
toilet paper   *das Toilettenpapier*
toothbrush   *die Zahnbürste, die Zahnbürsten*
toothpaste   *die Zahnpaste, die Zahnpasten*
towel rack   *der Handtuchhalter, die Handtuchhalter*
to wash (oneself)   *sich waschen*
wash basin   *das Waschbecken, die Waschbecken*
washcloth   *der Waschlappen, die Waschlappen*
to wear   *tragen*
wet   *naß*

The dining room

buffet   *die Anrichte, die Anrichten*
butter dish   *die Butterdose, die Butterdosen*
candelabra   *der Kerzenständer, die Kerzenständer*
to clear the table   *abdecken; abräumen*
credenza   *die Anrichte, die Anrichten*
cup   *die Tasse, die Tassen*

dining room   das Eßzimmer, die
                        Eßzimmer
to get up   aufstehen
glass   das Glas, die Gläser
gravy boat   die Soßenschüssel, die
                        Soßenschüsseln
heating tray   die Warmhalteplatte, die
                        Warmhalteplatten
knife   das Messer, die Messer
meal   die Mahlzeit, die Mahlzeiten
napkin   die Serviette, die Servietten
to pass (food)   reichen
plate   der Teller, die Teller
to preheat   vorwärmen
to put   stellen
salad bowl   die Salatschüssel, die
                        Salatschüsseln
salad plate   der Salatteller, die Salatteller
saucer   die Untertasse, die Untertassen
to serve   servieren
serving plate   der Servierteller, die
                        Servierteller
to set the table   den Tisch decken
sideboard   die Anrichte, die Anrichten
soup bowl   der Suppenteller, die
                        Suppenteller
soup cup   die Suppentasse, die
                        Suppentassen
soupspoon   der Suppenlöffel, die
                        Suppenlöffel
sugar   der Zucker
sugar bowl   die Zuckerdose, die
                        Zuckerdosen
table cloth   die Tischdecke, die
                        Tischdecken
tablespoon   der Eßlöffel, die Eßlöffel
to take a seat   Platz nehmen
teaspoon   der Teelöffel, die Teelöffel
tray   das Tablett, die Tabletts

The living room

armchair   der Sessel, die Sessel
book   das Buch, die Bücher
bookcase   der Bücherschrank, die
                        Bücherschränke
bookshelf   das Bücherregal, die
                        Bücherregale
carpet   der Teppich, die Teppiche
CD   die CD, die CDs
to chat   sich unterhalten; plaudern

coffee table   der Couchtisch, die
                        Couchtische
couch   die Couch, die Couches
to cover   bedecken
curtain (sheer)   der Vorhang, die Vorhänge
drapes   die Gardine, die Gardinen
to expect   erwarten
fireplace   der Kamin, die Kamine
floor   der Fußboden, die Fußböden
floor lamp   die Stehlampe, die Stehlampen
frame   der Rahmen, die Rahmen
guest (male or female)   der Gast, die
                        Gäste
headphones   der Kopfhörer, die Kopfhörer
lamp   die Lampe, die Lampen
to listen to   sich anhören
living room   das Wohnzimmer, die
                        Wohnzimmer
magazine   die Zeitschrift, die Zeitschriften
newspaper   die Zeitung, die Zeitungen
picture   das Bild, die Bilder
picture frame   der Bilderrahmen, die
                        Bilderrahmen
to place   stellen
to play (tapes, records)   spielen
to put   stellen
radio   das Radio, die Radios
radio program   die Radiosendung, die
                        Radiosendungen
to receive (guests)   empfangen
record   die Schallplatte, die Schallplatten
rug   der Teppich, die Teppiche
shade   das Rollo, die Rollos
shelf   das Regal, die Regale
sofa   das Sofa, die Sofas
stereo equipment   die Stereoanlage, die
                        Stereoanlagen
table   der Tisch, die Tische
table lamp   die Tischlampe, die
                        Tischlampen
tape cassette   die Kassette, die Kassetten
tape recorder   der Kassettenrecorder, die
                        Kassettenrecorder
television set   der Fernseher, die Fernseher
venetian blind   die Jalousie, die Jalousien
wall system   die Schrankwand, die
                        Schrankwände
wall unit   der Wohnzimmerschrank, die
                        Wohnzimmerschränke
wall-to-wall carpeting   der Teppichboden,
                        die Teppichböden
to watch television   fernsehen

The bedroom

alarm clock   *der Wecker, die Wecker*
armoire   *der Kleiderschrank, die
        Kleiderschränke*
bed   *das Bett, die Betten*
bed sheet   *das Bettlaken, die Bettlaken*
bedroom   *das Schlafzimmer, die
        Schlafzimmer*
bedspread   *die Tagesdecke, die
        Tagesdecken*
blanket   *die Bettdecke, die Bettdecken; die
        Decke, die Decken*
bureau   *die Kommode, die Kommoden*
to change the bed (put on fresh
   sheets)   *das Bett beziehen*
chest of drawers   *die Kommode, die
        Kommoden*
closet   *der Schrank, die Schränke*
drawer   *die Schublade, die Schubladen*
to dream   *träumen*
duvet cover   *der Bettbezug, die Bettbezüge*
to fall asleep   *einschlafen*
feather comforter   *das Federbett, die
        Federbetten*
to get up   *aufstehen*
to go to bed   *ins Bett gehen*
hanger   *der Kleiderbügel, die Kleiderbügel*
to make the bed   *das Bett machen*
mattress   *die Matratze, die Matratzen*
night stand   *der Nachtschrank, die
        Nachtschränke*
night table   *der Nachttisch, die Nachttische*
nightmare   *der Alptraum, die Alpträume*
pillow   *das Kopfkissen, die Kopfkissen*
pillowcase   *der Kopfkissenbezug, die
        Kopfkissenbezüge*
to pull smooth   *glattziehen*
quilt   *die Steppdecke, die Steppdecken*
to set (the alarm clock)   *(den Wecker)
        stellen*
to sleep   *schlafen*
to toss and turn   *sich unruhig hin- und
        herwälzen*
wardrobe   *der Kleiderschrank, die
        Kleiderschränke*

Housework

broom   *der Besen, die Besen*
carpet   *der Teppich, die Teppiche*

to clean   *putzen*
cleaning cloth   *der Putzlappen, die
        Putzlappen*
dirty   *schmutzig*
dryer   *der Wäschetrockner, die
        Wäschetrockner*
dust   *der Staub*
to dust   *Staub wischen*
dustcloth   *das Staubtuch, die Staubtücher*
to empty   *leeren*
floor   *der Fußboden, die Fußböden*
garbage   *der Abfall; der Müll*
garbage can   *der Mülleimer, die Mülleimer*
housecleaning   *der Hausputz*
housework   *die Hausarbeit*
to iron   *bügeln*
iron   *das Bügeleisen, die Bügeleisen*
ironing board   *das Bügelbrett, die
        Bügelbretter*
laundry   *die Wäsche*
to make easy   *erleichtern*
to polish   *polieren*
sponge   *der Schwamm, die Schwämme*
sweep   *fegen; kehren*
to take out   *hinausbringen*
   (e.g. the garbage)
to throw   *werfen*
to vacuum   *staubsaugen; saugen*
vacuum cleaner   *der Staubsauger, die
        Staubsauger*
wash   *die Wäsche*
to wash (the dishes)   *(das Geschirr)
        abwaschen*
washing machine   *die Waschmaschine, die
        Waschmaschinen*
window   *das Fenster, die Fenster*
to wipe (the floor)   *wischen*

Some minor problems around the house

blown (fuse)   *durchgebrannt*
burned out (light bulb)   *durchgebrannt*
to call   *rufen*
to check (on something)   *nachsehen*
clogged   *verstopft*
drain   *der Abfluß, die Abflüsse*
to drain   *ablaufen*
to drip   *lecken*
electrician   *der Elektriker, die Elektriker*
to empty   *leeren*
fuse   *die Sicherung, die Sicherungen*

fuse box   *der Sicherungskasten, die Sicherungskästen*

light bulb   *die Glühbirne, die Glühbirnen*

light switch   *der Lichtschalter, die Lichtschalter*

outlet (electric)   *die Steckdose, die Steckdosen*

pipe (plumbing)   *das Rohr, die Rohre*

plug (sink, bottle)   *der Stöpsel, die Stöpsel*

plug (electric)   *der Stecker, die Stecker*

plumber   *der Klempner, die Klempner*

to pull the plug   *den Stöpsel ziehen*

to replace   *ersetzen*

sink   *die Spüle, die Spülen*

stopped up   *verstopft*

turn off (lights, other electrical devices)   *ausschalten*

turn on (lights, other electrical devices)   *anschalten*

Chapter 17: At the doctor's office

accident   *der Unfall, die Unfälle*

accident, automobile   *der Autounfall, die Autounfälle*

adhesive bandage   *das Pflaster, die Pflaster*

allergic   *allergisch*

allergy   *die Allergie, die Allergien*

to analyze   *analysieren*

ankle   *der Knöchel, die Knöchel*

antibiotics   *das Antibiotikum, die Antibiotika*

appendix   *der Blinddarm, die Blinddärme*

appointment   *der Termin, die Termine*

arm   *der Arm, die Arme*

arthritis   *die Arthritis*

Asian flu   *die asiatische Grippe*

assistant (doctor's)   *die Sprechstundenhilfe, die Sprechstundenhilfen*

asthma   *das Asthma*

back   *der Rücken, die Rücken*

bandage   *der Verband, die Verbände*

to bandage   *verbinden*

blood   *das Blut*

blood pressure   *der Blutdruck*

blood sample   *die Blutprobe, die Blutproben*

blood type   *die Blutgruppe, die Blutgruppen*

bone   *der Knochen, die Knochen*

bowel movement   *der Stuhlgang*

breast   *die Brust, die Brüste*

to breathe   *atmen*

broken   *gebrochen*

cancer   *der Krebs*

cast (plaster)   *der Gipsverband, die Gipsverbände*

to put in a cast   *in Gips legen*

cavity (dental)   *das Loch, die Löcher*

cheek   *die Backe, die Backen; die Wange, die Wangen*

chest   *die Brust*

chickenpox   *die Windpocken*

childhood disease   *die Kinderkrankheit, die Kinderkrankheiten*

chills and fever   *der Schüttelfrost*

coated pill   *das Dragée, die Dragées*

cold   *die Erkältung, die Erkältungen*

to be cold   *frieren*

to have a cold   *erkältet sein*

constipated   *verstopft*

constipation   *die Verstopfung*

contagious   *ansteckend*

cough   *der Husten*

to cough   *husten*

crutches   *die Krücken*

cut   *geschnitten*

to cut   *schneiden*

dental chair   *der Behandlungsstuhl, die Behandlungsstühle*

dentist   (male) *der Zahnarzt, die Zahnärzte;* (female) *die Zahnärztin, die Zahnärztinnen*

diabetes   *der Diabetes; die Zuckerkrankheit*

diarrhea   *der Durchfall*

difficulty   *die Schwierigkeit, die Schwierigkeiten*

diphtheria   *die Diphtherie*

dizzy   *schwindelig*

doctor   (male) *der Arzt, die Ärzte;* (female) *die Ärztin, die Ärztinnen*

doctor's office   *die Arztpraxis, die Arztpraxen*

ear   *das Ohr, die Ohren*

earache   *die Ohrenschmerzen*

elbow   *der Ellenbogen, die Ellenbogen*

electrocardiogram (EKG)   *das Elektrokardiogramm, die Elektrokardiogramme (EKG)*

epilepsy   *die Epilepsie*

epileptic seizure *der epileptische Anfall, die epileptischen Anfälle*
to examine *untersuchen*
to examine (using a stethoscope) *abhorchen*
to feel (the pulse) *(den Puls) fühlen*
fever *das Fieber*
filling (dental) *die Füllung, die Füllungen; die Plombe, die Plomben*
finger *der Finger, die Finger*
flu *die Grippe*
foot *der Fuß, die Füße*
fracture *der Bruch, die Brüche*
frequently *häufig*
German measles *die Röteln*
glands *die Drüse, die Drüsen*
heart *das Herz, die Herzen*
heart attack *der Herzinfarkt, die Herzinfarkte; der Herzanfall, die Herzanfälle*
hip *die Hüfte, die Hüften*
hospital *das Krankenhaus, die Krankenhäuser*
to hurt *weh tun*
ill *krank*
illness *die Krankheit, die Krankheiten*
to immobilize (a bone) *ruhig stellen*
infantile paralysis (poliomyelitis) *die Kinderlähmung*
influenza *die Influenza*
injection *die Spritze, die Spritzen*
injured person (male) *der Verletzte, die Verletzten;* (female) *die Verletzte, die Verletzten*
intestine *der Darm, die Därme*
kidney *die Niere, die Nieren*
knee *das Knie, die Knie*
leg *das Bein, die Beine*
liver *die Leber*
lungs *die Lunge, die Lungen*
lymph glands *die Lymphdrüse, Lymphdrüsen*
magnetic resonance imaging (MRI) *die Kernspintomographie*
measles *die Masern*
to measure *messen*
medical history *die Krankengeschichte, die Krankengeschichten*
menstrual period *die Regel*
mental illness *die psychische Störung, die psychischen Störungen; die psychische Krankheit, die psychischen Krankheiten*
molar *der Backenzahn, die Backenzähne*
mouth *der Mund, die Münder*
mucus *der Schleim*
mumps *der Mumps*
nauseous *übel*
neck *der Hals, die Hälse*
to need *brauchen*
to operate *operieren*
operation *die Operation, die Operationen*
orthopedist (male) *der Orthopäde, die Orthopäden;* (female) *die Orthopädin, die Orthopädinnen*
pain *der Schmerz, die Schmerzen*
penicillin *das Penizillin*
penicillin injection *die Penizillinspritze, die Penizillinspritzen*
poliomyelitis *die Polio*
possibility *die Möglichkeit, die Möglichkeiten*
to prescribe *verschreiben*
psychiatrist *der Psychiater, die Psychiater*
pulse *der Puls, die Pulse*
to put on (an adhesive bandage) *kleben*
to remove *entfernen*
to roll up *krempeln; hochkrempeln*
runny nose *der Schnupfen*
sample *die Probe, die Proben*
to say *sagen*
sensitive (to) *empfindlich (gegen)*
to set (a bone) *richten*
to sew (stitches) *nähen*
shot *die Spritze, die Spritzen*
shoulder *die Schulter, die Schulter*
sick *krank*
sickness *die Krankheit, die Krankheiten*
sleeve *der Ärmel, die Ärmel*
sore throat *die Halsschmerzen*
to sprain *verrenken; verstauchen*
stitches *die Nähte*
stomach *der Magen, die Mägen*
stool (bowel movement) *der Stuhl*
stuffed up (nose) *verstopft*
to suffer from *leiden an*
swollen *geschwollen*
symptoms *das Symptom, die Symptome*
tablet *die Tablette, die Tabletten*
to take a deep breath *tief einatmen*
to take one's temperature *Fieber messen*

tetanus   *der Tetanus*
throat   *der Rachen, die Rachen*
to set (a bone)   *richten*
tonsils   *die Mandeln*
toothache   *die Zahnschmerzen*
to treat   *behandeln*
treatment room   *der Behandlungsraum, die Behandlungsräume*
tuberculosis (TB)   *die Tuberkulose (TBC); die Schwindsucht*
ultrasound   *der Ultraschall*
to undress (term used in doctor's office only)   *sich frei machen*
upper right   *oben rechts*
urine   *der Urin*
to vaccinate   *impfen*
vaccinated   *geimpft*
venereal disease   *die Geschlechtskrankheit, die Geschlechtskrankheiten*
vital organs   *die lebenswichtigen Organe*
to vomit   *sich übergeben*
which   *welcher*
whooping cough   *der Keuchhusten*
wound   *die Wunde, die Wunden*
wrist   *das Handgelenk, die Handgelenke*
x-ray (image, picture)   *das Röntgenbild, die Röntgenbilder*
to x-ray   *röntgen*

Chapter 18: At the hospital

acute appendicitis   *die akute Blinddarment-zündung*
admission   *die Aufnahme, die Aufnahmen*
to admit (hospital)   *aufnehmen*
ambulance   *der Krankenwagen, die Krankenwagen; der Rettungswagen; der Unfallwagen*
anesthesia   *die Anästhesie*
anesthesiologist   (female) *die Anästhesistin, die Anästhesistinnen; (male) der Anästhesist, die Anästhesisten*
appendicitis   *die Appendizitis, die Blinddarmentzündung*
bladder   *die Blase, die Blasen*
blood pressure   *der Blutdruck*
to breathe   *atmen*
cataract   *der graue Star; die Katarakt*

clinic, hospital   *die Klinik, die Kliniken*
colon   *der Dickdarm, die Dickdärme*
cut, incision   *der Schnitt, die Schnitte*
cyst   *die Zyste, die Zysten*
delivery   *die Entbindung, die Entbindungen*
delivery room   *der Entbindungssaal, die Entbindungssäle; der Kreißsaal, die Kreißsäle*
emergency room   *die Unfallstation, die Unfallstationen*
to examine   *untersuchen*
feeding (food)   *Ernährung*
food   *die Nahrung*
form (document to fill out)   *das Formular, die Formulare*
gallbladder   *die Gallenblase, die Gallenblasen*
health insurance   *die Krankenkasse, die Krankenkassen*
hemorrhoids   *die Hämorrhoiden*
hospital   *das Krankenhaus, die Krankenhäuser*
hysterectomy   *die Hysterektomie*
injection, shot   *die Spritze, die Spritzen*
intensive care   *die Intensivstation, die Intensivstationen*
intern   (male) *der Assistenzarzt, die Assistenzärzte; (female) die Assistenzärztin, die Assistenzärztinnen*
intravenous   *intravenös*
labor, labor pains   *die Wehe, die Wehen*
to measure (take blood pressure, temperature)   *messen*
midwife   *die Hebamme, die Hebammen*
nurse   (male) *der Krankenpfleger, die Krankenpfleger; (female) die Krankenschwester, die Krankenschwestern; die Krankenpflegerin, die Krankenpflegerinnen*
obstetrician   (male) *der Geburtshelfer, die Geburtshelfer; (female) die Geburtshelferin, die Geburtshelferinnen*
to operate   *operieren; eine Operation durchführen; einen chirurgischen Eingriff vornehmen*
operating room   *der Operationssaal, die Operationssäle*

operating table *der Operationstisch, die Operationstische*

operation, intervention *die Operation, die Operationen; der Eingriff, die Eingriffe*

ovaries *der Eierstock, die Eierstöcke; die Ovarien*

oxygen *der Sauerstoff*

oxygen tent *das Sauerstoffzelt, die Sauerstoffzelte*

oxygen tube *der Sauerstoffschlauch, die Sauerstoffschläuche*

pain *der Schmerz, die Schmerzen*

painful *schmerzhaft*

patient (male) *der Patient, die Patienten;* (female) *die Patientin, die Patientinnen*

to place *legen*

polyps *die Polypen*

to predict *voraussagen*

pregnancy *die Schwangerschaft, die Schwangerschaften*

pregnant *schwanger*

to prepare *vorbereiten*

prognosis *die Prognose, die Prognosen*

pulse *der Puls*

to put *legen*

radiology *die Radiologie*

ready *bereit*

recovery room *der Beobachtungsraum, die Beobachtungsräume*

to remove *entfernen*

serious *ernst*

stomach pains *die Bauchschmerzen*

stretcher *die Tragbahre, die Tragbahren*

surgeon (male) *der Chirurg, die Chirurgen;* (female) *die Chirurgin, die Chirurginnen*

to take out *herausnehmen*

tonsils *die Mandeln*

tranquilizer *das Beruhigungsmittel, die Beruhigungsmittel*

ulcer *das Geschwür, die Geschwüre*

wheelchair *der Rollstuhl, die Rollstühle*

x-ray (image, film) *die Röntgenaufnahme, die Röntgenaufnahmen; das Röntgenbild, die Röntgenbilder*

to take x-rays *röntgen*

Chapter 19: At the theater and the movies

act *der Akt, die Akte*

actor *der Schauspieler, die Schauspieler*

actress *die Schauspielerin, die Schauspielerinnen*

admission ticket *die Eintrittskarte, die Eintrittskarten*

to appear (on stage) *(auf der Bühne) erscheinen*

to applaud *applaudieren; klatschen*

balcony *der zweite Rang, die zweiten Ränge*

to begin *anfangen; beginnen*

box *die Loge, die Logen*

box seat *der Logenplatz, die Logenplätze*

cashier (male) *der Kassierer, die Kassierer;* (female) *die Kassiererin, die Kassiererinnen*

to check (e.g. coats) *abgeben*

checkroom *die Garderobe, die Garderoben*

to clap *klatschen*

cloakroom *die Garderobe, die Garderoben*

comedy *die Komödie, die Komödien*

curtain *der Vorhang, die Vorhänge*

drama *das Drama, die Dramen*

to dub *synchronisieren*

to fall *fallen*

film, movie *der Film, die Filme*

hero *der Held, die Helden*

heroine *die Heldin, die Heldinnen*

intermission *die Pause, die Pausen*

mezzanine *der erste Rang, die ersten Ränge*

movie theater *das Kino, die Kinos*

musical *das Musical, die Musicals*

orchestra *das Parkett, die Parkette*

performance *die Aufführung, die Aufführungen*

to play *spielen*

play *das Theaterstück, die Theaterstücke; das Stück, die Stücke; das Schauspiel, die Schauspiele*

to prefer *vorziehen*

program *das Programm, die Programme*

role *die Rolle, die Rollen*

row *die Reihe, die Reihen*

scene *die Szene, die Szenen*

screen *die Leinwand, die Leinwände*

seat *der Platz, die Plätze*

to sell *verkaufen*

to shoot a film *einen Film drehen*

show, performance *die Vorstellung, die Vorstellungen*

to show	*zeigen*
sold out	*ausverkauft*
spectator	*der Zuschauer, die Zuschauer*
stage	*die Bühne, die Bühnen*
theater	*das Theater, die Theater*
ticket	*die Karte, die Karten*
ticket window, box office	*die Theaterkasse, die Theaterkassen*
top balcony	*der Heuboden, die Heuböden*
tragedy	*die Tragödie, die Tragödien*
usher	(male) *der Platzanweiser, die Platzanweiser;* (female) *die Platzanweiserin, die Platzanweiserinnen*
variety show	*das Varieté*

Chapter 20: Sports

ball	*der Ball, die Bälle*
baseline (tennis)	*die Grundlinie, die Grundlinien*
to catch, stop (a ball)	*fangen*
difficult	*schwer*
doubles match (tennis)	*das Doppel, die Doppel*
to dribble around	*umdribbeln*
end	*das Ende*
forwards	*nach vorne*
foul	*das Foul, die Fouls*
goal	*das Tor, die Tore*
goal, to make a (soccer)	*ein Tor schießen*
goalie, goalkeeper, goaltender	*der Torwart, die Torwarte*
guard	*hüten*
half (soccer)	*die Halbzeit, die Halbzeiten*
kick	*schießen; treten*
long pass, to make a	*eine Flanke schießen*
lost	*verloren*
love (tennis)	*null*
match (tennis)	*das Match, die Matches*
net	*das Netz, die Netze*
net ball	*der Netzball, die Netzbälle*
no-score game	*ein torloses Unentschieden*
opponent	*der Gegenspieler, die Gegenspieler*
out	*aus*
outside	*außerhalb*
to pass	*führen; passen; einen Paß schießen; spielen*
to play	*spielen*
player	*der Spieler, die Spieler*

playing field	*das Spielfeld, die Spielfelder*
point	*der Punkt, die Punkte*
referee	*der Schiedsrichter, die Schiedsrichter*
to return (ball)	*zurückschlagen*
score	*der Spielstand, die Spielstände*
to score a point (soccer)	*ein Tor schießen*
scoreboard	*die Anzeigetafel, die Anzeigetafeln*
serve (tennis)	*der Aufschlag, die Aufschläge*
set (tennis)	*der Satz, die Sätze*
to shoot	*schießen*
sideways	*zur Seite*
singles match (tennis)	*das Einzel, die Einzel; das Single, die Singles*
soccer field	*das Fußballfeld, die Fußballfelder*
soccer team	*die Fußballmannschaft, die Fußballmannschaften*
team	*die Mannschaft, die Mannschaften*
team mate	*der Mitspieler, die Mitspieler*
tennis ball	*der Tennisball, die Tennisbälle*
tennis court	*der Tennisplatz, die Tennisplätze*
tennis racket	*der Tennisschläger, die Tennisschläger*
tennis tournament	*das Tennisturnier, die Tennisturniere*
tied	*unentschieden*
to touch	*berühren*
to whistle	*pfeifen*
to win	*gewinnen*
won	*gewann*

Chapter 21: The computer

to appear	*erscheinen*
back up copy	*die Sicherheitskopie, die Sicherheitskopien*
to choose	*aussuchen, auswählen*
to click	*klicken*
to close	*schließen*
computer	*der Computer, die Computer*
CPU	*der Rechner, die Rechner*
to create	*anlegen*
data	*die Daten*
desk	*der Schreibtisch, die Schreibtische*
diskette	*die Diskette, die Disketten*
document	*das Dokument, die Dokumente*
to exit	*beenden*

eye level *die Augenhöhe*
file *die Datei, die Dateien*
floppy disk *die Diskette, die Disketten*
hard drive *die Festplatte, die Festplatten*
to input *eingeben*
keyboard *die Tastatur, die Tastaturen*
menu *das Menü, die Menüs*
monitor *der Bildschirm, die Bildschirme; der Monitor, die Monitore*
mouse *die Maus, die Mäuse*
mouse pad *das Mauspad, die Mauspads*
to name *benennen*
office *das Büro, die Büros*
to open *öffnen*
to print *drucken*

printer *der Drucker, die Drucker*
to put into *stecken*
to save *speichern*
to select *aussuchen, auswählen*
session (computer) *die Sitzung, die Sitzungen*
spell check *die Rechtschreibprüfung, die Rechtschreibprüfungen*
to turn off *ausschalten*
to turn on *anschalten; einschalten*
to update *aktualisieren*
word processing program *das Textverarbeitungsprogramm, die Textverarbeitungsprogramme*

Answers to exercises
Die Lösungen zu den Übungen

Chapter 1: At the airport

1. 1. Bus
2. Hauptbahnhof
3. fahren

2.
1. Halle
2. Auslandsflüge
3. Halle
4. Inlandflüge
5. Auslandsflug
6. Halle

3.
1. Schalter
2. Schlange
3. Schalter
4. Flugschein
5. Auslandsflug
6. Reisepaß(Paß)

4.
1. Auslandsflug
2. Schalter
3. Flugschein, Reisepaß
4. Platz, Nichtraucherzone
5. Reihe, Nichtraucherzone
6. Handgepäck, Aktentasche
7. Gepäckschein
8. Bordkarte
9. Flug, Platz, Reihe, Nichtraucherzone
10. Fluggepäckschein, abholen

5.
1. Der Passagier ist am Schalter.
2. Sie spricht mit der Dame am Schalter.
3. Sie gibt der Dame ihren Flugschein.
4. Sie möchte in der Nichtraucherzone sitzen.
5. Sie hat zwei Koffer.
6. Ja, sie hat Handgepäck.
7. Sie hat eine Aktentasche.
8. Ja, die Aktentasche paßt unter den Sitz.
9. Die Dame gibt dem Passagier eine Bordkarte.
10. Sie fliegt mit Flug 375.
11. Sie fliegt nach Frankfurt.
12. Sie hat Platz C.
13. Der Platz ist in Reihe 20.
14. Zwei Koffer werden durchgecheckt.
15. Sie kann ihre Koffer in Frankfurt abholen.

6.
1. *a*
2. *b*
3. *c*
4. *a*
5. *b*

7.
1. Abflug
2. Flug
3. nach Frankfurt
4. Sicherheitskontrolle
5. Sicherheitskontrolle
6. Ausgang

8.
1. Flug
2. nach
3. Sicherheitskontrolle
4. Ausgang, Halle

9.
1. aufgerufen
2. Flug
3. aus
4. nach

10.
1. Sicherheitskontrolle
2. Fließband
3. flach
4. durchleuchtet
5. Handtasche
6. Sicherheitsschleuse
7. summt
8. Schlüssel
9. Münzen
10. Korb
11. Magnetsonde
12. Gate

11.
1. Hallen, Auslandsflüge, Inlandflüge
2. Dame, Schalter, Fluggesellschaft
3. Flugscheine, Reisepässe
4. Gepäck
5. Gepäckscheine, Gepäckscheine
6. Tasche, Handgepäck, passen
7. Gang, Nichtraucherzone
8. besetzt, noch
9. Bordkarte, Platz, Reihe
10. Zwischenlandung, umsteigen
11. Abflug, nach
12. Ausgang

12.
1. Frau Möller kommt am Flughafen an.
2. Es gibt zwei Hallen.
3. Eine Halle ist für Auslandsflüge, die andere für Inlandflüge.
4. Frau Möller geht sofort zum Schalter.
5. Die Frau möchte den Flugschein und den Reisepaß sehen.
6. Frau Möller hat zwei Koffer.
7. Die Frau klebt die Fluggepäckscheine auf die Flugscheinhülle.

8. Frau Möller kann ihre Koffer in New York abholen.
9. Sie nimmt eine Tasche mit an Bord.
10. Das Handgepäck muß unter den Sitz passen.
11. Nein, Frau Möller hat keinen reservierten Platz.
12. Das ist kein Problem, weil der Flug nicht voll besetzt ist.
13. Frau Möller hat Platz C, Reihe 22.
14. Sie muß zum Ausgang 18 gehen.
15. Es ist kein Nonstopflug.

13.
1. Flug
2. nach
3. Zwischenlandung
4. umsteigen
5. Platz
6. Reihe
7. Nichtraucherzone

Chapter 2: On the airplane

1.
1. Kabinenpersonal
2. Flugbegleiter
3. Erste Klasse
4. größeren Kabine
5. Cockpits
6. Cockpit
7. startet
8. landet

2.
1. Besatzung
2. begrüßen
3. starten
4. Flugzeit
5. beträgt
6. Flughöhe
7. Geschwindigkeit
8. pro Stunde

3.
1. Die Schwimmwesten sind unter den Sitzen.
2. Bei einem Luftdruckabfall fallen die Sauerstoffmasken automatisch herab.
3. Die Notausgänge sind über den Tragflächen.

4.
1. Starts
2. Landung
3. angeschnallt
4. Sicherheitsgurte (Gurte)
5. angeschnallt
6. Turbulenz
7. schaukelt

5.
1. Nichtraucherzone, Gang, Toiletten
2. Schild "Nicht rauchen," eingeschaltet
3. Schild "Nicht rauchen," Landung

6.
1. Gang
2. Sitz
3. Gepäckablage
4. passen
5. Starts
6. Landung
7. Rückenlehne
8. senkrecht

7.
1. Mahlzeit
2. Frühstück
3. Stereo
4. Kanäle
5. Film
6. Gebühr
7. Kopfhörer
8. Decken
9. Kopfkissen

8.
1. Decke
2. Kopfkissen

9.
1. Kabinen, Erste-Klasse, Kabine, Economy
2. Flugbegleiter
3. Sauerstoffmasken
4. Handgepäck, Gepäckablage
5. Starts, Landung
6. Schild "Nicht rauchen"
7. Rückenlehnen
8. Sicherheitsgurte
9. Getränke, Mahlzeit
10. Kopfhörer, Gebühr

10.
1. *e*
2. *i*
3. *f*
4. *b*
5. *a*
6. *j*
7. *c*
8. *l*
9. *h*
10. *m*

11.
1. Die Flugbegleiter und die Besatzung begrüßen die Passagiere.
2. Es gibt zwei Kabinen.
3. Die Flugbegleiter erklären, wie die Sauerstoffmaske benutzt wird.
4. Die Passagiere müssen ihr Handgepäck unter den Sitz stellen oder in die Gepäckablage legen.
5. Im Flugzeug darf man in der Nichtraucherzone, in den Gängen und in den Toiletten nicht rauchen.
6. Die Passagiere müssen ihre Rückenlehnen senkrecht stellen. Sie dürfen nicht rauchen. Sie müssen die Sicherheitsgurte anlegen.
7. Man weiß nie, wann das Flugzeug einer Turbulenz begegnet.
8. Die Flugbegleiter servieren Getränke und eine Mahlzeit.
9. Sie bringen den Passagieren auch Decken und Kopfkissen.
10. Der Flugkapitän sagt die Flugzeit, die Flughöhe, die Flugroute und die Geschwindigkeit durch.

Chapter 3: Passport control and customs

1. 1. Reisepaß (Paß)   5. übernachten
        2. ist   6. geschäftlich
        3. bleiben   7. Vergnügen
        4. (any appropriate 8. Vergnügen
           length of time)

2. 1. verzollen, grünen Zeichen, etwas, roten
           Zeichen
        2. verzollt
        3. Zollerklärung
        4. persönlichen Sachen

Chapter 4: At the train station

1. 1. Fahrkarte
        2. Rückfahrkarte
        3. einfache Fahrkarte

2. 1. Fahrkarte
        2. einfache Fahrkarte
        3. Rückfahrkarte

3. 1. Fahrkartenschalter
        2. Schalter

4. 1. Schalter
        2. Fahrkarte
        3. Rückfahrkarte
        4. einfache Fahrkarte
        5. einfache Fahrkarte
        6. InterCity-Zug
        7. Fahrkarte

5. 1. Der Zug nach Braunschweig soll um
           14.10 Uhr abfahren.
        2. Er wird nicht pünktlich abfahren.
        3. Er wird um 15.00 Uhr abfahren.
        4. Ja, der Zug hat Verspätung.
        5. Der Zug fährt mit fünfzig Minuten
           Verspätung ab.

6. 1. Verspätung   3. Verspätung
        2. fünfzig

7. 1. Gepäck   4. Schlitz
        2. Gepäckträger   5. Schlüssel
        3. Schließfach   6. abholen

8. 1. Gepäck   6. Schlüssel
        2. Kofferkuli   7. Schließfach
        3. Gepäck   8. Gepäck
        4. Kofferkuli   9. 15 Uhr
        5. Münze

9. 1. Gleis
        2. Platzreservierung
        3. Abteil, Wagen

10. 1. Bahnsteig
        2. Abteilen

11. 1. Schaffner
        2. Schlafwagen
        3. Speisewagen

12. 1. T   5. F
        2. F   6. F
        3. F   7. F
        4. F   8. F

13. 1. Frau Meyer kommt mit dem Taxi zum
           Bahnhof.
        2. Sie hat vier Koffer bei sich.
        3. Frau Meyer holt einen Kofferkuli.
        4. Nein, der Zug fährt nicht pünktlich ab.
        5. Der Zug fährt mit 30 Minuten
           Verspätung (mit einer Verspätung von
           einer halben Stunde) ab.
        6. Sie läßt ihr Gepäck im Schließfach.
        7. Sie kauft die Fahrkarte am Schalter.
        8. Nein, sie will eine Rückfahrkarte
           kaufen.
        9. Sie fährt Erster Klasse.
       10. Sie bringt ihr Gepäck mit dem
           Kofferkuli zum Bahnsteig.
       11. Ja, der Zug ist schon da.
       12. Sie sucht Wagen 7.
       13. Frau Meyer hat Platz 112.
       14. Sie hat kein Bett reservieren lassen, weil
           es kein Nachtzug ist.
       15. Frau Meyer fragt den Schaffner, wo der
           Speisewagen ist.

14. 1. *b*   4. *f*
        2. *d*   5. *a*
        3. *e*   6. *c*

Chapter 5: The automobile

1. 1. miete
        2. Tagestarif, Wochentarif
        3. kostet, Wochentarif
        4. Kilometergeld
        5. Benzin
        6. Führerschein
        7. Versicherung

2. 1. mieten
        2. Auto

3. Tag
4. Woche
5. Tagestarif
6. Wochentarif
7. Kilometer
8. Kilometer
9. inbegriffen
10. Vollkaskoversicherung
11. Führerschein
12. Anzahlung
13. Kreditkarte
14. Kreditkarte
15. unterschreiben

3.

1. *b*	6. *b*
2. *a*	7. *b*
3. *b*	8. *b*
4. *a*	9. *c*
5. *b*	10. *b*

4.
1. schaltet (den Gang einlegt)
2. Blinker
3. Handschuhfach
4. Kofferraum

5.
1. den Zündschlüssel in die Zündung stecken
2. den Motor anlassen
3. den ersten Gang einlegen

6.
1. Tank, Tankstelle
2. Tank, Liter
3. Kühlwasser
4. Ölstand
5. Windschutzscheibe
6. Batterie, Bremsflüssigkeit

7. 5, 6, 2, 3, 4, 1

8.

1. Panne	3. Abschleppwagen
2. liegen	4. abschleppen

9.

1. vibriert	4. Ersatzteile
2. Wasser	5. reparieren
3. Abschleppwagen	

Chapter 6: Asking for directions

1.

1. verirrt	10. geradeaus (weiter)
2. Straße	11. Straße
3. Kreutzung	12. Kreuzung
4. weit	13. geradeaus
5. weit	14. biege
6. Nähe	15. Ecke
7. Fuß	16. drei
8. zürückgehen	17. rechts
9. biegen	18. Kreuzung

2.

1. weit	
2. zu Fuß	5. Ecke
3. Bus	6. Haltestelle
4. Bushaltestelle	7. nehmen
	8. aussteigen

3.
1. Vorort
2. Bundesstraße
3. Verkehr
4. Hauptverkehrszeit
5. Autobahn
6. Fahrstreifen
7. Fahrstreifen, Ausfahrt
8. Einbahnstraße
9. Ampel

4.
a. die Ausfahrt
b. die Einfahrt (Auffahrt)
c. der Rastplatz
d. die Raststätte
e. der Fahrstreifen
f. die Ampel

5.

1. *d*	4. *c*
2. *f*	5. *a*
3. *b*	6. *e*

6.

1. Kreuzung	4. nach
2. weiter	5. nach
3. weiter	

Chapter 7: A telephone call

1.

1. telefonieren	5. durchwählen
2. Telefonnummer	6. ab
3. Telefonbuch	7. Amtszeichen
4. Ortsgespräch	8. Tastatur

2.
1. Ferngespräch
2. Vorwahl
3. Null
4. R-Gespräch
5. Personengespräch
6. verbinden

3.

1. Telefonzelle	6. werfe
2. Telefonzelle	7. Amtszeichen
3. Kleingeld	8. Nummer
4. abnehmen	9. Tastatur
5. nehme	

4.
1. (Make up last name.)
2. Herrn, Frau (made-up name)
3. Moment
4. Herr, Frau (make up name)
5. Nachricht
6. hinterlassen

5. 1. Amtszeichen
2. funktioniert
3. besetzt
4. verwählt
5. später durchzukommen
6. unterbrochen
7. Durchwahlnummer

6. 1. Die Leitung war besetzt.
2. Niemand nahm den Hörer ab.
3. Die Zentrale hat sie falsch verbunden.
4. Sie ist unterbrochen worden.

7. 4, 1, 5, 3, 6, 7, 2

8. 1. Betrieb
2. Leitung
3. Auskunft
4. Nachricht hinterlassen
5. verwählt

9. 1. Frau Siebuhr führt ein Ferngespräch.
2. Sie braucht nicht ins Telefonbuch zu schauen, weil sie die Telefonnummer ihrer Freundin weiß.
3. Sie hat auch die Vorwahl.
4. Sie nimmt den Hörer ab.
5. Die Zentrale hebt ab.
6. Sie kann nicht mit ihrer Freundin sprechen, weil die Leitung besetzt ist.
7. Niemand nimmt den Hörer ab.
8. Ja, beim dritten Anruf hebt jemand ab.
9. Es ist nicht ihre Freundin.
10. Die Zentrale hat sie falsch verbunden.
11. Ja, beim vierten Mal nimmt die Freundin den Hörer ab.
12. Ja, sie sprechen ein wenig miteinander.
13. Sie können ihr Gespräch nicht zu Ende führen, weil die Leitung tot ist.

10. 1. Christine hat angerufen.
2. Sie hat 68 74 66 erreicht.
3. Nein, Heike ist nicht zu Hause.
4. Sie spricht mit dem Anrufbeantworter.
5. Man soll eine Nachricht hinterlassen.
6. Sie will mit Heike ins Kino gehen.

Chapter 9: At the hotel

1. 1. Einzelzimmer
2. Doppelzimmer
3. Doppelbett, Betten
4. Hof

  5. Seeblick
  6. Vollpension
  7. Bedienung, Mehrwertsteuer
  8. Klimaanlage
  9. Bad
10. reservieren lassen (reserviert, bestellt), Bestätigung
11. Portier
12. belegt, Verfügung
13. Meldeschein, Reisepaß
14. Hotelpage
15. Kreditkarte

2. 1. Zimmer
2. reservieren lassen (vorbestellt)
3. belegt
4. Verfügung
5. Doppelbett
6. Betten
7. Doppelbett (or: zwei Betten)
8. Seeblick
9. Straße
10. Straße
11. Zimmer
12. Bedienung
13. Bedienung
14. Mehrwertsteuer
15. Montag, Dienstag, etc.
16. klimatisiert
17. Bad
18. füllen
19. unterschreiben
20. Paß
21. Hotelpage

3. 1. Zimmermädchen   6. Decke
2. Wäsche-Service   7. Badetuch
3. waschen, bügeln   8. Seife
4. reinigen lassen   9. Kleiderbügel
5. Steckdose   10. Toilettenpapier

4. a. das Waschbecken
b. die Toilette
c. die Decke
d. das Bett
e. die Dusche
f. das Handtuch
g. die Steckdose
h. das Toilettenpapier
i. der Kleiderbügel
j. der Schrank

5. 1. Glühbirne, Lichtschalter
2. Wasserhahn
3. verstopft
4. heißes Wasser

6.
1. das Waschbecken
2. der Wasserhahn
3. das Licht
4. die Glühbirne
5. der Lichtschalter

7.
1. Rechnung
2. (your name)
3. noch etwas
4. telefoniert
5. Rechnung
6. Rechnung
7. bestellt
8. berechnet
9. Kreditkarten
10. Karte

8.
1. Empfang
2. ausfüllen, Paß
3. Einzelzimmer, Doppelzimmer
4. Bedienung, Mehrwertsteuer
5. Straße, Zimmer, Hof
6. bestellen, Bestätigung
7. voll belegt
8. Hotelpage
9. Zimmermädchen
10. Handtücher, Seife, Toilettenpapier
11. klimatisiert
12. Decke, Bett
13. Kleiderbügel
14. Wäsche-Service
15. bestellen
16. räumen
17. Rezeption
18. Kreditkarte

9.
1. Nein, das Zimmer ist nicht zur Straße. Es ist mit Seeblick.
2. Ja, es hat einen Balkon.
3. Im Zimmer steht ein Doppelbett.
4. Es ist ein Doppelzimmer.
5. Ja, das Zimmer hat ein Bad.
6. Im Badezimmer ist eine Dusche.
7. Das Zimmer hat einen Fernseher.
8. Das Zimmer hat kein Telefon.

10.
1. Die Dame und der Herr stehen an der Rezeption.
2. Sie kommen an.
3. Sie sprechen mit dem Portier.
4. Der Herr füllt den Meldeschein aus.
5. Der Hotelpage hat den Schlüssel.
6. Die Dame hat eine Kreditkarte in der Hand.

11.
1. Es ist ein Einzelzimmer.
2. Auf dem Bett liegen ein Kopfkissen und eine Decke.
3. Das Zimmermädchen arbeitet im Zimmer.
4. Sie macht das Zimmer.
5. Im Schrank hängen Kleiderbügel.
6. Ja, das Zimmer hat ein Bad.
7. Ja, es gibt eine Dusche.
8. Zwei Handtücher hängen da.
9. Eine Rolle Toilettenpapier ist im Badezimmer.

Chapter 10: At the bank

1.
1. Geld
2. D-Mark
3. Gebühr
4. Bank
5. Wechselkurs

2.
1. wechseln
2. Reiseschecks
3. steht
4. Kasse

3.
1. bar
2. Bargeld
3. einlösen

4.
1. Kleingeld
2. wechseln
3. Münzen

5.
1. Dollar
2. Wechselkurs
3. steht bei
4. Kasse
5. Scheine
6. Mark
7. wechseln
8. Scheine
9. Münzen
10. Scheine

6.
1. die Karte in den Schlitz stecken
2. die Geheimnummer eingeben
3. den Betrag wählen
4. die Karte entnehmen

7.
1. Sparkonto
2. einzahlen
3. Geld
4. Sparbuch
5. spare
6. hebe
7. Ersparnisse

8.
1. Kontostand
2. neue
3. einlösen, Konto
4. unterschreiben
5. Scheck

9.
1. Raten
2. bar
3. Anzahlung
4. Darlehen aufnehmen
5. Zinssatz
6. Raten
7. Fälligkeitstag

10.
1. *b*
2. *m*
3. *u*
4. *l*

5.	*a*	11.	*q*
6.	*d*	12.	*f*
7.	*g*	13.	*s*
8.	*j*	14.	*p*
9.	*r*	15.	*h*
10.	*c*		

11.
1.	wechseln	6.	bezahlen
2.	einzahlen	7.	wechseln
3.	einlösen	8.	abheben
4.	unterschreiben	9.	kaufen
5.	aufnehmen	10.	eröffnen

12.
1.	in	4.	mit
2.	zur	5.	auf, in
3.	in		

Chapter 11: At the post office

1.
1.	Briefkasten	4.	Briefmarken
2.	Postamt	5.	Briefmarken
3.	Porto	6.	Post

2.
1.	Post	5.	3 Mark
2.	Porto	6.	90 Pfennig
3.	Luftpost	7.	Einschreiben
4.	Luftpost		

3.
1. Ich sende den Brief per Luftpost.
2. Der Empfänger ist Konrad Weiß.
3. Die Postleitzahl des Empfängers ist 23590.
4. Der Absender ist Ingrid Hansen.
5. Auf dem Briefumschlag sind zwei Briefmarken.
6. Der Absender wohnt in Hamburg.

4.
1. Paket, Päckchen
2. Waage
3. versichern
4. ausfüllen
5. zerbrechlich
6. Luftpost
7. Porto

5.
1.	Postamt	3.	Briefträger
2.	Briefträger	4.	Post

Chapter 12: At the hairdresser

1.
1.	Haarschnitt	5.	stutzen
2.	Nachschnitt	6.	Schneiden
3.	Haarwäsche	7.	Schere
4.	Shampoo	8.	rasiere

2.
1.	*c*	4.	*b*
2.	*e*	5.	*d*
3.	*a*	6.	*f*

3.
1.	oben	3.	an den Seiten
2.	im Nacken	4.	hinten

4.
1.	Waschen	4.	Färben
2.	legen	5.	Lackieren
3.	Haarschnitt		

Chapter 13: At the department store

1.
1. Das sind Schuhe.
2. Ja, sie haben Gummisohlen.
3. Die Absätze sind flach.
4. Ja, die Schuhe haben Schnürsenkel.

2.
1.	Schuhe	6.	passen
2.	Größe	7.	Zehen
3.	Größe	8.	klein
4.	Absätze	9.	größer
5.	Absätze		

3.
1.	ein Hemd	4.	Socken
2.	einen Pullover	5.	Schuhe
3.	eine Hose		

4.
1.	helfen	7.	Größe
2.	möchte	8.	Baumwolle
3.	kurzen	9.	Krawatte
4.	gestreiftes	10.	paßt
5.	Hemd	11.	Krawatte
6.	Größe	12.	blauen

5.
1.	*c*	3.	*c*
2.	*c*	4.	*d*

6.
1. karierten
2. Reißverschluß
3. Schnürsenkel
4. Gürtel
5. Regenmantel
6. Unterhosen, Unterhemden
7. Maß nehmen
8. Nylon
9. paßt
10. klein

7.
1.	eine Jacke	4.	eine Strumpfhose
2.	eine Bluse	5.	Schuhe
3.	einen Rock		

8. 1. *a*   4. *b*
       2. *a*   5. *a*
       3. *b*

9. 1. Slip, Unterrock, Büstenhalter
       2. Mischgewebe
       3. paßt, karierten
       4. Maß

10. 1. gestreifte   3. gepunktetes
        2. kariertes

Chapter 14: At the dry cleaner (laundry)

1. 1. einlaufen, Reinigung, reinigen
       2. schmutzig, bügeln
       3. gestärkt
       4. Knopf, lose, annähen
       5. stopfen
       6. annähen
       7. Fleck

2. 1. waschen   5. Kaffeefleck
       2. bügeln   6. entfernen
       3. gestärkt   7. einlaufen
       4. entfernen   8. reinigen

Chapter 15: At the restaurant

1. 1. bestellt, Tisch
       2. Kneipen
       3. Garten (Biergarten)
       4. Schnellimbiß

2. 1. reservieren lassen
       2. Tisch
       3. bestellt
       4. Ecktisch
       5. Fenster

3. 1. Kellner   3. Speisekarte
       2. wünschen   4. Speisekarte

4. 1. Es ist ein gutbürgerliches Restaurant.
       2. Vier Personen sitzen am Tisch.
       3. Der Tisch ist am Fenster.
       4. Der Kellner serviert.
       5. Der Kellner hat die Speisekarten in der linken Hand.

5. 1. Menüs   4. Weinkarte
       2. Gericht   5. empfehlen
       3. Hauptgericht

6. 1. möchten   4. Rotwein
       2. Weinkarte   5. möchte
       3. Flasche

7. 1. gegrillt
       2. im eigenen Saft
       3. gebraten
       4. Eintopf
       5. gebraten
       6. englisch, rare, rosa

8. 1. gekocht   4. gebraten
       2. gedämpft   5. paniert
       3. gegrillt   6. fritiert

9. 1. Salzstreuer, Pfeffermühle
       2. Zucker
       3. Messer, Gabel, Suppenlöffel, Teelöffel
       4. versalzen (salzig)
       5. zäh

10. 1. der Suppenlöffel   6. die Untertasse
        2. der Teelöffel   7. der Salzstreuer
        3. die Tischdecke   8. die Serviette
        4. das Glas   9. das Messer
        5. der Teller   10. die Gabel

11. 1. Zahlen   4. Kreditkarten
        2. Bedienung   5. Quittung
        3. Trinkgeld

12. 1. Restaurant   5. Kellner
        2. Ecke   6. Menüs
        3. bestellt   7. Hauptgericht
        4. Bier

13. 1. Ein Besteck fehlte.
        2. Alle tranken Bier.
        3. Thomas bestellte eine kalte Platte.
        4. Die fünf Freunde wollten das Vanilleeis mit heißen Himbeeren und die Erdbeeren mit Schlagsahne probieren.
        5. Um vier Uhr waren die fünf im Café Wittmann.
        6. Ja, die Bedienung war inbegriffen.
        7. Sie gaben noch ein kleines Trinkgeld dazu, weil die Bedienung freundlich war.

Chapter 16: At home

1. 1. Abfluß
       2. Stöpsel
       3. Wasserhahn
       4. Spüle
       5. Spülmittel

    6. Schwamm
    7. Abtropfkorb
    8. trockne
    9. Geschirrtuch
   10. Geschirrspülmaschine

2. 1. der Kessel   3. die Springform
    2. die Bratpfanne   4. die Bratpfanne

3. 1. das Tranchiermesser
    2. das Schälmesser
    3. der Quirl
    4. der Durchschlag
    5. der Korkenzieher
    6. der Dosenöffner

4. 1. schneiden, braten 4. Kochen
    2. kochen   5. schälen
    3. braten

5. 1. backen (Kuchen), braten (Fleisch)
    2. braten
    3. schwenken
    4. kochen
    5. braten
    6. auslassen

6. 1. Ja, in der Küche ist eine
       Geschirrspülmaschine.
    2. Es gibt einen Wasserhahn.
    3. Ja, im Abtropfkorb liegt Geschirr.
    4. Ja, es gibt eine Speisekammer.
    5. Ja, in der Speisekammer sind
       Lebensmittel.
    6. Es ist ein Gasherd.
    7. Der Herd hat vier Brenner.
    8. Ja, im Tiefkühlfach sind Eiswürfel.

7. 1. Waschbecken, Seife, Handtuch
    2. Seifenschale
    3. Badewanne, Dusche
    4. Badetuch
    5. Handtuchhalter
    6. Spiegel
    7. Zahnpaste, Badezimmerschrank
    8. Badekappe
    9. Toilette
   10. Bademantel

8. 1. der Bademantel
    2. der Waschlappen
    3. die Toilette
    4. der Badezimmerschrank
    5. die Badewanne
    6. die Dusche
    7. das Badetuch

    8. der Spiegel
    9. das Toilettenpapier
   10. die Seife
   11. der Handtuchhalter
   12. die Badekappe
   13. die Seifenschale
   14. die Badezimmermatte
   15. das Waschbecken

9. 1. Zuckerdose
    2. Butterdose
    3. Salzstreuer
    4. Pfefferstreuer, Pfeffermühle
    5. Soßenschüssel

10. 1. Salatschüssel   4. Soßenschüssel
    2. Suppenschüssel 5. Warmhalteplatte
    3. Servierteller

11. 1. der Teelöffel
    2. der Suppenlöffel
    3. das Messer
    4. die Gabel
    5. der Teller
    6. die Untertasse
    7. die Tasse
    8. das Wasserglas
    9. das Weinglas
   10. der Salzstreuer
   11. der Pfefferstreuer
   12. die Tischdecke
   13. die Serviette

12. 1. Gardinen
    2. Regalen
    3. Bilderrahmen
    4. Tisch, Sofa
    5. fern, CD
    6. Teppichboden
    7. Sessel, Sofa
    8. Zeitung, Schallplatten, Kassetten, CDs
    9. Gäste
   10. Kopfhörer

13. 1. Nachttisch, Lampe, Wecker
    2. Doppelbett
    3. Kopfkissen, Kopfkissenbezug
    4. Bettlaken, Federbett, Tagesdecke
    5. Schubladen
    6. Kleiderschrank

14. 1. das Bettlaken
    2. der Kopfkissenbezug
    3. das Kopfkissen
    4. die Decke
    5. die Tagesdecke
    6. das Federbett

15.
1. Ich gehe um ... Uhr ins Bett.
2. Ja, ich stelle den Wecker.
   Nein, ich stelle den Wecker nicht.
3. Ich schlafe ... Stunden.
4. Ja, ich schlafe sofort ein.
   Ich wälze mich unruhig hin und her.
5. Ich stehe um ... Uhr auf.
6. Ja, ich mache sofort das Bett.
   Nein, ich mache nicht sofort das Bett.

16.
1.	Wäsche	7.	saugen
2.	Waschmaschine	8.	fegen (kehren)
3.	Trockner	9.	wischen
4.	bügeln	10.	Fenster
5.	Bügelbrett	11.	Müll
6.	Bügeleisen	12.	hinaustragen

17.
1.	*b*	4.	*c*
2.	*d*	5.	*f*
3.	*a*		

18.
1. Glühbirne
2. Stecker
3. Steckdose

19.
1.	ausgeschaltet	4.	Sicherung
2.	Sicherung	5.	Elektriker
3.	Sicherungskasten		

20.
1.	läuft	4.	Klempner
2.	Stöpsel	5.	Rohre
3.	verstopft		

Chapter 17: At the doctor's office

1.
1. Rachen
2. Schüttelfrost
3. Lymphdrüsen
4. Fieber
5. Ohren
6. asiatische Grippe

2.
1.	Arztpraxis	10.	tief einatmen
2.	Grippe	11.	Brust
3.	Influenza	12.	huste
4.	Symptome	13.	Fieber
5.	Hals	14.	allergisch
6.	Nase	15.	Ärmel
7.	Mund	16.	Penizillinspritze
8.	Rachen	17.	verschreibe
9.	Lymphdrüsen	18.	Tabletten

3.
1. erkältet, asiatischen Grippe
2. Schüttelfrost

3. Mund, untersuchen
4. Spritze, Ärmel

4.
1. allergisch
2. geimpft
3. psychische
4. Blutgruppe
5. Krankengeschichte

5.
1. Ja, ich bin operiert worden.
   Nein, ich bin nie operiert worden.
2. Als Kind hatte ich ...
3. Meine Blutgruppe ist ...
4. Ja, ich habe meinen Blinddarm immer noch.
   Nein, ich habe meinen Blinddarm nicht mehr.
5. Ja, ich bin gegen Masern geimpft.
   Nein, ich bin nicht gegen Masern geimpft.
6. Ja, sie haben Allergien.
   Nein, sie haben keine Allergien.

6. 2, 5, 6, 10, 11, 12

7.
1.	gebrochen	4.	richten
2.	röntgen	5.	legen
3.	Orthopäde	6.	Krücken

8.
1. Pflaster
2. nähen

9.
1.	der Finger	5.	der Knöchel
2.	der Ellbogen	6.	die Hüfte
3.	das Handgelenk	7.	die Schulter
4.	das Bein	8.	der Fuß

10.
1. Mein Backenzahn tut mir weh.
2. Ich brauche einen Zahnarzt.
3. Die Sprechstundenhilfe bringt mich zum Behandlungsraum.
4. Ich setze mich in den Behandlungsstuhl.
5. Der Backenzahn oben rechts.
6. Der Zahnarzt untersucht den Zahn.
7. Er findet ein Loch.
8. Ich brauche eine Füllung (Plombe).

Chapter 18: At the hospital

1.
1. Der Patient kommt in einem Unfallwagen ins Krankenhaus.
2. Nein, der Patient kann nicht laufen.
3. Der Patient liegt auf einer Tragbahre.
4. Eine Krankenschwester fühlt sofort seinen Puls.

5. Ein Arzt oder Assistenzarzt untersucht den Patienten.
6. Er wird auf der Unfallstation untersucht.
7. Der Patient hat Bauchschmerzen.
8. Der Arzt will röntgen.
9. Man bringt den Patienten zur Radiologie.

2.
1. Formular
2. Formular
3. Krankenkasse

3.
1. Tragbahre
2. Tragbahre, Rollstuhl
3. Unfallstation
4. Puls, Blutdruck
5. röntgen

4.
1. operiert
2. Eingriff
3. Operationssaal (OP-Saal)
4. Beruhigungsmittel
5. fahrbaren Trage
6. Tisch
7. Anästhesistin
8. Chirurg
9. Operation
10. entfernt

5.
1. operieren
2. die Operation
3. den Blinddarm entfernen
4. die Blinddarmentzündung

6.
1. Beobachtungsraum
2. Sauerstoff
3. Ernährung
4. Prognose

7.
1. schwanger
2. Entbindung
3. Wehen
4. Entbindungssaal
5. Geburtshelfer

8.
1. Bauchschmerzen
2. Krankenwagen
3. Tragbahre
4. Unfallstation
5. Puls, Blutdruck
6. Symptome
7. Radiologie, Röntgenbilder
8. Eingriff
9. Beruhigungsmittel
10. OP-Tisch
11. Anästhesistin

12. Chirurg, Blinddarm
13. nähte
14. Beobachtungsraum
15. Sauerstoffschläuche
16. intravenöse
17. Prognose

Chapter 19: At the theater and the movies

1.
1. Theater
2. Komödie
3. Schauspieler
4. Heldin
5. Akte, Szenen
6. Vorhang
7. Pause
8. auf der Bühne
9. Vorstellung
10. applaudieren, klatschen

2.
1. die Zuschauer
2. der Schauspieler
3. auf der Bühne
4. die Pause

3.
1.	Theaterkasse	9.	Plätze
2.	noch	10.	Rang
3.	Vorstellung	11.	kosten
4.	ausverkauft	12.	Karten
5.	Karten	13.	Reihe
6.	Parkett	14.	beginnt
7.	ersten Rang	15.	hebt
8.	zweiten Rang		

4.
1. Jutta war an der Theaterkasse.
2. Nein, sie gehen heute abend nicht ins Theater.
3. Es gab keine Karten mehr für die Vorstellung von heute abend.
4. Nein, die Vorstellung morgen abend war nicht ausverkauft. Es gab noch Karten.
5. Jutta hat zwei Karten für morgen bekommen.
6. Nein, sie sitzen nicht im Parkett.
7. Weil es keine Karten mehr für das Parkett gab.
8. Sie werden im ersten Rang sitzen. Sie haben zwei Plätze in der ersten Reihe.
9. Sie sitzt nicht gern im zweiten Rang oder auf dem Heuboden, weil man von dort nicht gut sieht.
10. Sie sitzt am liebsten im Parkett oder im ersten Rang.

5. 1. Man kann die Theaterkarten an der Theaterkasse kaufen.
2. Die Platzanweiserin zeigt den Zuschauern ihre Plätze.
3. Im Theater kann man den Mantel an der Garderobe abgeben.
4. Der Vorhang hebt sich, wenn die Vorstellung beginnt.
5. Im Theater sieht man vom Parkett am besten.

6. 1. Film, gezeigt
2. gedreht
3. synchronisiert
4. Karten
5. Leinwand

Chapter 20: Sports

1. 1. Es gibt elf Spieler in einer Fußballmannschaft.
2. Zwei Mannschaften spielen in einem Fußballspiel.
3. Die Spieler spielen auf dem Fußballfeld.
4. Der Torwart hütet das Tor.
5. Der Torwart will den Ball fangen.
6. Der Spieler schießt den Ball (schießt einen Paß) nach vorne (zur Seite, nach rechts, nach links).
7. Der Schiedsrichter pfeift ein Foul.

8. Auf der Anzeigetafel steht der Spielstand.

2.
1. Mannschaften	5.	Tor
2. Fußballfeld	6.	fängtt
3. elf	7.	Halbzeit
4. schießt	8.	Unentschieden

3.
1. Doppel	5.	Netzball
2. Tennisschläger	6.	Aufschlag
3. Tennisplatz	7.	Punkt
4. Netz	8.	aus

Chapter 21: The computer

1.
1. Computer	4.	Bildschirm
2. Schreibtisch	5.	Rechner
3. Rechner	6.	schalte, aus

2. 5, 4, 6, 3, 2, 7, 8, 1

3. a, b, c, d, e, f, g, h

4. 1. Maus
2. Sitzung
3. speichern/abspeichern
4. Drucker
5. öffnen
6. Diskette
7. Textverarbeitungsprogramm
8. Bildschirm (Monitor)

Glossary: German–English
Wörterverzeichnis: Deutsch–Englisch

abbiegen   to turn off

(rechts/links um   to turn (to the right/left at
   die Ecke) biegen   the corner)

das Abblendlicht,   low beams
   die Abblendlichter

abdecken   to clear the table

abfahren   to leave (trains, buses)

die Abfahrt, die Abfahrten   departure

der Abfall   garbage

abfliegen   to leave (planes), take off

der Abflug, die Abflüge   departure (planes)

der Abfluß, die Abflüsse   drain

abgeben   to check (coats, luggage)

abheben   to lift, pick up (telephone receiver);
      to withdraw, take out money (out
      of an account)

abholen   to pick up, call for

abhorchen   to examine with a stethoscope
      (auscultate)

ablaufen   to drain, run off

abnehmen   to pick up (telephone receiver)

abräumen   to clear (the table)

der Absatz, die Absätze   heel (of a shoe)

abschicken   to send, mail

abschleppen   to tow

der Abschleppwagen,   tow truck
   die Abschleppwagen

abschneiden   to cut off

absenden   to send, mail

der Absender, die Absender   sender

abstellen   to park

das Abteil, die Abteile   compartment (train)

abtrocknen   to dry

sich abtrocknen   to dry oneself

abtropfen   to drain, drip

der Abtropfkorb,   dish drainer
   die Abtropfkörbe

(das Geschirr) abwaschen   to wash (the dishes)

abwürgen   to stall (a car)

die Adresse, die Adressen   address

der Akt, die Akte   act

die Aktentasche, die Aktentaschen   briefcase

aktualisieren   to bring up-to-date

die akute   acute appendicitis
   Blinddarmentzündung

die Allergie, die Allergien   allergy

allergisch   allergic

der Alptraum, die Alpträume   nightmare

am Gang   on the aisle

die Ampel, die Ampeln   traffic light

das Amtszeichen, die Amtszeichen   dial tone

an Bord   on board

an den Seiten   on the sides

analysieren   to analyze

die Anästhesie   anesthesia

der Anästhesist,   anesthesiologist (male)
   die Anästhesisten

die Anästhesistin,   anesthesiologist
   die Anästhesistinnen (female)

anfangen   to begin

angenehm   pleasant

angeschnallt   to remain seated with seat belts
   sitzenbleiben   fastened

sich anhören   to listen to

ankommen   to arrive

die Ankunft, die Ankünfte   arrival

anlassen   to start (a car)

anlegen   to create (computer file)

(die Sicherheitsgurte) anlegen   to fasten (seat
      belts)

die Anmeldung,   registration form
   die Anmeldungen

annähen   to sew on

die Anrichte,   buffet, sideboard, credenza
   die Anrichten

der Anruf, die Anrufe   telephone call

der Anrufbeantworter, die
   Anrufbeantworter   answering machine

anrufen   to call, telephone

anschalten   to turn on (lights and other electric
      devices)

der Anschluß, die Anschlüsse   connection

sich anschnallen   to fasten (seat belts)

die Anschrift, die Anschriften   address

anspringen   to start (a car)

ansteckend   contagious

das Antibiotikum, die Antibiotika   antibiotic

die Anzahlung, die Anzahlungen (leisten)
      (to make) a down payment,
      deposit

die Anzeigetafel, die Anzeigetafeln   scoreboard

sich etwas anziehen   to put something on
      (clothing)

der Anzug, die Anzüge   suit

die Appendizitis   appendicitis

applaudieren   to applaud

arbeiten   to work

der Arm, die Arme   arm

das Armaturenbrett, die
  Armaturenbretter   dashboard
der Ärmel, die Ärmel   sleeve
die Arthritis   arthritis
der Arzt, die Ärzte   doctor (male)
die Ärztin, die Ärztinnen   doctor (female)
die Arztpraxis,   doctor's office, medical
  die Arztpraxen   practice
asiatische Grippe   Asian flu
der Assistenzarzt,   intern (male)
  die Assistenzärzte
die Assistenzärztin,   intern (female)
  die Assistenzärztinnen
das Asthma   asthma
atmen   to breathe
Auf Wiederhören!   Goodbye! (telephone)
Auf Wiedersehen!   Goodbye! (in person)
aufdrehen   to turn on (faucet)
die Auffahrt,   entrance
  die Auffahrten (Autobahn)
die Aufführung,   performance
  die Aufführungen
aufgedreht   turned on (faucet)
aufgerissen   torn open
die Aufnahme,   admission (hospital)
  die Aufnahmen
aufnehmen   to admit (hospital)
der Aufruf, die Aufrufe   announcement
aufrufen   to announce
der Aufschlag, die Aufschläge   serve (tennis)
aufsetzen   to put on (hat, glasses)
aufstehen   to get up
die Augenhöhe   eye level
aus   out, from (arriving from)
auschecken   to check out
die Ausfahrt, die Ausfahrten (Autobahn)   exit
ausfüllen   to fill out (form)
der Ausgang, die Ausgänge   exit, gate (airport)
ausgeben   to spend (money)
die Auskunft   information
der Auslandsflug, die
  Auslandsflüge   international flight
(Butter) auslassen   to melt (butter)
ausschalten   to turn off (electrical device)
aussteigen   to get off
(einen Flugschein) ausstellen   to issue (a ticket)
austragen   to deliver (mail, a baby)
ausverkauft   sold out
auswählen   to choose
außer Betrieb   out of order
außerhalb   out, outside
das Auto, die Autos   car
die Autobahn,   major highway, interstate
  die Autobahnen
das Automatikgetriebe, die
  Automatikgetriebe   automatic transmission

der Autounfall,   automobile accident
  die Autounfälle

die Backe, die Backen   cheek
der Backenzahn, die Backenzähne   molar
der Backofen, die Backöfen   oven
der Badeanzug, die Badeanzüge   bathing suit
die Badehose, die Badehosen   bathing trunks
die Badekappe,   bathing (shower) cap
  die Badekappen
der Bademantel, die Bademäntel   bathrobe
baden   to bathe, swim
(sich) baden   to take a bath
das Badetuch, die Badetücher   bath towel
die Badewanne, die Badewannen   bathtub
das Badezimmer, die Badezimmer   bathroom
die Badezimmermatte, die
  Badezimmermatten   bath mat
die Bahnfahrt, die Bahnfahrten   train trip
der Bahnhof, die Bahnhöfe   railroad station
das Bahnhofscafé,   station café
  die Bahnhofscafés
der Bahnsteig,   platform (train station)
  die Bahnsteige
der Ball, die Bälle   ball
die Bank, die Banken   bank
der Bankangestellte,   teller, bank employee
  die Bankangestellten   (male)
die Bankangestellte,   teller, bank employee
  die Bankangestellten   (female)
der Bankschalter,   counter at the bank
  die Bankschalter
in bar bezahlen   to pay cash
das Bargeld   cash
der Bart, die Bärte   beard
die Bauchschmerzen   stomach pains
die Baumwolle   cotton
die Bedienung, die Bedienungen   service
das Bedienungsgeld   service charge
beenden   to exit (end a computer program
        session)
sich befassen   to occupy oneself with
sich befinden   to be (located)
befolgen   to follow
begegnen   to encounter, meet
beginnen   to begin
begrüßen   to greet, welcome
der Behandlungsraum, die
  Behandlungsräume   treatment room
der Behandlungsstuhl, die
  Behandlungsstühle   dental chair
bei niedriger Hitze   on a low flame (at low heat)
das Bein, die Beine   leg
bekommen   to get, receive
benennen   to name
benutzen   to use

das Benzin   gasoline
der Benzinkanister,   gasoline canister
    die Benzinkanister
der Beobachtungsraum,   recovery room
    die Beobachtungsräume
bereit   ready
der Berg, die Berge   mountains
das Beruhigungsmittel,   tranquilizer
    die Beruhigungsmittel
berühren   to touch
die Besatzung, die Besatzungen   crew
beschaffen   to get, procure
der Besen, die Besen   broom
besetzt   busy (telephone line); occupied (seat)
voll besetzt   full, fully booked (bus, flight)
das Besetztzeichen,   busy signal
    die Besetztzeichen
bestätigen   to confirm
die Bestätigung, die Bestätigungen   confirmation
das Besteck,   place setting (silverware)
    die Bestecke
bestellen   to order, reserve
betätigen   to turn on, operate
der Betrag, die Beträge   amount
betragen   to amount to
Betreten verboten   no admittance
betreuen   to take care of, look after
das Bett, die Betten   bed
das Bett beziehen   to make the bed
das Bett machen   to make the bed
ins Bett gehen   to go to bed
der Bettbezug   duvet cover
die Bettdecke, die Bettdecken   blanket
das Bettlaken, die Bettlaken   bed sheet
bezahlen   to pay (for)
der Biergarten, die Biergärten   beer garden
bieten   to offer
das Bild, die Bilder   picture
der Bildschirm,   screen (TV, computer
    die Bildschirme   monitor)
die Blase, die Blasen   bladder
bleiben   to stay, remain
der Blinddarm, die Blinddärme   appendix
der Blinker, die Blinker   directional signal
die Bluse, die Blusen   blouse
das Blut   blood
der Blutdruck   blood pressure
die Blutgruppe, die Blutgruppen   blood type
die Blutprobe, die Blutproben   blood sample
der Body, die Bodys   bodysuit
die Bordkarte, die Bordkarten   boarding pass
braten   to fry, roast
der Braten, die Braten   roast
die Bratpfanne,   frying pan, roasting pan
    die Bratpfannen
brauchen   to need

breit   wide
bremsen   to brake
die Bremsflüssigkeit, die
    Bremsflüssigkeiten   brake fluid
das Bremspedal, die Bremspedale   brake pedal
der Brenner, die Brenner   burner
der Brief, die Briefe   letter
der Briefkasten, die Briefkästen   mailbox
die Briefmarke, die Briefmarken   stamp
der Briefumschlag, die
    Briefumschläge   envelope
das Brötchen, die Brötchen   roll
der Bruch, die Brüche   break, fracture
die Brust, die Brüste   chest, breast
das Buch, die Bücher   book
das Bücherregal, die Bücherregale   bookshelf
der Bücherschrank,   bookcase
    die Bücherschränke
das Bügelbrett, die Bügelbretter   ironing board
das Bügeleisen, die Bügeleisen   iron
bügelfrei   no-iron
bügeln   to iron, press
die Bühne, die Bühnen   stage
das Bündchen   cuff
die Bundesrepublik   Federal Republic of
    Deutschland   Germany
die Bundesstraße, die Bundesstraßen   highway
das Büro, die Büros   office
der Bus, die Busse   bus
die Bushaltestelle, die Bushaltestellen   bus stop
der Büstenhalter (BH),   bra
    die Büstenhalter (BHs)
die Butterdose, die Butterdosen   butter dish

die CD, die CDs   CD
der Chirurg, die Chirurgen   surgeon (male)
die Chirurgin,   surgeon (female)
    die Chirurginnen
einen chirurgischen   to operate
    Eingriff vornehmen
das Cockpit, die Cockpits   cockpit
der Computer, die Computer   Computer

das Darlehen, die Darlehen   loan
ein Darlehen aufnehmen   to take out a loan
der Darm   intestines
die Datei, die Dateien   file
die Daten   data
dauern   to last, take (time)
die Dauerwelle,   perm, permanent (hair)
    die Dauerwellen
die Daunendecke,   down quilt, featherbed
    die Daunendecken
die Decke, die Decken   blanket
den Tisch decken   to set the table

das Dessert, die Desserts   dessert
die Diabetes   diabetes
der Dickdarm, die Dickdärme   large intestine
die Diphtherie   diphtheria
die Diskette, die Disketten   diskette, floppy disk
das Dokument, die Dokumente   document
das Doppel,   doubles match (tennis)
   die Doppel
das Doppelbett, die Doppelbetten   double bed
das Doppelzimmer,   double room
   die Doppelzimmer
die Dose, die Dosen   can
der Dosenöffner, die Dosenöffner   can opener
das Dragée, die Dragées   coated pill
das Drama, die Dramen   drama, play
draußen   outside
dreckig   dirty
drucken   to print
der Drucker, die Drucker   printer
die Drüse, die Drüsen   gland (lymph glands)
   (Lymphdrüsen)
durchchecken   to check through (luggage to a destination)
der Durchfall   diarrhea
durchgebrannt   blown (fuse), burned out (light bulb)
durchgebraten   well done (meat)
durchkommen   to get through
auf der Durchreise sein   to be passing through
die Durchsage, die Durchsagen   announcement
durchsagen   to announce
der Durchschlag, die Durchschläge   colander
durchwählen   to dial directly
die Durchwahlnummer,   extension
   die Durchwahlnummern
der Durst   thirst
durstig   thirsty
die Dusche, die Duschen   shower
(sich) duschen   to take a shower
das Dutzend   dozen

die Ecke, die Ecken   corner
der Ecktisch, die Ecktische   corner table
die Economy-Klasse   economy class
das Ei, die Eier   egg
der Eierstock, die Eierstöcke   ovary
die Einbahnstraße, die Einbahnstraßen   one-way street
einchecken   to check in (luggage), register (at a hotel)
einfache Fahrkarte   one-way ticket
einführen   to insert
eingeben   to input
eingeschaltet   lit, turned on
der Eingriff,   operation, intervention
   die Eingriffe

einhängen   to hang up
der Einkauf, die Einkäufe   purchases
einlaufen   to shrink
einlösen   to cash (a check)
einschalten   to turn on (a light)
einschieben   to insert
einschlafen   to fall asleep
einsteigen   to get on
einstellen   to adjust
der Eintopf,   stew (meal cooked in
   die Eintöpfe   one pot)
die Eintrittskarte,   admission ticket
   die Eintrittskarten
einwerfen   to mail, put in
einzahlen   to deposit (money into an account)
das Einzel, die Einzel   singles match (tennis)
die Einzelbetten   twin beds
das Einzelzimmer,   single room
   die Einzelzimmer
der Elektriker, die Elektriker   electrician
das Elektrokardiogramm,   electrocardiogram
   die Elektrokardiogramme   (EKG)
   (EKG)
der Empfang   reception desk
empfangen   to receive (guests)
der Empfänger,   recipient, addressee
   die Empfänger
die Empfangsdame,   desk clerk (female)
   die Empfangsdamen
empfehlen   to advise, recommend, suggest
empfindlich gegen   sensitive to
das Ende   end
eng   narrow, tight
englisch   rare (meat)
die Entbindung,   delivery (birth)
   die Entbindungen
der Entbindungssaal,   delivery room
   die Entbindungssäle
entfernen   to remove
entfernt   far
entgegengesetzt   opposite
entnehmen   to take out
die Epilepsie   epilepsy
der epileptische Anfall,   epileptic seizure
   die epileptischen Anfälle
die Erdbeere, die Erdbeeren   strawberry
erfahren   to find out
erhalten   to receive
erhitzen   to heat
erkältet sein   to have a cold
die Erkältung, die Erkältungen   cold
erklären   to explain
erlauben   to allow, permit
erleichtern   to make easier
die Ernährung   feeding (food)
erneuern   to replace

ernst   serious
eröffnen   to open
erreichen   to reach
der Ersatzreifen, die Ersatzreifen   spare tire
das Ersatzteil, die Ersatzteile   spare part
(auf der Bühne) erscheinen   to appear (on stage)
ersetzen   to replace
die Ersparnisse   savings
die Erste Klasse   first class
erwarten   to expect
essen   to eat
der Eßlöffel, die Eßlöffel   tablespoon, soupspoon
das Eßzimmer, die Eßzimmer   dining room

die Fahrkarte, die Fahrkarten   ticket
der Fahrplan, die Fahrpläne   schedule, timetable
der Fahrstreifen, die Fahrstreifen   lane (of a highway)
fallen   to fall
der Fälligkeitstag, die Fälligkeitstage   due date
fangen   to catch, stop (a ball)
die Farbe, die Farben   color
färben   to dye
das Federbett, die Federbetten   comforter
fegen   to sweep
fehlen   to be missing
das Fenster, die Fenster   window
die Ferien   vacation
das Ferngespräch, die Ferngespräche   long-distance call
das Fernlicht, die Fernlichter   high beams
fernsehen   to watch television
der Fernseher, die Fernseher   television set
fertig   ready
die Festplatte, die Festplatten   hard drive
das Feuer, die Feuer   fire
das Fieber   fever
der Film, die Filme   film
einen Film drehen   to shoot a film
der Finger, die Finger   finger
der Fingernagel, die Fingernägel   fingernail
der Fisch, die Fische   fish
flach   flat
der Flanell   flannel
eine Flanke schießen   to make a long pass
die Flasche, die Flaschen   bottle
der Flaschenöffner, die Flaschenöffner   bottle opener
der Fleck, die Flecken   stain
das Fleisch   meat
der Fleischer, die Fleischer   butcher
flicken   to mend
die Fliege, die Fliegen   bow tie

fliegen   to fly
der Flug, die Flüge   flight
einen Flug aufrufen   to announce a flight (as ready for departure)
der Flugbegleiter, die Flugbegleiter   flight attendant (male)
die Flugbegleiterin, die Flugbegleiterinnen   flight attendant (female)
der Flügel, die Flügel   wing
der Fluggepäckschein, die Fluggepäckscheine   baggage claim check (plane)
die Fluggesellschaft, die Fluggesellschaften   airline
der Flughafen, die Flughäfen   airport
der Flugkapitän, die Flugkapitäne   captain, pilot
die Fluglinie, die Fluglinien   airline
die Flugroute, die Flugrouten   flight plan
der Flugschein, die Flugscheine   airline ticket
die Flugscheinhülle, die Flugscheinhüllen   ticket jacket
die Flugzeit, die Flugzeiten   flying time
das Flugzeug, die Flugzeuge   plane
der Fön, die Föne   electric hair drier
das Formular, die Formulare   form (to be filled out)
das Foul, die Fouls   foul
fragen   to ask
frei   available, free
sich frei machen   to undress (in doctor's office only)
frieren   to be cold, freeze, be freezing
frisch   fresh
der Friseur (Frisör), die Friseure (Frisöre)   barber, hairdresser (male)
die Friseuse (Friseurin), die Friseusen (Friseurinnen)   barber, hairdresser (female)
beim Friseur   at the hairdresser
zum Friseur   to the hairdresser
fritiert   deep fried
die Frucht, die Früchte   fruit
das Frühstück   breakfast
(den Puls) fühlen   to feel (the pulse)
führen   to pass (a ball) (sports)
der Führerschein, die Führerscheine   driver's license
füllen   to fill
die Füllung, die Füllungen   filling
funktionieren   to work (function)
für   for
der Fuß, die Füße   foot
das Fußballfeld, die Fußballfelder   soccer field
die Fußballmannschaft, die Fußballmannschaften   soccer team
der Fußboden, die Fußböden   floor
der Fußnagel, die Fußnägel   toenail

das Futter, die Futter   lining

die Gabel, die Gabeln   fork
die Gallenblase, die Gallenblasen   gallbladder
der Gang,   aisle; course (of a meal); gear
   die Gänge   (auto)
einen Gang einlegen   to shift into a gear
im ersten Gang   in first gear
die Garderobe,   cloakroom, checkroom
   die Garderoben
die Gardine, die Gardinen   curtain (sheer)
der Garten, die Gärten   garden
das Gaspedal,   gas pedal, accelerator
   die Gaspedale
der Gast, die Gäste   guest
die Gaststätte, die Gaststätten   restaurant
gebacken   baked
gebraten   fried, roast
gebrochen   broken
die Gebühr, die Gebühren   charge, fee
der Geburtshelfer,   obstetrician (male)
   die Geburtshelfer
die Geburtshelferin, die
   Geburtshelferinnen   obstetrician (female)
gedämpft   steamed
gefährlich   dangerous
das Geflügel   poultry
gefroren   frozen
gegen   against
gegrillt   grilled
gehackt   chopped
die Geheimnummer,   PIN number
   die Geheimnummern
geimpft   vaccinated
gekocht   cooked, boiled
das Geld   money
der Geldautomat,   ATM, cash machine
   die Geldautomaten
das Geldstück, die Geldstücke   coin
das Gemüse   vegetables
das Gepäck   baggage, luggage
das Gepäck aufgeben   to check one's luggage
die Gepäckablage, die
   Gepäckablagen   overhead compartment
der Gepäckträger, die Gepäckträger   porter
gepunktet   polka-dotted
geradeaus   straight ahead
geräuchert   smoked
das Gericht, die Gerichte   dish
gerissen   torn
gesamt   entire, all of
geschäftlich   on business
das Geschirr   dishes
die Geschirrspülmaschine, die
   Geschirrspülmaschinen   dishwasher
das Geschirrtuch, die Geschirrtücher   dish towel

die Geschlechtskrankheit,   venereal disease
   die Geschlechtskrankheiten
geschlossen   closed
geschmort   sautéed, braised
geschnitten   cut
geschwenkt   sautéed
die Geschwindigkeit,   speed
   die Geschwindigkeiten
geschwollen   swollen
das Geschwür, die Geschwüre   ulcer
gestärkt   starched
gestreift   striped
das Getränk, die Getränke   drink
gewähren   to grant
gewann   won
das Gewebe, die Gewebe   fabric
gewinnen   to win
in Gips legen   to put in a cast
der Gipsverband,   (plaster) cast
   die Gipsverbände
das Girokonto,   checking account
   die Girokonten
das Glas, die Gläser   glass, jar
glattziehen   to arrange, pull smooth
das Gleis, die Gleise   track
die Glühbirne, die Glühbirnen   light bulb
die Gräte, die Gräten   fish bone
der graue Star   cataract
der Griff, die Griffe   handle
die Grippe   flu
die Größe, die Größen   size
die Grundlinie,   baseline (tennis)
   die Grundlinien
der Gummistiefel,   rubber boot
   die Gummistiefel
der Gurt, die Gurte   belt
der Gürtel, die Gürtel   belt
gut durchgebraten   well done (meat)
gutbürgerlich   moderate-priced (restaurant
             classification)

das Haar, die Haare   hair
der Haarschnitt, die Haarschnitte   haircut
das Haarspray, die Haarsprays   hair spray
die Haarwäsche, die Haarwäschen   shampoo
das Hähnchen, die Hähnchen   chicken
die Hähnchenkeule,   drumstick
   die Hähnchenkeulen
die Halbpension   room with lunch or dinner
die Halbzeit,   period, half (soccer)
   die Halbzeiten
die Halle, die Hallen   terminal
der Hals, die Hälse   neck
die Halsschmerzen   sore throat
das Halstuch, die Halstücher   scarf
halten   to stop

die Haltestelle,   stop (bus, streetcar, etc.)
  die Haltestellen
die Hämorrhoiden   hemorrhoids
die Handbremse, die Handbremsen   hand brake
das Handgelenk, die Handgelenke   wrist
das Handgepäck   carry-on luggage
der Handschuh, die Handschuhe   glove
das Handschuhfach, die
  Handschuhfächer   glove compartment
die Handtasche,   handbag, pocketbook
  die Handtaschen
das Handtuch, die Handtücher   hand towel
der Handtuchhalter,   towel rack
  die Handtuchhalter
der Hängeschrank, die Hängeschränke   cabinet
die Haube, die Hauben   hood (of car)
häufig   frequently
der Hauptbahnhof,   main railroad station
  die Hauptbahnhöfe
das Hauptgericht,   main course
  die Hauptgerichte
die Hauptverkehrszeit,   rush hour
  die Hauptverkehrszeiten
die Hausarbeit   housework
der Hausputz   housecleaning
der Hausschuh, die Hausschuhe   slipper
die Haut, die Häute   skin
die Hebamme, die Hebammen   midwife
heiß   hot
die Heizung, die Heizungen   radiator
der Held, die Helden   hero
die Heldin, die Heldinnen   heroine
helfen   to help
das Hemd, die Hemden   shirt
herabfallen   to fall down
herausnehmen   to take out
der Herd, die Herde   stove
Herein!   Come in!
hereinkommen   to come in
herrschen   to rule
das Herz, die Herzen   heart
der Herzanfall, die Herzanfälle   heart attack
der Herzinfarkt, die Herzinfarkte   heart attack
der Heuboden,   top balcony (in theater;
  die Heuböden   literally: hayloft)
die Himbeere, die Himbeeren   raspberry
sich unruhig hin-   to toss and turn (in bed)
  und herwälzen
hinausbringen   to take out (the garbage)
hinten   in the back
im hinteren Teil   in the rear (compartment)
hoch   high
hochkrempeln   to roll up
zum Hof   facing the courtyard
höher   higher
der Hörer, die Hörer   receiver (telephone)

die Hose, die Hosen   pants
der Hosenanzug, die Hosenanzüge   pantsuit
der Hosenschlitz,   fly (in pants)
  die Hosenschlitze
der Hotelpage, die Hotelpagen   bellhop
die Hüfte, die Hüften   hip
das Huhn, die Hühner   chicken
der Hunger   hunger
hungrig   hungry
die Hupe, die Hupen   horn
hupen   to blow the horn
der Husten   cough
husten   to cough
die Hypothek, die Hypotheken   mortgage
eine Hypothek   to assume a mortgage
  aufnehmen

im Falle   in case
impfen   to vaccinate
in Ordnung   all right, OK
(im Preis) inbegriffen   included (in the price)
die Influenza   influenza
der Inlandflug, die Inlandflüge   domestic flight
die Intensivstation,   intensive care unit
  die Intensivstationen
intravenös   intravenous

die Jacke, die Jacken   jacket (sports)
das Jackett, die Jacketts   suit jacket
die Jalousie, die Jalousien   venetian blind
die Jeans   jeans
der Jeansstoff, die Jeansstoffe   denim
der Jogginganzug,   jogging suit
  die Jogginganzüge
der Joggingschuh,   jogging shoe
  die Joggingschuhe

die Kabine, die Kabinen   cabin
das Kabinenpersonal   flight personnel
der Kaffee   coffee
das Kalbfleisch   veal
kalt   cold
Mir ist kalt.   I'm cold.
der Kamin, die Kamine   fireplace
(sich) kämmen   to comb (one's hair)
das Kammgarn   worsted
der Kanal, die Kanäle   channel (TV)
das Kännchen,   small pot (for individual
  die Kännchen   servings of coffee, tea, etc.)
die Karaffe, die Karaffen   carafe
kariert   checked
die Karte, die Karten   ticket
der Karton, die Kartons   carton, box
der Käse   cheese
die Kasse, die Kassen   cashier's window

die Kasserolle, die Kasserollen   pot
die Kassette, die Kassetten   tape
der Kassierer, die Kassierer   cashier (male)
die Kassiererin,   cashier (female)
  die Kassiererinnen
das Kaufhaus,   department store
  die Kaufhäuser
der Kellner, die Kellner   waiter
die Kellnerin, die Kellnerinnen   waitress
das Kennzeichen, die Kennzeichen   license plate
die Kernspintomographie   magnetic resonance
                        imaging (MRI)
der Kerzenständer, die
  Kerzenständer   candelabra
das Ketchup   ketchup
der Keuchhusten   whooping cough
das Kilometergeld   mileage (kilometer) charge
der Kilometerzähler, die
  Kilometerzähler   odometer (reading in
                        kilometers)
die Kinderkrankheit, die
  Kinderkrankheiten   childhood disease
die Kinderlähmung   infantile paralysis,
                        poliomyelitis
das Kino, die Kinos   movies, cinema
klar   clear
klatschen   to clap, applaud
kleben   to paste, glue, attach
das Kleid, die Kleider   dress
der Kleiderbügel, die Kleiderbügel   hanger
das Kleidungsstück,   article of clothing
  die Kleidungsstücke
klein   small
das Kleingeld   change
der Klempner, die Klempner   plumber
klicken   to click
die Klimaanlage,   air-conditioner
  die Klimaanlagen
klimatisiert   air-conditioned
klingeln   to ring
die Klinik, die Kliniken   clinic, hospital
klopfen   to knock
die Kneipe, die Kneipen   tavern, pub, bar
der Kniestrumpf, die Kniestrümpfe   knee sock
knitterfrei   wrinkle-resistant
knittern   to wrinkle
der Knöchel, die Knöchel   ankle
der Knochen, die Knochen   bone
der Knopf, die Knöpfe   button
kochen   to boil, cook
zum Kochen bringen   to bring to a boil
der Koffer, die Koffer   suitcase
der Kofferkuli, die Kofferkulis   luggage cart
der Kofferraum,   trunk (of car)
  die Kofferräume
Kommen Sie herein!   Come in!

die Kommode,   bureau, chest of drawers
  die Kommoden
die Komödie, die Komödien   comedy
das Konto, die Konten   account
der Kontostand, die Kontostände   balance
kontrollieren   to check (tickets)
der Kopf, die Köpfe   head
der Kopfhörer, die Kopfhörer   headphones
das Kopfkissen, die Kopfkissen   pillow
der Kopfkissenbezug,   pillow case
  die Kopfkissenbezüge
der Kopfsalat   lettuce
der Kord   corduroy
der Korkenzieher, die Korkenzieher   corkscrew
das Kostüm, die Kostüme   woman's suit
die Koteletten   sideburns
der Kotflügel, die Kotflügel   fender
krank   sick, ill
die Krankengeschichte, die
  Krankengeschichten   medical history
das Krankenhaus, die Krankenhäuser   hospital
die Krankenkasse,   health insurance
  die Krankenkassen
der Krankenpfleger,   nurse (male)
  die Krankenpfleger
die Krankenschwester,   nurse (female)
  die Krankenschwestern
der Krankenwagen,   ambulance
  die Krankenwagen
die Krawatte, die Krawatten   tie
der Krebs   cancer
die Kreditkarte, die Kreditkarten   credit card
der Kreißsaal, die Kreißsäle   delivery room
die Kreuzung, die Kreuzungen   intersection
die Krücken   crutches
die Küchenmaschine,   food processor
  die Küchenmaschinen
kühl   cool
der Kühler, die Kühler   radiator (of car)
der Kühlschrank, die
  Kühlschränke   refrigerator
das Kühlwasser   water in car radiator
die Kunstfasern   synthetic fabric
kuppeln   to engage the clutch
die Kupplung, die Kupplungen   clutch
kurz   short
kürzer schneiden   to trim

die Lampe, die Lampen   lamp
landen   to land
die Landung, die Landungen   landing
lang   long
der Langstreckenflug,   long-distance flights
  die Langstreckenflüge
der Lärm   noise
lassen   to leave

die Lebensmittel   groceries
das lebenswichtige Organ,   vital organ
   die lebenswichtige Organe
die Leber, die Lebern   liver
lecken   to drip, leak
das Leder   leather
leer   empty
leeren   to empty
der Leerlauf   neutral
legen   to put, place (horizontally); to set (hair)
leiden an   to suffer from
die Leinwand, die Leinwände   screen (movie)
die Leitung,   line (telephone, electric)
   die Leitungen
das Lenkrad, die Lenkräder   steering wheel
leuchten   to light up, shine
das Licht   headlights
der Lichtschalter, die Lichtschalter   light switch
liegen bleiben   to stall (car)
der Liegewagen,   couchette car (train)
   die Liegewagen
links   left
links um die Ecke   left at the corner
nach links fahren (gehen)   to turn left
das Loch, die Löcher   cavity (in tooth), hole
die Loge, die Logen   box (at theater)
der Logenplatz, die Logenplätze   box seat
lose   loose
der Luftdruckabfall   reduction in air pressure
die Luftkrankheit   airsickness
die Luftpost   airmail
die Lunge, die Lungen   lungs

der Magen, die Mägen   stomach
die Mahlzeit, die Mahlzeiten   meal
manchmal   sometimes
die Mandeln   tonsils
die Maniküre   manicure
die Manschetten   French cuffs
der Manschettenknopf, die
   Manschettenknöpfe   cuff link
der Mantel, die Mäntel   coat
die Maschine, die Maschinen   plane
die Masern   measles
Maß nehmen   to take measurements
die Maße   measurements
die Matratze, die Matratzen   mattress
die Maus, die Mäuse   mouse
das Mauspad, die Mauspads   mouse pad
die Mayonnaise   mayonnaise
medium   medium (meat)
das Meer, die Meere   sea
die Mehrwertsteuer   value added tax
der Meldeschein,   registration form
   die Meldescheine
das Menü, die Menüs   fixed menu, menu

merken   to note
messen   to measure, take (e.g. blood pressure,
        temperature)
das Messer, die Messer   knife
der Metzger, die Metzger   butcher
   (esp. Southern Germany)
mieten   to rent
der Mietvertrag,   rental contract
   die Mietverträge
das Mischgewebe,   blended fabric
   die Mischgewebe
mit Blick auf   facing
mit Luftpost   by airmail
mitnehmen   to take along
der Mitspieler,   fellow player, team mate
   die Mitspieler
mitteilen   to inform
der Mixer, die Mixer   blender
die Möglichkeit, die Möglichkeiten   possibility
monatliche Rate   monthly installment
der Monitor, die Monitore   monitor
der Müll   garbage
der Mülleimer, die Mülleimer   garbage can, pail
der Mumps   mumps
der Mund, die Münder   mouth
die Münze, die Münzen   coin
der Münzeinwurf, die Münzeinwürfe   coin slot
das Musical, die Musicals   musical
die Musik in Stereo   stereo music

nach   to (a destination)
die Nachricht, die Nachrichten   message
nachschneiden   to trim
der Nachschnitt, die Nachschnitte   trim
nachsehen   to check
die Nachspeise, die Nachspeisen   dessert
der Nachttisch, die Nachttische   night table
der Nachtzug, die Nachtzüge   night train
der Nacken, die Nacken   (back of the) neck
der Nagellack   nail polish
in der Nähe   nearby, in the vicinity
nähen   to sew, stitch
die Nahrung   food
die Naht, die Nähte   seam
die Nähte   stitches
der Nahverkehrszug,   local train
   die Nahverkehrszüge
naß   wet
das Netz, die Netze   net
der Netzball, die Netzbälle   net ball
die Nichtraucherzone, die
   Nichtraucherzonen   no smoking section
niedrig   low
die Niere, die Nieren   kidney
noch einmal   again

der Nonstopflug,   nonstop flight
  die Nonstopflüge
der Notausgang,   emergency exit
  die Notausgänge
der Notfall, die Notfälle   emergency
notwendig   necessary
null   zero
die Nummer, die Nummern   number
das Nummernschild,   license plate
  die Nummernschilder
das Nylon   nylon

oben   on top
oben rechts   upper right
der Ober, die Ober   (head) waiter
das Obst   fruit
der Ofen, die Öfen   oven
offener Wein   carafe wine
öffentlich   public
öffnen   to open
oft   often
das Ohr, die Ohren   ear
die Ohrenschmerzen   earache
das Öl   oil
ölen   to lubricate
der Ölstand   oil level
die Operation durchführen   to operate
die Operation, die Operationen   operation
der Operationssaal, die
  Operationssäle   operating room
der Operationstisch, die
  Operationstische   operating table
operieren   to operate
der Ort, die Orte   town
der Orthopäde, die Orthopäden   orthopedist
das Ortsgespräch, die Ortsgespräche   local call
die Ovarien   ovaries

das Paar   pair
das Päckchen, die Päckchen   (small) package
das Paket, die Pakete   package
paniert   breaded
die Panne, die Pannen   breakdown
parken   to park
das Parkett, die Parkette   orchestra (seats)
der Parkplatz, die Parkplätze   parking lot
der Passagier, die Passagiere   passenger
passen   to go with (e.g. colors); fit (size)
einen Paß schießen   to pass (soccer)
passen   to pass (a ball) (sports)
passieren   to happen
die Paßkontrolle,   passport control
  die Paßkontrollen
der Patient, die Patienten   patient (male)
die Patientin, die Patientinnen   patient (female)
die Pause, die Pausen   intermission

die Pediküre   pedicure
das Penizillin   penicillin
die Penizillinspritze, die
  Penizillinspritzen   penicillin injection
per Einschreiben   by registered mail
per Luftpost   via airmail
der Personalausweis, die
  Personalausweise   personal identity card
das Personengespräch, die
  Personengespräche   person-to-person call
die persönlichen Sachen   personal effects
die Pfanne, die Pfannen   pan
der Pfeffer   pepper
die Pfeffermühle,   pepper mill
  die Pfeffermühlen
der Pfefferstreuer,   pepper shaker
  die Pfefferstreuer
pfeifen   to whistle
das Pflaster,   band-aid, adhesive bandage
  die Pflaster
pflegeleicht   easy-care
der Piepton, die Pieptöne   beep
der Pilot, die Piloten   pilot
der Platten, die Platten   flat tire
der Platz, die Plätze   seat, place
Platz nehmen   to take a seat
der Platzanweiser,   usher (male)
  die Platzanweiser
die Platzanweiserin,   usher (female)
  die Platzanweiserinnen
die Platznummer,   seat number
  die Platznummern
die Platzreservierung, die
  Platzreservierungen   seat reservation
plaudern   to chat
die Plombe, die Plomben   filling (in tooth)
pochiert, poschiert   poached
polieren   to polish
die Polio   poliomyelitis
die Polypen   polyps
der Portier, die Portiers   receptionist (male)
das Porto   postage
die Post   mail; post office
das Postamt, die Postämter   post office
das Postfach, die Postfächer   post office box
die Postgebühr, die Postgebühren   postage
die Postkarte, die Postkarten   postcard
die Postleitzahl, die Postleitzahlen   zip code
die Praline, die Pralinen   candy
der Preisunterschied, die
  Preisunterschiede   difference in price
pro Stunde   per hour
die Probe, die Proben   sample
probieren   to try, taste
die Prognose, die Prognosen   prognosis
das Programm, die Programme   program

der Psychiater, die Psychiater   psychiatrist
die psychische Krankheit,   mental illness
  die psychischen Krankheiten
die psychische Störung,   mental illness
  die psychischen Störungen
der Pulli, die Pullis   sweater
der Pullover, die Pullover   pullover, sweater
der Puls, die Pulse   pulse
die Pumps   high-heeled shoes
der Punkt, die Punkte   point
das Pünktchen, die Pünktchen   polka dot
pünktlich   on time
putzen   to clean
der Putzlappen, die Putzlappen   polishing cloth

der Quirl, die Quirle   whisk, beater
die Quittung, die Quittungen   receipt

das R-Gespräch, die R-Gespräche   collect call
der Rachen, die Rachen   throat
das Radio, die Radios   radio
die Radiologie   radiology
die Radiosendung,   radio program
  die Radiosendungen
die Radkappe, die Radkappen   hubcap
das Radlager, die Radlager   wheel bearings
das Ragout, die Ragouts   stew
der Rahm   cream
der Rahmen, die Rahmen   frame
der erste Rang, die ersten Ränge   mezzanine
der zweite Rang, die zweiten Ränge   balcony
rare   rare (meat)
der Rasierapparat,   (electric or safety) razor
  die Rasierapparate
(sich) rasieren   to shave (oneself)
das Rasiermesser, die Rasiermesser   razor
der Rasierschaum   shaving cream
die Rasierseife   shaving soap
der Rastplatz, die Rastplätze   rest (picnic) area
die Raststätte,   rest stop (with snack bar and
  die Raststätten   gas)
die Rasur, die Rasuren   shave
die Rate   installment (payment)
auf Raten kaufen   to purchase on the
                         installment plan
in Raten zahlen   to pay off in installments
rauchen   to smoke
die Raucherzone,   smoking section
  die Raucherzonen
räumen   to check out
der Rayon   rayon
der Rechner, die Rechner   CPU
die Rechnung, die Rechnungen   bill, check
rechts   right
nach rechts fahren (gehen)   to turn right
rechts um die Ecke   right at the corner

die Rechtschreibprüfung,   spell check
  die Rechtschreibprüfungen
das Regal, die Regale   shelf
die Regel   menstrual period
der Regen   rain
der Regenmantel, die Regenmäntel   rain coat
regnen   to rain
reichen   to reach, hand, pass
der Reifen, die Reifen   tire
der Reifendruck   tire pressure
die Reihe, die Reihen   row
reinigen   to dry-clean
reinigen lassen   to have dry-cleaned
die Reise, die Reisen   trip
reisen   to travel
der Reisepaß, die Reisepässe   passport
der Reisescheck,   traveler's check
  die Reiseschecks
der Reißverschluß, die Reißverschlüsse   zipper
die Reparatur, die Reparaturen   repair
reparieren   to repair
reservieren (lassen)   to reserve
reserviert   reserved
das Restaurant, die Restaurants   restaurant
die Rezeption, die Rezeptionen   reception desk
richten   to set (a bone)
die Richtung, die Richtungen   direction
der Rock, die Röcke   skirt
das Rohr, die Rohre   pipe, plumbing
die Rolle, die Rollen   part, role
das Rollo, die Rollos   shade
der Rollstuhl, die Rollstühle   wheelchair
röntgen   to take x-rays, to x-ray
die Röntgenaufnahme,   x-ray
  die Röntgenaufnahmen
das Röntgenbild, die Röntgenbilder   x-ray
rosa   rare (meat)
die Röteln   German measles
der Rotwein, die Rotweine   red wine
der Rücken, die Rücken   back
die Rückenlehne,   back (of seat)
  die Rückenlehnen
die Rückfahrkarte, die
  Rückfahrkarten   round-trip ticket
der Rückspiegel,   rearview mirror
  die Rückspiegel
der Rückwärtsgang   reverse (gear)
rufen   to call
die Rufnummer,   telephone number
  die Rufnummern
ruhig stellen   to immobilize (bone)

die Sachen   things
das Sakko, die Sakkos   (man's suit) jacket
der Saft, die Säfte   juice

die Sahne   cream
der Salat, die Salate   salad
die Salatschüssel, die Salatschüsseln   salad bowl
der Salatteller, die Salatteller   salad plate
das Salz   salt
der Salzstreuer, die Salzstreuer   salt shaker
der Sand   sand
die Sandale, die Sandalen   sandal
satt   full (appetite)
der Satz, die Sätze   set (tennis)
der Sauerstoff   oxygen
die Sauerstoffmaske, die Sauerstoffmasken   oxygen mask
der Sauerstoffschlauch, die Sauerstoffschläuche   oxygen tube
das Sauerstoffzelt, die Sauerstoffzelte   oxygen tent
saugen   to vacuum
der Saum, die Säume   hem
die Schachtel, die Schachteln   box
der Schaffner, die Schaffner   conductor
der Schal, die Schals   scarf
schälen   to pare, peel
die Schallplatte, die Schallplatten   record
das Schälmesser, die Schälmesser   paring knife
schalten   to shift (gears)
der Schalter, die Schalter   counter, ticket window
der Schalthebel, die Schalthebel   gearshift
schauen   to look
schaukeln   to bounce
das Schauspiel, die Schauspiele   drama, play
der Schauspieler, die Schauspieler   actor
die Schauspielerin, die Schauspielerinnen   actress
das Scheckheft, die Scheckhefte   checkbook
die Scheibe, die Scheiben   slice
der Scheibenwischer, die Scheibenwischer   windshield wiper
der Schein, die Scheine   bill (folding money)
die Schere, die Scheren   scissors
schicken   to send
der Schiedsrichter, die Schiedsrichter   referee
das Schild, die Schilder   sign; ID tag
der Schlachter, die Schlachter   butcher
    (esp. Northern Germany)
schlafen   to sleep
der Schlafwagen, die Schlafwagen   sleeping car
das Schlafzimmer, die Schlafzimmer   bedroom
die Schlagsahne   whipped cream
die Schlange, die Schlangen   line (people waiting in line)
der Schleim   mucus, phlegm
schließen   to close
das Schließfach, die Schließfächer   locker

der Schlips, die Schlipse   tie
der Schlitz, die Schlitze   slot
der Schlüssel, die Schlüssel   key
schmal   narrow
schmecken   to taste
der Schmerz, die Schmerzen   pain
schmieren   to grease, lubricate
die Schminke   makeup
sich schminken   to apply makeup
das Schmorfleisch   braised meat
schmutzig   dirty
schneiden   to cut
der Schneider, die Schneider   tailor
der Schnitt, die Schnitte   cut, incision
das Schnitzel, die Schnitzel   cutlet, schnitzel
der Schnupfen   runny nose
der Schnurrbart, die Schnurrbärte   mustache
der Schnürsenkel, die Schnürsenkel   shoelace
der Schrank, die Schränke   closet
die Schrankwand, die Schrankwände   wall unit
der Schreibtisch, die Schreibtische   desk
die Schublade, die Schubladen   drawer
der Schuh, die Schuhe   shoe
der Schüttelfrost   chills and fever
schützen   to protect
schwach   weak
der Schwamm, die Schwämme   sponge
das Schwammtuch, die Schwammtücher   sponge cloth
schwanger   pregnant
die Schwangerschaft, die Schwangerschaften   pregnancy
das Schweinefleisch   pork
schwenken   to sauté
schwer   difficult
die Schwierigkeit, die Schwierigkeiten   difficulty
schwindelig   dizzy
die Schwindsucht   tuberculosis
die See   sea
der Seeblick   sea view
die Seide   silk
die Seife   soap
die Seifenschale, die Seifenschalen   soap dish
die Seite, die Seiten   side
zur Seite   sideways
selbsttätig   automatically
der Senf   mustard
senkrecht   upright
der Service   service
der Servierteller, die Servierteller   serving plate
die Serviette, die Servietten   napkin
der Sessel, die Sessel   armchair
die Shorts   shorts
die Sicherheit   security
der Sicherheitsgurt, die Sicherheitsgurte   seat belt

die Sicherheitskontrolle,   security check
  die Sicherheitskontrollen
die Sicherheitskopie,   back up copy
  die Sicherheitskopien
die Sicherheitsvorschrift,   safety regulation
  die Sicherheitsvorschriften
die Sicherung, die Sicherungen   fuse
der Sicherungskasten,   fuse box
  die Sicherungskästen
der Sitz, die Sitze   seat
der Sitzplatz, die Sitzplätze   seat
die Sitzung, die Sitzungen   session (computer)
der Slip, die Slips   panties
die Socke, die Socken   socks
das Sofa, die Sofas   sofa, couch
die Sohle, die Sohlen   sole (foot, shoe)
die Soßenschüssel,   gravy boat
  die Soßenschüsseln
die Spannung   voltage
das Sparbuch,   bankbook, passbook
  die Sparbücher
sparen   to save
das Sparkonto, die Sparkonten   savings account
später   later
der Speck   bacon
speichern   to save
die Speise, die Speisen   food
die Speisekammer, die Speisekammern   pantry
die Speisekarte, die Speisekarten   menu
der Speisewagen, die Speisewagen   dining car
die Spezialität, die Spezialitäten   specialty
der Spiegel, die Spiegel   mirror
spielen   to play (games, tapes, records)
der Spieler, die Spieler   player
das Spielfeld,   playing field, (tennis) court
  die Spielfelder
der Spielstand, die Spielstände   score
die Spitze, die Spitzen   lace
sportlich   casual
die Sprechstundenhilfe, die
  Sprechstundenhilfen   receptionist in doctor's
                    office
die Spritze, die Spritzen   injection, shot
die Spucktüte, die Spucktüten   airsickness bag
die Spüle, die Spülen   sink
das Spülmittel,   dishwashing detergent (for
  die Spülmittel   washing dishes by hand and
            for the dishwasher)
stark   strong
die Stärke   starch
der Start, die Starts   start
startbereit   ready for takeoff
starten   to start
der Staub   dust
Staub wischen   to dust
staubsaugen   to vacuum

der Staubsauger,   vacuum cleaner
  die Staubsauger
das Staubtuch, die Staubtücher   dustcloth
das Steak, die Steaks   steak
die Steckdose, die Steckdosen   (electric) outlet
stecken   to put
der Stecker, die Stecker   (electric) plug
stehen   to stand
die Stehlampe, die Stehlampen   floor lamp
stellen   to place, put (vertically)
(den Wecker) stellen   to set (the alarm clock)
in Stereo   in stereo
Stereomusik   stereo music
der Stiefel, die Stiefel   boot
der Stiel, die Stiele   handle
stopfen   to darn
der Stöpsel, die Stöpsel   stopper, plug
die Stoßstange, die Stoßstangen   bumper
die Strähnchen   highlights (hair)
die Straße, die Straßen   street
zur Straße   facing the street
das Streichholz, die Streichhölzer   match
der Strom   electricity (electric current)
der Strumpf, die Strümpfe   sock, stocking
die Strumpfhose, die Strumpfhosen   panty hose
das Stück, die Stücke   piece; drama, play
das Stück Seife   bar of soap
der Stuhl   stool (medical)
der Stuhlgang   bowel movement
stutzen   to trim (beard)
die Suppe, die Suppen   soup
der Suppenlöffel, die Suppenlöffel   soupspoon
die Suppentasse, die Suppentassen   soup cup
der Suppenteller, die Suppenteller   soup bowl
das Sweatshirt, die Sweatshirts   sweatshirt
das Symptom, die Symptome   symptoms
synchronisieren   to dub
die Szene, die Szenen   scene

der Tabak   tobacco
das Tablett, die Tabletts   tray
die Tablette, die Tabletten   tablet, pill
der Tachometer, die Tachometer   speedometer
die Tagesdecke, die Tagesdecken   bedspread
die Tageskarte,   menu (of daily specials)
  die Tageskarten
der Tagestarif, die Tagestarife   daily charge
tagsüber   during the daytime
der Tank, die Tanks   tank
die Tankstelle, die Tankstellen   gas station
die Tasche,   bag, pocket (in clothing)
  die Taschen
die Tasche am Sitz   seat pocket (in plane)
die Taschenlampe, die Taschenlampen   flashlight
das Taschentuch,   handkerchief
  die Taschentücher

die Tasse, die Tassen   cup
die Tastatur, die Tastaturen   key pad
das Taxi, die Taxis   taxi
ein Taxi (einen Bus) nehmen   to take a taxi (bus)
der Teelöffel, die Teelöffel   teaspoon
der Telefonanruf, die Telefonanrufe   telephone call
das Telefonbuch, die Telefonbücher   telephone book
telefonieren   to call
die Telefonnummer, die Telefonnummern   telephone number
die Telefonzelle, die Telefonzellen   telephone booth
der Teller, die Teller   plate
die Temperatur, die Temperaturen   temperature
der Tennisball, die Tennisbälle   tennis ball
der Tennisplatz, die Tennisplätze   tennis court
der Tennisschläger, die Tennisschläger   tennis racket
das Tennisturnier, die Tennisturniere   tennis tournament
der Teppich, die Teppiche   carpet, rug
der Teppichboden, die Teppichböden   wall-to-wall carpeting
der Termin, die Termine   appointment
der Tetanus   tetanus
teuer   expensive
das Textverarbeitungsprogramm, die Textverarbeitungsprogramme   word processing program
das Theater, die Theater   theater
die Theaterkasse, die Theaterkassen   ticket window, box office
das Theaterstück, die Theaterstücke   play
tiefgekühlt   frozen
das Tiefkühlfach, die Tiefkühlfächer   freezer compartment
der Tiefkühlschrank, die Tiefkühlschränke   freezer (upright)
die Tiefkühltruhe, die Tiefkühltruhen   freezer (chest)
der Tisch, die Tische   table
die Tischdecke, die Tischdecken   table cloth
die Tischlampe, die Tischlampen   table lamp
die Toilette, die Toiletten   toilet
das Toilettenpapier   toilet paper
tönen   to color, tint
der Topf, die Töpfe   pot
das Tor, die Tore   goal
ein Tor schießen   to make a goal, score a point
ein torloses Unentschieden   no-score game
der Torwart, die Torwarte   goalie, goalkeeper, goaltender
tot   dead

die Tragbahre, die Tragbahren   stretcher
tragen   to carry; to wear
die Tragfläche, die Tragflächen   wing (of a plane)
die Tragödie, die Tragödien   tragedy
tranchieren   to carve
das Tranchiermesser, die Tranchiermesser   carving knife
der Transitpassagier, die Transitpassagiere   through passenger
träumen   to dream
treten   to kick; to step on
das Trinkgeld   tip
Tschüs!   Bye!
die Tuberkulose (TBC)   tuberculosis (TB)
das Tuch, die Tücher   cloth
die Turbulenz, die Turbulenzen   turbulence
der Turnschuh, die Turnschuhe   sneaker
die Tüte, die Tüten   bag

übel   nauseous
sich übergeben   to vomit
überhitzen   to overheat
übernachten   to lodge, stay overnight (short time)
der Ultraschall   ultrasound
umdribbeln   to dribble around (sports)
umsteigen   to change (planes, trains, etc.)
unentschieden   tied (score)
unerwartete Turbulenz   unexpected turbulence
der Unfall, die Unfälle   accident
die Unfallstation, die Unfallstationen   emergency room
der Unfallwagen, die Unfallwagen   ambulance
unparfümiert   unscented
unter   under, underneath
unterbrechen   to cut off, interrupt
unterbrochen   cut off (past participle)
sich unterhalten   to chat
das Unterhemd, die Unterhemden   undershirt
die Unterhose, die Unterhosen   underpants
der Unterrock, die Unterröcke   slip, half slip
unterschreiben   to sign
die Unterschrift, die Unterschriften   signature
unterstützen   to support, approve
untersuchen   to analyze, check, examine
die Untertasse, die Untertassen   saucer
die Unterwäsche   underwear
der Urin   urine
der Urlaub   vacation
Urlaub machen   to vacation

das Varieté   variety show
der Verband, die Verbände   bandage
verbieten   to prohibit

verbinden   to connect, put through
falsch verbunden sein   to have a wrong number
verbinden   to bandage
die Verbindung, die Verbindungen   connection
verboten   forbidden, prohibited
verbrannt   burned
verbrennen   to burn
verbringen   to spend (time)
vergessen   to forget
zum Vergnügen   for pleasure
verirrt   lost (one's way)
verkaufen   to sell
der Verkehr   traffic
das Verkehrslicht,   traffic light
  die Verkehrslichter
verlangen   to ask for
verlassen   to leave, get off
der Verletzte, die Verletzten   injured person
                   (male)
die Verletzte, die Verletzten   injured person
                   (female)
verpflichtet sein   to be responsible
verrenken   to twist, sprain
versalzen   too salty, oversalted
verschieden   different, various
verschließen   to close, lock
verschreiben   to prescribe
versichern   to insure
verspätet   late
die Verspätung, die Verspätungen   delay
versprechen   to promise
verstauchen   to sprain
verstopft   clogged, stopped up (drain, nose);
                   constipated
die Verstopfung   constipation
versuchen   to try
der Vertrag, die Verträge   contract
sich verwählen   to dial a wrong number, to
                   misdial
verzollen   to declare, pay duty
vibrieren   to vibrate
die Viskose   viscose
das Visum, die Visa   visa
voll   full
voll belegt   full, booked out
die Vollkaskoversicherung,   comprehensive
  die Vollkaskoversicherungen   insurance
                   coverage
die Vollpension   room and board (includes
                   lunch and dinner)
vorbereiten   to prepare
vorbestellen   to reserve
der Vorhang, die Vorhänge   curtain
vorne   in the front
im vorderen Teil   in the front, in the forward
                   compartment

nach vorne   forward
der Vorort, die Vororte   suburb
die Vorspeise, die Vorspeisen   appetizer
die Vorstellung,   show, performance
  die Vorstellungen
die Vorwahl, die Vorwahlen   area code
vorwärmen   to preheat
vorziehen   to prefer

die Waage, die Waagen   scale
der Wagen, die Wagen   car
der Wagenheber, die Wagenheber   jack
wählen   to choose, select; to dial; to vote
die Wählscheibe,   dial (telephone)
  die Wählscheiben
die Wange, die Wangen   cheek
warm   warm
die Warmhalteplatte,   heating tray
  die Warmhalteplatten
warten   to wait
was für ein (eine)   what kind of
das Waschbecken,   sink, wash basin
  die Waschbecken
die Wäsche   laundry, wash
der Wäsche-Service   laundry service
(sich) waschen   to wash (oneself)
der Wäschetrockner, die Wäschetrockner   dryer
der Waschlappen, die Waschlappen   washcloth
die Waschmaschine,   washing machine
  die Waschmaschinen
das Waschmittel, die Waschmittel   detergent
das Waschpulver,   powdered detergent
  die Waschpulver
der Waschraum, die Waschräume   washroom
das Wasser   water
der Wasserhahn, die Wasserhähne   faucet
der Wechselkurs,   rate of exchange
  die Wechselkurse
wechseln   to exchange, change
die Wechselstube,   exchange bureau
  die Wechselstuben
der Wecker, die Wecker   alarm clock
weder . . . noch   neither . . . nor
weh tun   to hurt
die Wehe, die Wehen   labor, labor pains
der Wein, die Weine   wine
die Weinkarte, die Weinkarten   wine list
der Weißwein, die Weißweine   white wine
weit   far; wide
weiter   farther on
welcher   which
wenden   to make a U-turn
werfen   to throw
wertvoll   valuable
der Whisky   whiskey
wichtig   important

wie lange   how long
wiegen   to weigh
das Wildleder   suede
die Windpocken   chickenpox
die Windschutzscheibe, die Windschutzscheiben   windshield
wischen   to wipe
der Wochentarif, die Wochentarife   weekly charge (by the week)
das Wohnzimmer, die Wohnzimmer   living room
der Wohnzimmerschrank, die Wohnzimmerschränke   wall unit
die Wolle   wool
der Wollstrumpf, die Wollstrümpfe   wool sock
die Wunde, die Wunden   wound
wünschen   to wish
würfeln   to dice

zäh   tough
zahlen   to pay (for)
Zahlen, bitte!   Bill, please! (we'd like to pay)
die Zahlungsanweisung, die Zahlungsanweisungen   money order
der Zahn, die Zähne   tooth
der Zahnarzt, die Zahnärzte   dentist
die Zahnbürste, die Zahnbürsten   toothbrush
sich die Zähne putzen   to brush one's teeth
die Zahnpaste, die Zahnpasten   toothpaste
die Zahnschmerzen   toothache
die Zapfsäule, die Zapfsäulen   gas pump
das Zapfventil, die Zapfventile   nozzle
der Zeh, die Zehen   toe
der Zehnagel, die Zehnägel   toenail
das Zeichen, die Zeichen   sign
zeigen   to show, present
die Zeitschrift, die Zeitschriften   magazine
die Zeitung, die Zeitungen   newspaper
die Zentrale, die Zentralen   message center
zerbrechlich   fragile
ziehen   to pull
die Zigarette, die Zigaretten   cigarette

das Zimmer, die Zimmer   room
Zimmer frei   rooms available
das Zimmer machen   to make up the room
Zimmer mit Einzelbetten   room with twin beds
der Zimmer-Service   room service
das Zimmermädchen, die Zimmermädchen   maid
der Zimmerschlüssel, die Zimmerschlüssel   room key
der Zins, die Zinsen   interest
der Zinssatz   interest rate
der Zoll   duty (customs)
die Zollabfertigung   customs
der Zollbeamte, die Zollbeamten   customs official
die Zollerklärung, die Zollerklärungen   customs declaration
die Zone, die Zonen   zone
zu Fuß gehen   to walk
zu Hause   at home
zubereiten   to prepare
der Zucker   sugar
die Zuckerdose, die Zuckerdosen   sugar bowl
die Zuckerkrankheit   diabetes
der Zug, die Züge   train
die Zündkerze, die Zündkerzen   spark plugs
die Zündung   ignition
der Zündschlüssel, die Zündschlüssel   ignition key
zurückbekommen   to get back
zurückbringen   to bring back, return
zurückgehen   to go back, walk back
zurückrufen   to call back
zurückschlagen   to return (ball)
zusammen   together
der Zuschauer, die Zuschauer   spectator, member of the audience
der Zuschlag, die Zuschläge   supplement, surcharge
die Zwischenlandung, die Zwischenlandungen   stopover
die Zyste, die Zysten   cyst

Glossary: English–German
Wörterverzeichnis: Englisch–Deutsch

accelerator   *das Gaspedal, die Gaspedale*
accident   *der Unfall, die Unfälle*
account   *das Konto, die Konten*
act   *der Akt, die Akte*
actor   *der Schauspieler, die Schauspieler*
actress   *die Schauspielerin, die Schauspielerinnen*
acute appendicitis   *die akute Blinddarmentzündung*
address   *die Anschrift, die Anschriften; die Adresse, die Adressen*
adhesive bandage   *das Pflaster, die Pflaster*
to adjust   *einstellen*
admission   *die Aufnahme, die Aufnahmen*
admission ticket   *die Eintrittskarte, die Eintrittskarten*
to admit (hospital)   *aufnehmen*
no admittance   *Betreten verboten*
again   *noch einmal*
against   *gegen*
air pressure   *der Luftdruck*
air-conditioned   *klimatisiert*
air-conditioner   *die Klimaanlage, die Klimaanlagen*
airline   *die Fluggesellschaft, die Fluggesellschaften; die Fluglinie, die Fluglinien*
airline ticket   *der Flugschein, die Flugscheine; das Flugticket, die Flugtickets*
airmail   *die Luftpost*
airport   *der Flughafen, die Flughäfen*
airsickness   *die Luftkrankheit*
airsickness bag   *die Spucktüte, die Spucktüten*
aisle   *der Gang, die Gänge*
on the aisle   *am Gang*
alarm clock   *der Wecker, die Wecker*
all right, OK   *in Ordnung*
allergic   *allergisch*
allergy   *die Allergie, die Allergien*
to allow, permit   *erlauben*
ambulance   *der Krankenwagen, die Krankenwagen; der Unfallwagen, die Unfallwagen*
amount   *der Betrag, die Beträge*
to amount to   *betragen*
to analyze   *analysieren*
anesthesia   *die Anästhesie*
anesthesiologist   (female) *die Anästhesistin, die Anästhesistinnen;* (male) *der Anästhesist, die Anästhesisten*

ankle   *der Knöchel, die Knöchel*
to announce   *aufrufen, durchsagen*
to announce a flight (ready for departure)   *einen Flug aufrufen*
announcement   *der Aufruf, die Aufrufe; die Durchsage, die Durchsagen*
answering machine   *der Anrufbeantworter, die Anrufbeantworter*
antibiotic   *das Antibiotikum, die Antibiotika*
to appear   *erscheinen*
to appear on stage   *auf der Bühne erscheinen*
appendicitis   *die Appendizitis; die Blinddarmentzündung*
appendix (medical)   *der Blinddarm*
appetizer   *die Vorspeise, die Vorspeisen*
to applaud   *applaudieren, klatschen*
appointment   *der Termin, die Termine*
area code   *die Vorwahl, die Vorwahlen*
arm   *der Arm, die Arme*
armchair   *der Sessel, die Sessel*
arrival   *die Ankunft, die Ankünfte*
to arrive   *ankommen*
arthritis   *die Arthritis*
Asian flu   *die asiatische Grippe*
to ask   *fragen*
to ask for   *verlangen*
assistant (doctor's), receptionist in doctor's office   *die Sprechstundenhilfe, die Sprechstundenhilfen*
asthma   *das Asthma*
at home   *zu Hause*
at the hairdresser   *beim Friseur*
ATM   *der Geldautomat, die Geldautomaten*
automatic transmission   *das Automatikgetriebe, die Automatikgetriebe*
automatically   *selbsttätig*
automobile accident   *der Autounfall, die Autounfälle*
available (free)   *frei*

back   *der Rücken, die Rücken*
back (of seat)   *die Rückenlehne, die Rückenlehnen*
in the back   *hinten*
back up copy   *die Sicherheitskopie, die Sicherheitskopien*
bacon   *der Speck*
to bathe, swim   *baden*
bag   *die Tasche, die Taschen; die Tüte, die Tüten*

baggage *das Gepäck*

baggage claim check *der Fluggepäckschein, die* (air travel) *Fluggepäckscheine*

baked *gebacken*

balance *der Kontostand, die Kontostände*

balcony (house, apartment) *der Balkon, die Balkons*

balcony (theater) *der Rang, die Ränge*

ball *der Ball, die Bälle*

bandage *der Verband, die Verbände*

to bandage *verbinden*

bandaid *das Pflaster, die Pflaster*

bank *die Bank, die Banken*

bankbook *das Sparbuch, die Sparbücher*

bar *die Kneipe, die Kneipen*

bar of soap *das Stück Seife*

barber (female) *die Friseuse (Friseurin), die Friseusen (Friseurinnen); (male) der Friseur (Frisör), die Friseure (Frisöre)*

baseline (tennis) *die Grundlinie, die Grundlinien*

bath mat *die Badezimmermatte, die Badezimmermatten*

bath towel *das Badetuch, die Badetücher*

bathing (shower) cap *die Badekappe, die Badekappen*

bathing suit *der Badeanzug, die Badeanzüge*

bathing trunks *die Badehose, die Badehosen*

bathrobe *der Bademantel, die Bademäntel*

bathroom *das Badezimmer, die Badezimmer*

bathtub *die Badewanne, die Badewannen*

to be (be located) *sich befinden*

beard *der Bart, die Bärte*

beater (whisk) *der Quirl, die Quirle*

bed *das Bett, die Betten*

(to make the) bed *das Bett beziehen, das Bett machen*

bed sheet *das Bettlaken, die Bettlaken*

bedroom *das Schlafzimmer, die Schlafzimmer*

bedspread *die Tagesdecke, die Tagesdecken*

beep *der Piepton, die Pieptöne*

beer garden *der Biergarten, die Biergärten*

to begin *anfangen, beginnen*

bellhop *der Hotelpage, die Hotelpagen*

belt *der Gurt, die Gurte; der Gürtel, die Gürtel*

bill (folding money) *der Schein, die Scheine;* (check at a restaurant) *die Rechnung, die Rechnungen*

Bill, please! (We'd like to pay) *Zahlen, bitte!*

bladder *die Blase*

blanket *die Decke, die Decken*

blended fabric *das Mischgewebe, die Mischgewebe*

blender *der Mixer, die Mixer*

blood *das Blut*

blood pressure *der Blutdruck*

blood sample *die Blutprobe, die Blutproben*

blood type *die Blutgruppe, die Blutgruppen*

blouse *die Bluse, die Blusen*

to blow the horn *hupen*

blown (fuse) *durchgebrannt*

on board *an Bord*

boarding pass *die Bordkarte, die Bordkarten*

bodysuit *der Body, die Bodys*

to boil *kochen*

to bring to a boil *zum Kochen bringen*

bone *der Knochen, die Knochen*

book *das Buch, die Bücher*

bookcase *der Bücherschrank, die Bücherschränke*

bookshelf *das Bücherregal, die Bücherregale*

boot *der Stiefel, die Stiefel*

bottle *die Flasche, die Flaschen*

bottle opener *der Flaschenöffner, die Flaschenöffner*

to bounce *schaukeln*

bow tie *die Fliege, die Fliegen*

bowel movement *der Stuhlgang*

box *die Schachtel, die Schachteln*

box (theater) *die Loge, die Logen*

box seat *der Logenplatz, die Logenplätze*

bra *der Büstenhalter (BH), die Büstenhalter (BHs)*

braised meat *das Schmorfleisch*

to brake *bremsen*

brake fluid *die Bremsflüssigkeit, die Bremsflüssigkeiten*

brake pedal *das Bremspedal, die Bremspedale*

breaded *paniert*

break, fracture (bone) *der Bruch, die Brüche*

breakdown *die Panne, die Pannen*

breakfast *das Frühstück*

breast *die Brust, die Brüste*

to breathe *atmen*

briefcase *die Aktentasche, die Aktentaschen*

to bring back *zurückbringen*

to bring up-to-date *aktualisieren*

broken *gebrochen*

broom *der Besen, die Besen*

to brush one's teeth *sich die Zähne putzen*

buffet (piece of furniture) *die Anrichte, die Anrichten*

bumper *die Stoßstange, die Stoßstangen*

bureau (chest of drawers) *die Kommode, die Kommoden*

to burn *verbrennen*

burned *verbrannt*

burned out (light bulb) *durchgebrannt*

burner *der Brenner, die Brenner*

bus *der Bus, die Busse*

bus stop *die Bushaltestelle, die Bushaltestellen*

on business   *geschäftlich*
busy (telephone)   *besetzt*
busy signal   *das Besetztzeichen, die Besetztzeichen*
butcher   *der Fleischer, die Fleischer; der Metzger, die Metzger (esp. Southern Germany); der Schlachter, die Schlachter (esp. Northern Germany)*
butter dish   *die Butterdose, die Butterdosen*
button   *der Knopf, die Knöpfe*
by airmail   *mit Luftpost*
by registered mail   *per Einschreiben*
Bye!   *Tschüs!*

cabin   *die Kabine, die Kabinen*
cabinet (kitchen)   *der Hängeschrank, die Hängeschränke*
to call   *rufen*
to call back   *zurückrufen*
to call up   *anrufen*
can   *die Dose, die Dosen*
can opener   *der Dosenöffner, die Dosenöffner*
cancer   *der Krebs*
candelabra   *der Kerzenständer, die Kerzenständer*
candy   *die Praline, die Pralinen*
captain (on airplane)   *der Flugkapitän, die Flugkapitäne*
car   *das Auto, die Autos; der Wagen, die Wagen*
carafe   *die Karaffe, die Karaffen*
carafe wine   *offener Wein*
carpet   *der Teppich, die Teppiche*
to carry   *tragen*
carry-on luggage   *das Handgepäck*
carton   *der Karton, die Kartons*
to carve (meat)   *tranchieren*
carving knife   *das Tranchiermesser, die Tranchiermesser*
in case   *im Falle*
cash   *das Bargeld*
to cash (a check)   *einlösen*
cash machine   *der Geldautomat, die Geldautomaten*
cashier   *(female) die Kassiererin, die Kassiererinnen; (male) der Kassierer, die Kassierer*
cashier's window   *die Kasse, die Kassen*
casual   *sportlich*
cataract   *der graue Star*
to catch   *fangen*
cavity (tooth)   *das Loch, die Löcher*
CD   *die CD, die CDs*
change   *das Kleingeld*
to change (planes, trains, etc.)   *umsteigen*
channel (TV)   *der Kanal, die Kanäle*

charge   *die Gebühr, die Gebühren*
cast (plaster, medical)   *der Gipsverband, die Gipsverbände*
to put in a cast   *in Gips legen*
to chat   *plaudern, sich unterhalten*
check (in a restaurant)   *die Rechnung, die Rechnungen;*
(banking)   *der Scheck, die Schecks*
to check (coats)   *abgeben*
(tickets)   *kontrollieren*
(to examine something)   *nachsehen*
to check in   *einchecken (das Gepäck aufgeben)*
to check (one's luggage)   *(das Gepäck) aufgeben*
to check out   *auschecken, das Zimmer räumen*
to check through   *durchchecken*
(luggage on a trip)
checkbook   *das Scheckheft, die Scheckhefte*
checked (e.g. pattern on cloth)   *kariert*
checking account   *das Girokonto, die Girokonten*
checkroom   *die Garderobe, die Garderoben*
cheek   *die Backe, die Backen; die Wange, die Wangen*
cheese   *der Käse*
chest   *die Brust, die Brüste*
chicken   *das Huhn, die Hühner*
chickenpox   *die Windpocken*
childhood disease   *die Kinderkrankheit, die Kinderkrankheiten*
chills and fever   *der Schüttelfrost*
cinema   *das Kino, die Kinos*
to choose   *wählen, auswählen*
chopped   *gehackt*
cigarette   *die Zigarette, die Zigaretten*
to clap   *klatschen*
to clean   *putzen, sauber machen*
clear   *klar*
to clear the table   *abdecken, abräumen*
to click   *klicken*
clinic   *die Klinik, die Kliniken*
cloakroom   *die Garderobe, die Garderoben*
clogged   *verstopft*
to close   *schließen*
closed   *geschlossen*
closet   *der Schrank, die Schränke*
cloth   *das Tuch, die Tücher*
clothing (article of)   *das Kleidungsstück, die Kleidungsstücke*
clutch (automotive)   *die Kupplung, die Kupplungen*
to (engage the) clutch   *kuppeln*
coat   *der Mantel, die Mäntel*
coated pill   *das Dragée, die Dragées*
coatroom   *die Garderobe, die Garderoben*
cockpit   *das Cockpit, die Cockpits*

coffee   *der Kaffee*
coin   *die Münze, die Münzen; das Geldstück, die Geldstücke*
coin slot   *der Münzeinwurf, die Münzeinwürfe*
colander   *der Durchschlag, die Durchschläge*
cold   *kalt*
cold   *die Erkältung, die Erkältungen*
to be cold   *frieren*
to have a cold   *erkältet sein*
I'm cold   *mir ist kalt*
collect call   *das R-Gespräch, die R-Gespräche*
colon (large intestine)   *der Dickdarm*
color   *die Farbe, die Farben*
to color   *tönen*
to comb   *kämmen*
to comb one's hair   *sich kämmen*
Come in!   *Kommen Sie herein! / Herein!*
comedy   *die Komödie, die Komödien*
compartment (train)   *das Abteil, die Abteile*
computer   *der Computer, die Computer*
conductor   *der Schaffner, die Schaffner*
to confirm   *bestätigen*
confirmation   *die Bestätigung, die Bestätigungen*
to connect   *verbinden*
to be connected   *falsch verbunden sein*
   with a wrong number
connection   *der Anschluß, die Anschlüsse; die Verbindung, die Verbindungen*
constipated   *verstopft*
constipation   *die Verstopfung*
contagious   *ansteckend*
contract   *der Vertrag, die Verträge*
to cook   *kochen*
cool   *kühl*
corduroy   *der Kord*
corkscrew   *der Korkenzieher, die Korkenzieher*
corner   *die Ecke, die Ecken*
corner table   *der Ecktisch, die Ecktische*
cotton   *die Baumwolle*
couchette car (train)   *der Liegewagen, die Liegewagen*
cough   *der Husten*
to cough   *husten*
counter   *der Schalter, die Schalter; (at the bank) der Bankschalter, die Bankschalter*
course (of a meal)   *der Gang, die Gänge*
court (tennis)   *das Spieldfeld, die Spielfelder*
CPU   *der Rechner, die Rechner*
cream   *der Rahm, die Sahne*
credenza   *die Anrichte, die Anrichten*
credit card   *die Kreditkarte, die Kreditkarten*
to create (computer file)   *anlegen*
crew   *die Besatzung, die Besatzungen*
crutches   *die Krücken*
cuff   *das Bündchen, die Bündchen*

cuff link   *der Manschettenknopf, die Manschettenknöpfe*
cup   *die Tasse, die Tassen*
curtain (sheer)   *der Vorhang, die Vorhänge*
customs   *die Zollabfertigung, die Zollabfertigungen*
customs declaration   *die Zollerklärung, die Zollerklärungen*
customs official   *der Zollbeamte, die Zollbeamten*
cut   *der Schnitt, die Schnitte*
to cut (hair, piece   *schneiden*
   of meat, cloth, etc.)
cut (past participle)   *geschnitten*
to cut off   *abschneiden, unterbrechen; (past participle) abgeschnitten, unterbrochen*
cutlet   *das Schnitzel, die Schnitzel*
cyst   *die Zyste, die Zysten*

daily charge   *der Tagestarif, die Tagestarife*
dangerous   *gefährlich*
to darn   *stopfen*
dashboard   *das Armaturenbrett, die Armaturenbretter*
data   *die Daten*
dead   *tot*
to declare (customs)   *verzollen*
deep fried   *fritiert*
delay   *die Verspätung, die Verspätungen*
to deliver (a child, mail)   *austragen*
delivery (giving birth)   *die Entbindung, die Entbindungen*
delivery room   *der Kreißsaal, die Kreißsäle; der Entbindungssaal, die Entbindungssäle*
denim   *der Jeansstoff*
dental chair   *der Behandlungsstuhl, die Behandlungsstühle*
dentist   *der Zahnarzt, die Zahnärzte*
department store   *das Kaufhaus, die Kaufhäuser*
departure, take-off   *der Abflug, die Abflüge*
   (plane)
   (train)   *die Abfahrt, die Abfahrten*
deposit   *die Anzahlung, die Anzahlungen*
to deposit (money into an account)   *einzahlen*
desk   *der Schreibtisch, die Schreibtische*
desk clerk   (female) *die Empfangsdame, die Empfangsdamen;* (male) *der Portier, die Portiers*
dessert   *das Dessert, die Desserts; die Nachspeise, die Nachspeisen*
detergent   *das Waschmittel, die Waschmittel;* (powdered) *das Waschpulver, die Waschpulver*

diabetes   *die Diabetes; die Zuckerkrankheit*
dial (on a telephone)   *die Wählscheibe, die Wählscheiben*
to dial   *wählen*
to dial a wrong number   *sich verwählen*
to dial directly   *durchwählen*
dial tone   *das Amtszeichen, die Amtszeichen*
diarrhea   *der Durchfall*
to dice   *würfeln*
difference in price   *der Preisunterschied, die Preisunterschiede*
difficult   *schwer*
difficulty   *die Schwierigkeit, die Schwierigkeiten*
dining car   *der Speisewagen, die Speisewagen*
dining room   *das Eßzimmer, die Eßzimmer*
diphtheria   *die Diphtherie*
to direct   *leiten*
direction   *die Richtung, die Richtungen*
directional signal   *der Blinker, die Blinker*
dirty   *dreckig, schmutzig*
dish (cuisine)   *das Gericht, die Gerichte*
dish drainer   *der Abtropfkorb, die Abtropfkörbe*
dish towel   *das Geschirrtuch, die Geschirrtücher*
dishes   *das Geschirr*
dishwasher   *die Geschirrspülmaschine, die Geschirrspülmaschinen*
dishwashing detergent   *das Spülmittel, die Spülmittel*
diskette (floppy disk)   *die Diskette, die Disketten*
dizzy   *schwindelig*
doctor's office   *die Arztpraxis, die Arztpraxen*
doctor   (female) *die Ärztin, die Ärztinnen;* (male) *der Arzt, die Ärzte*
document   *das Dokument, die Dokumente*
domestic flight   *der Inlandflug, die Inlandflüge*
double bed   *das Doppelbett, die Doppelbetten*
double room   *das Doppelzimmer, die Doppelzimmer*
doubles match (tennis)   *das Doppel, die Doppel*
(to make a)   *die Anzahlung, die*
  down payment *Anzahlungen (leisten)*
down quilt   *die Daunendecke, die Daunendecken*
to drain   *ablaufen, abtropfen*
drain   *der Abfluß, die Abflüsse*
drama   *das Drama, die Dramen*
drapes   *die Gardine, die Gardinen; der Vorhang, die Vorhänge*
drawer   *die Schublade, die Schubladen*
to dream   *träumen*
dress   *das Kleid, die Kleider*
to dribble around (sports)   *umdribbeln*
drink   *das Getränk, die Getränke*

to drip   *lecken*
driver's license   *der Führerschein, die Führerscheine*
drumstick (food)   *die Hähnchenkeule, die Hähnchenkeulen*
to dry (the dishes)   *abtrocknen*
to dry oneself   *sich abtrocknen*
to dry-clean   *reinigen*
to have dry-cleaned   *reinigen lassen*
dryer   *der Wäschetrockner, die Wäschetrockner*
to dub (film)   *synchronisieren*
due date   *der Fälligkeitstag, die Fälligkeitstage*
during the daytime   *tagsüber*
dust   *der Staub*
to dust   *Staub wischen*
dustcloth   *das Staubtuch, die Staubtücher*
duty (customs)   *der Zoll*
duvet cover   *der Bettbezug, die Bettbezüge*
to dye   *färben*

ear   *das Ohr, die Ohren*
earache   *die Ohrenschmerzen*
easy-care   *pflegeleicht*
to eat   *essen*
economy class   *die Economy-Klasse*
egg   *das Ei, die Eier*
electric hair drier   *der Fön, die Föne*
electrician   *der Elektriker, die Elektriker*
electricity (electric current)   *der Strom*
electrocardiogram   *das Elektrokardiogramm,*
  (EKG)   *die Elektrokardiogramme (EKG)*
emergency   *der Notfall, die Notfälle*
emergency exit   *der Notausgang, die Notausgänge*
emergency room   *die Unfallstation, die Unfallstationen*
empty   *leer*
to empty   *leeren*
entire   *gesamt*
entrance (highway)   *die Auffahrt, die Auffahrten (Autobahn)*
envelope   *der Briefumschlag, die Briefumschläge*
epilepsy   *die Epilepsie*
epileptic seizure   *der epileptische Anfall, die epileptischen Anfälle*
to examine   *untersuchen*
to examine with a   *abhorchen*
  stethoscope (auscultate)
to exchange, change   *wechseln*
exchange bureau   *die Wechselstube, die Wechselstuben*
exit (highway)   *die Ausfahrt, die Ausfahrten (Autobahn)*

to exit (computer)   *beenden*
to expect   *erwarten*
expensive   *teuer*
to explain   *erklären*
extension   *die Durchwahlnummer, die*
  (telephone)   *Durchwahlnummern*
eye level   *die Augenhöhe*

fabric   *das Gewebe, die Gewebe*
facing   *mit Blick auf*
facing the courtyard   *zum Hof*
facing the street   *zur Straße*
to fall   *fallen*
to fall asleep   *einschlafen*
to fall down   *herabfallen*
far   *entfernt, weit*
farther on   *weiter*
to fasten (seat belts)   *sich anschnallen, die*
                    Sicherheitsgurte
                    anlegen
faucet   *der Wasserhahn, die Wasserhähne*
feather comforter   *das Federbett, die*
                    Federbetten
fee   *die Gebühr, die Gebühren*
feeding (food)   *die Ernährung*
to feel (the pulse)   *(den Puls) fühlen*
fellow player   *der Mitspieler, die Mitspieler*
fender   *der Kotflügel, die Kotflügel*
fever   *das Fieber*
file   *die Datei, die Dateien*
filling (tooth)   *die Plombe, die Plomben; die*
                    Füllung, die Füllungen
film   *der Film, die Filme*
to find out   *erfahren*
finger   *der Finger, die Finger*
fingernail   *der Fingernagel, die Fingernägel*
fire   *das Feuer, die Feuer*
fireplace   *der Kamin, die Kamine*
first class   *die Erste Klasse*
fish   *der Fisch, die Fische*
fish bone   *die Gräte, die Gräten*
to fit   *passen*
flannel   *der Flanell*
flat   *flach*
flat tire   *der Platten, die Platten*
flight   *der Flug, die Flüge*
flight attendant   (female) *die Flugbegleiterin,*
                    die Flugbegleiterinnen;
                    (male) *der Flugbegleiter, die*
                    Flugbegleiter
flight personnel   *das Kabinenpersonal*
flight plan   *die Flugroute, die Flugrouten*
floor   *der Fußboden, die Fußböden*
floor lamp   *die Stehlampe, die Stehlampen*
flower   *die Blume, die Blumen*
flu   *die Grippe*

fly (in pants)   *der Hosenschlitz, die*
                    Hosenschlitze
to fly   *fliegen*
flying time   *die Flugzeit, die Flugzeiten*
food   *das Essen, die Essen; die Nahrung* (no
                    plural); *die Speise, die Speisen*
food processor   *die Küchenmaschine, die*
                    Küchenmaschinen
foot   *der Fuß, die Füße*
for   *für*
forbidden   *verboten*
to forget   *vergessen*
fork   *die Gabel, die Gabeln*
form (to fill out)   *das Formular, die Formulare*
forward   *nach vorne*
in the front compartment   *im vorderen Teil*
foul   *das Foul, die Fouls*
fragile   *zerbrechlich*
frame   *der Rahmen, die Rahmen*
freezer (upright)   *der Tiefkühlschrank, die*
                    Tiefkühlschränke
freezer (chest)   *die Tiefkühltruhe, die*
                    Tiefkühltruhen
freezer compartment   *das Tiefkühlfach, die*
                    Tiefkühlfächer
French cuffs   *die Manschetten*
frequently   *häufig*
fresh   *frisch*
to freeze   *frieren*
fried   *gebraten*
from (arriving from)   *aus*
in the front   *vorne, im vorderen Teil*
frozen   *gefroren, tiefgekühlt*
fruit   *die Frucht, die Früchte; das Obst* (no
                    plural)
to fry   *braten*
frying pan   *die Bratpfanne, die Bratpfannen*
full (person re: appetite)   *voll, satt*
  (hotel)   *voll belegt*
  (plane)   *besetzt*
insurance   *die Vollkaskoversicherung,*
  coverage   *die Vollkaskoversicherungen*
  (comprehensive)
fuse   *die Sicherung, die Sicherungen*
fuse box   *der Sicherungskasten, die*
                    Sicherungskästen

gallbladder   *die Gallenblase, die Gallenblasen*
garbage   *der Abfall, die Abfälle; der Müll* (no
                    plural)
garbage can   *der Mülleimer, die Mülleimer*
garden   *der Garten, die Gärten*
gas can   *der Benzinkanister, die Benzinkanister*
gas pedal   *das Gaspedal, die Gaspedale*
gas pump   *die Zapfsäule, die Zapfsäulen*
gas station   *die Tankstelle, die Tankstellen*

gasoline   *das Benzin; der Sprit*
gate (airport)   *der Ausgang, die Ausgänge; das Gate, die Gates*
gear   *der Gang, die Gänge*
(in first) gear   *(im ersten) Gang*
gearshift   *der Schalthebel, die Schalthebel*
German measles   *die Röteln*
to get (receive)   *bekommen*
 (obtain)   *beschaffen*
to get back   *zurückbekommen*
to get off   *aussteigen*
to get on   *einsteigen*
to get through   *durchkommen*
to get up   *aufstehen*
gland (lymph glands)   *die Drüse, die Drüsen (Lymphdrüsen)*
glass   *das Glas, die Gläser*
glove compartment   *das Handschuhfach, die Handschuhfächer*
glove   *der Handschuh, die Handschuhe*
to glue   *kleben*
to go back   *zurückgehen*
to go to bed   *ins Bett gehen*
to go with (e.g. colors)   *passen zu*
goal   *das Tor, die Tore*
(to make a) goal,   *ein Tor schießen*
 score a point
goalie, goaltender   *der Torwart, die Torwarte*
Goodbye   *Auf Wiederhören* (telephone); *Auf Wiedersehen* (in person)
to grant   *gewähren*
gravy boat   *die Soßenschüssel, die Soßenschüsseln*
to grease   *schmieren*
to greet   *begrüßen*
grilled   *gegrillt*
groceries   *die Lebensmittel*
guest   *der Gast, die Gäste*

hair   *das Haar, die Haare*
hair spray   *das Haarspray, die Haarsprays*
haircut   *der Haarschnitt, die Haarschnitte*
hairdresser   (female) *die Friseurin, die Friseurinnen;* (male) *der Friseur, die Friseure*
to hand (someone something)   *reichen*
hand brake   *die Handbremse, die Handbremsen*
hand towel   *das Handtuch, die Handtücher*
handbag   *die Handtasche, die Handtaschen*
handkerchief   *das Taschentuch, die Taschentücher*
handle   *der Griff, die Griffe;* (long) *der Stiel, die Stiele*
hang up   *auflegen, einhängen*
hanger   *der Kleiderbügel, die Kleiderbügel*
to happen   *passieren*

hard drive (computer)   *die Festplatte, die Festplatten*
head   *der Kopf, die Köpfe*
headlights   *das Licht*
headphones   *der Kopfhörer, die Kopfhörer*
health insurance   *die Krankenkasse, die Krankenkassen*
heart   *das Herz, die Herzen*
heart attack   *der Herzanfall, die Herzanfälle; der Herzinfarkt, die Herzinfarkte*
heat   *die Heizung, die Heizungen*
to heat   *erhitzen*
heating tray   *die Warmhalteplatte, die Warmhalteplatten*
heel (of a shoe)   *der Absatz, die Absätze*
to help   *helfen*
hem   *der Saum, die Säume*
hemorrhoids   *die Hämorrhoiden*
hero   *der Held, die Helden*
heroine   *die Heldin, die Heldinnen*
high   *hoch*
high beams   *das Fernlicht, die Fernlichter*
high-heeled shoes   *der Pumps, die Pumps*
higher   *höher*
highlights (hair)   *die Strähnchen*
highway   *die Bundesstraße, die Bundesstraßen*
highway (super-, interstate)   *die Autobahn, die Autobahnen*
hip   *die Hüfte, die Hüften*
to hit   *schlagen*
Please hold.   *Bitte, bleiben Sie am Apparat.*
hood (of car)   *die Haube, die Hauben*
horn (of car)   *die Hupe, die Hupen*
hospital   *das Krankenhaus, die Krankenhäuser*
hot   *heiß*
housecleaning   *der Hausputz*
housework   *die Hausarbeit*
how long   *wie lange*
hubcap   *die Radkappe, die Radkappen*
hunger   *der Hunger*
hungry   *hungrig*
to hurt   *weh tun*

ignition   *die Zündung, die Zündungen*
ignition key   *der Zündschlüssel, die Zündschlüssel*
ill   *krank*
to immobilize (a bone)   *ruhig stellen*
important   *wichtig*
incision   *der Schnitt, die Schnitte*
included (in the price)   *inbegriffen (im Preis)*
infantile paralysis (polio)   *die Kinderlähmung*
influenza   *die Influenza*
to inform   *mitteilen*
information   *die Auskunft, die Auskünfte*

injection   *die Spritze, die Spritzen*
injured person   (female) *die Verletzte, die Verletzten;* (male) *der Verletzte, die Verletzten*
to input (computer)   *eingeben*
to insert   *einführen; einschieben*
installment (payment)   *die Rate, die Raten*
to insure   *versichern*
intensive care unit   *die Intensivstation, die Intensivstationen*
interest   *die Zinsen*
interest rate   *der Zinssatz*
intermission   *die Pause, die Pausen*
intern   (female) *die Assistenzärztin, die Assistenzärztinnen;* (male) *der Assistenzarzt, die Assistenzärzte*
international flight   *der Auslandsflug, die Auslandsflüge*
intersection (street)   *die Kreuzung, die Kreuzungen*
intestine   *die Därme, die Gedärme*
intravenous   *intravenös*
iron   *das Bügeleisen, die Bügeleisen*
to iron, press   *bügeln*
no-iron (fabric)   *bügelfrei*
ironing board   *das Bügelbrett, die Bügelbretter*
to issue (a ticket)   *einen Flugschein ausstellen*

jack (automotive)   *der Wagenheber, die Wagenheber*
jacket (suit)   *die Jacke, die Jacken; das Jackett, die Jacketts*
   (sports)   *das Sakko, die Sakkos*
jar   *das Glas, die Gläser*
jeans   *die Jeans*
jogging shoe   *der Joggingschuh, die Joggingschuhe*
jogging suit   *der Jogginganzug, die Jogginganzüge*
juice   *der Saft, die Säfte*

ketchup   *das Ketchup*
key   *der Schlüssel, die Schlüssel*
keyboard   *die Tastatur, die Tastaturen*
key pad   *die Tastatur, die Tastaturen*
to kick   *treten*
kidney   *die Niere, die Nieren*
knee sock   *der Kniestrumpf, die Kniestrümpfe*
knife   *das Messer, die Messer*
to knock   *klopfen*

labor, labor pains   *die Wehe, die Wehen*
lace   *die Spitze, die Spitzen*
lamp   *die Lampe, die Lampen*
to land   *landen*

landing   *die Landung, die Landungen*
lane (of highway)   *der Fahrstreifen, die Fahrstreifen*
to last, take (time)   *dauern*
late   *verspätet*
later   *später*
laundry service   *der Wäsche-Service*
laundry   *die Wäsche*
to leak   *lecken*
leather   *das Leder*
to leave   *lassen, verlassen*
to leave (planes)   *abfliegen*
to leave (trains, buses)   *abfahren*
(to the) left   *links*
left at the corner   *links um die Ecke*
leg   *das Bein, die Beine*
letter   *der Brief, die Briefe*
lettuce   *der Kopfsalat, die Kopfsalate*
license plate   *das Nummernschild, die Nummernschilder*
life jacket   *die Schwimmweste, die Schwimmwesten*
to lift   *abheben*
light bulb   *die Glühbirne, die Glühbirnen*
light switch   *der Lichtschalter, die Lichtschalter*
to light up, shine   *leuchten*
line (telephone)   *die Leitung, die Leitungen*
   (people waiting)   *die Schlange, die Schlangen*
lining   *das Futter, die Futter*
to listen to   *sich anhören*
lit, turned on   *eingeschaltet*
liver   *die Leber, die Lebern*
living room   *das Wohnzimmer, die Wohnzimmer*
loan   *das Darlehen, die Darlehen*
local call   *das Ortsgespräch, die Ortsgespräche*
local train   *der Nahverkehrszug, die Nahverkehrszüge*
to lock   *verschließen*
locker   *das Schließfach, die Schließfächer*
to lodge, stay overnight   *übernachten*
long   *lang*
long-distance call   *das Ferngespräch, die Ferngespräche*
long-distance flights   *der Langstreckenflug, die Langstreckenflüge*
to look   *schauen*
loose   *lose*
lost (one's way)   *verirrt*
low beams   *das Abblendlicht, die Abblendlichter*
lower   *niedriger*
to lubricate   *ölen, schmieren*
luggage   *das Gepäck*
luggage cart   *der Kofferkuli, die Kofferkulis*
lungs   *die Lunge, die Lungen*

magazine *die Zeitschrift, die Zeitschriften*

magnetic resonance *die Kernspintomographie* imaging (MRI)

maid *das Zimmermädchen, die Zimmermädchen*

mail *die Post*

to mail *einwerfen; einstecken*

mailbox *der Briefkasten, die Briefkästen*

main course (meal) *das Hauptgericht, die Hauptgerichte*

main railroad station *der Hauptbahnhof, die Hauptbahnhöfe*

to make a U-turn *wenden*

to make easier *erleichtern*

makeup *die Schminke*

(to apply) makeup *sich schminken*

manicure *die Maniküre*

mattress *die Matratze, die Matratzen*

mayonnaise *die Mayonnaise*

meal *die Mahlzeit, die Mahlzeiten*

measles *die Masern*

to measure *messen*

measurements *die Maße*

meat *das Fleisch*

medical history *die Krankengeschichte, die Krankengeschichten*

medium (meat) *medium*

to meet *treffen*

to melt (Butter) *(Butter) auslassen*

to mend *flicken*

menstrual period *die Regel*

mental illness *die psychische Krankheit, die psychischen Krankheiten; die psychische Störung, die psychischen Störungen*

menu *die Speisekarte, die Speisekarten*

menu (of daily specials) *die Tageskarte, die Tageskarten*

(fixed) menu *das Menü, die Menüs*

message *die Nachricht, die Nachrichten*

message center *die Zentrale, die Zentralen*

mezzanine *der erste Rang, die ersten Ränge*

midwife *die Hebamme, die Hebammen*

mileage (kilometer) charge *das Kilometergeld*

mirror *der Spiegel, die Spiegel*

to misdial *sich verwählen*

to be missing *fehlen*

moderate-priced *gutbürgerlich* (restaurant classification)

molar *der Backenzahn, die Backenzähne*

money *das Geld*

money order *die Zahlungsanweisung, die Zahlungsanweisungen*

monitor *der Monitor, die Monitore*

monthly payment *die monatliche Rate*

mortgage *die Hypotnek, die Hypotheken*

(to take out, assume *eine Hypothek* a) mortgage *aufnehmen*

mountain *der Berg, die Berge*

mouse *die Maus, die Mäuse*

mouse pad *das Mauspad, die Mauspads*

mouth *der Mund, die Münder*

movies *das Kino, die Kinos*

mucus *der Schleim*

mumps *der Mumps*

musical *das Musical, die Musicals*

mustache *der Schnurrbart, die Schnurrbärte*

mustard *der Senf*

nail polish *der Nagellack*

to name *benennen*

napkin *die Serviette, die Servietten*

narrow *schmal, eng*

nauseous *übel*

nearby, in the vicinity *in der Nähe*

necessary *notwendig*

neck *der Hals, die Hälse*

(back of the) neck *der Nacken, die Nacken*

to need *brauchen*

neither … nor *weder … noch*

net *das Netz, die Netze*

net ball *der Netzball, die Netzbälle*

neutral *der Leerlauf*

newspaper *die Zeitung, die Zeitungen*

night table *der Nachttisch, die Nachttische*

night train *der Nachtzug, die Nachtzüge*

nightmare *der Alptraum, die Alpträume*

no-score game *torloses Unentschieden*

noise *der Lärm*

nonstop flight *der Nonstopflug, die Nonstopflüge*

to note *merken*

nozzle *das Zapfventil, die Zapfventile*

number *die Nummer, die Nummern*

nurse *(female) die Krankenschwester, die Krankenschwestern; (male) der Krankenpfleger, die Krankenpfleger*

nylon *das Nylon*

obstetrician *(female) die Geburtshelferin, die Geburtshelferinnen; (male) der Geburtshelfer, die Geburtshelfer*

(fully) occupied *(voll) besetzt*

odometer (reading *der Kilometerzähler, die* in kilometers) *Kilometerzähler*

office *das Büro, die Büros*

often *oft*

oil *das Öl*

oil level *der Ölstand, die Ölstände*

on a low flame (at low heat)   *bei niedriger Hitze*

one-way street   *die Einbahnstraße, die Einbahnstraßen*

one-way ticket   *einfache Fahrkarte*

to open   *öffnen, eröffnen*

to operate (piece of equipment)   *betätigen*

to operate (medical)   *die Operation durchführen; operieren; einen chirurgischen Eingriff vornehmen*

operating room   *der Operationssaal, die Operationssäle*

operating table   *der Operationstisch, die Operationstische*

operation (surgical intervention)   *der Eingriff, die Eingriffe; die Operation, die Operationen*

orchestra (seats)   *das Parkett*

to order   *bestellen*

orthopedist   (female) *die Orthopädin, die Orthopädinnen,* (male) *der Orthopäde, die Orthopäden*

out   *aus*

out of order   *außer Betrieb*

outlet (electrical)   *die Steckdose, die Steckdosen*

outside   *draußen, außerhalb*

ovary   *der Eierstock, die Eierstöcke; das Ovarium, die Ovarien*

oven   *der Backofen, die Backöfen; der Ofen, die Öfen*

overhead compartment   *die Gepäckablage, die Gepäckablagen*

overheat   *überhitzen*

oxygen   *der Sauerstoff*

oxygen mask   *die Sauerstoffmaske, die Sauerstoffmasken*

oxygen tent   *das Sauerstoffzelt, die Sauerstoffzelte*

oxygen tube   *der Sauerstoffschlauch, die Sauerstoffschläuche*

package   *das Paket, die Pakete*

package (small)   *das Päckchen, die Päckchen*

pain   *der Schmerz, die Schmerzen*

pair   *das Paar, die Paare*

pan   *die Pfanne, die Pfannen*

panties   *der Slip, die Slips*

pantry   *die Speisekammer, die Speisekammern*

pants   *die Hose, die Hosen*

pantsuit   *der Hosenanzug, die Hosenanzüge*

panty hose   *die Strumpfhose, die Strumpfhosen*

to pare   *schälen*

paring knife   *das Schälmesser, die Schälmesser*

to park   *parken, abstellen*

part (role)   *die Rolle, die Rollen*

to pass (a ball)   *führen, passen*

to pass (soccer)   *einen Paß schießen*

(to make a long) pass   *eine Flanke schießen*

to pass (hand something to someone)   *reichen*

passenger   (male or female) *der Passagier, die Passagiere*

to be passing through   *auf der Durchreise sein*

passport   *der Reisepaß, die Reisepässe*

passport control   *die Paßkontrolle, die Paßkontrollen*

to paste   *kleben*

patient   (female) *die Patientin, die Patientinnen;* (male) *der Patient, die Patienten*

to pay   *bezahlen, zahlen*

to pay duty   *verzollen*

pay off in installments   *in Raten zahlen*

pedicure   *die Pediküre*

to peel   *schälen*

penicillin   *das Penizillin*

penicillin injection   *die Penizillinspritze, die Penizillinspritzen*

pepper   *der Pfeffer*

pepper mill   *die Pfeffermühle, die Pfeffermühlen*

pepper shaker   *der Pfefferstreuer, die Pfefferstreuer*

per hour   *pro Stunde*

performance   *die Aufführung, die Aufführungen*

period, half (soccer)   *die Halbzeit, die Halbzeiten*

perm, permanent wave   *die Dauerwelle, die Dauerwellen*

person-to-person call   *das Personengespräch, die Personengespräche*

personal effects   *die persönlichen Sachen*

personal identity card   *der Personalausweis, die Personalausweise*

phlegm   *der Schleim*

to pick up (receiver)   *abheben, abnehmen*

to pick up (fetch, collect)   *abholen*

picture   *das Bild, die Bilder*

piece   *das Stück, die Stücke*

pillow   *das Kopfkissen, die Kopfkissen*

pillowcase   *der Kopfkissenbezug, die Kopfkissenbezüge*

pilot   *der Pilot, die Piloten*

PIN number   *die Geheimnummer, die Geheimnummern*

pipe (plumbing)   *das Rohr, die Rohre*

place, seat   *der Platz, die Plätze*

to place   *legen* (horizontal), *stellen* (vertical)

place setting (silverware)   *das Besteck, die Bestecke*

plane   *das Flugzeug, die Flugzeuge; die Maschine, die Maschinen*

plate   *der Teller, die Teller*
platform (at train station)   *der Bahnsteig, die Bahnsteige*
play   *das Stück, die Stücke; das Theaterstück, die Theaterstücke; das Schauspiel, die Schauspiele*
to play (games, tapes, records)   *spielen*
player   *der Spieler, die Spieler*
playing field   *das Spielfeld, die Spielfelder*
pleasant   *angenehm*
for pleasure   *zum Vergnügen*
plug (electric)   *der Stecker, die Stecker*
plug (for sink)   *der Stöpsel, die Stöpsel*
plumber   *der Klempner, die Klempner*
plumbing   *die Rohre*
poached   *pochiert*
pocket   *die Tasche, die Taschen*
pocketbook   *die Handtasche, die Handtaschen*
point   *der Punkt, die Punkte*
poliomyelitis   *die Polio*
to polish   *polieren*
polishing cloth   *der Putzlappen, die Putzlappen*
polka dot   *das Pünktchen, die Pünktchen*
polka-dotted   *gepunktet*
polyps   *die Polypen*
pork   *das Schweinefleisch*
porter   *der Gepäckträger, die Gepäckträger*
possibility   *die Möglichkeit, die Möglichkeiten*
post office   *das Postamt, die Postämter*
post office box   *das Postfach, die Postfächer*
postage (fee)   *das Porto; die Postgebühr, die Postgebühren*
postcard   *die Postkarte, die Postkarten*
pot (cooking)   *die Kasserolle, die Kasserollen; der Topf, die Töpfe*
pot (small, for individual servings of coffee, tea, etc. in restaurants)   *das Kännchen, die Kännchen*
poultry   *das Geflügel*
to prefer   *vorziehen*
pregnancy   *die Schwangerschaft, die Schwangerschaften*
pregnant   *schwanger*
to preheat   *vorwärmen*
to prepare   *vorbereiten, zubereiten*
to prescribe   *verschreiben*
to present, show   *zeigen*
printer   *der Drucker, die Drucker*
prognosis   *die Prognose, die Prognosen*
program   *das Programm, die Programme*
to prohibit   *verbieten*
prohibited   *verboten*
to promise   *versprechen*
to propose   *vorlegen*
to protect   *schützen*
psychiatrist   *der Psychiater, die Psychiater*

pub (bar)   *die Kneipe, die Kneipen*
public   *öffentlich*
to pull   *ziehen*
to pull smooth   *glattziehen*
pullover   *der Pullover, die Pullover*
pulse   *der Puls, die Pulse*
purchase   *der Einkauf, die Einkäufe*
to purchase on the installment plan   *auf Raten kaufen*
to push   *schieben*
to put   *stecken; stellen (vertical), legen (horizontal)*
to put in   *einwerfen*
to put something on (clothing)   *sich etwas anziehen*
to put something on (hat, glasses)   *aufsetzen*
to put through (a telephone call)   *verbinden*

radiator (car)   *der Kühler, die Kühler*
radio   *das Radio, die Radios*
radio program   *die Radiosendung, die Radiosendungen*
radiology   *die Radiologie*
railroad station   *der Bahnhof, die Bahnhöfe*
rain   *der Regen*
raincoat   *der Regenmantel, die Regenmäntel*
rare (meat)   *englisch, rare*
raspberry   *die Himbeere, die Himbeeren*
rate of exchange   *der Wechselkurs, die Wechselkurse*
rayon   *der Rayon*
razor (electric, or safety)   *der Rasierapparat, die Rasierapparate*
razor   *das Rasiermesser, die Rasiermesser*
to reach   *erreichen, reichen*
to read   *lesen*
ready   *bereit, fertig*
ready for takeoff   *startbereit*
in the rear   *im hinteren Teil*
rearview mirror   *der Rückspiegel, die Rückspiegel*
receipt   *die Quittung, die Quittungen*
to receive (guests)   *empfangen*
(to get, obtain)   *bekommen, erhalten*
receiver   *der Hörer, die Hörer*
receiver (addressee)   *der Empfänger, die Empfänger*
(telephone)   *der Hörer, die Hörer*
reception   *die Rezeption, die Rezeptionen*
reception desk   *der Empfang*
to recommend   *empfehlen*
record   *die Schallplatte, die Schallplatten*
recovery room   *der Beobachtungsraum, die Beobachtungsräume*
red wine   *der Rotwein, die Rotweine*

reduction in air pressure　　*der Luftdruckabfall*

referee　　*der Schiedsrichter, die Schiedsrichter*

refrigerator　　*der Kühlschrank, die Kühlschränke*

registration　　*die Anmeldung, die Anmeldungen;*
　form　　*der Meldeschein, die Meldescheine*

to remain seated, with seat belts fastened
　angeschnallt sitzenbleiben

to remove　　*entfernen*

to rent　　*mieten*

rental contract　　*der Mietvertrag, die Mietverträge*

repair　　*die Reparatur, die Reparaturen*

to repair　　*reparieren*

to replace　　*erneuern, ersetzen*

to reserve　　*reservieren (lassen), vorbestellen*

to be responsible　　*verpflichtet sein*

rest (picnic) area
　(by highway)　　*der Rastplatz, die Rastplätze*

restaurant　　*die Gaststätte, die Gaststätten; das Restaurant, die Restaurants*

rest stop (with snack
　bar and gas)　　*die Raststätte, die Raststätten*

to return (bring back)　　*zurückbringen*

to return a ball (tennis)　　*zurückschlagen*

reverse (gear)　　*der Rückwärtsgang*

(to the right) right　　*rechts*

right at the corner　　*rechts um die Ecke*

to ring　　*klingeln*

roast　　*der Braten, die Braten*

to roast　　*braten*

roasting chicken　　*das Hähnchen, die Hähnchen*

role (theatrical)　　*die Rolle, die Rollen*

roll (bread)　　*das Brötchen, die Brötchen; die Semmel, die Semmeln*

to roll up　　*hochkrempeln*

room　　*das Zimmer, die Zimmer*

(to make up the) room　　*das Zimmer machen*

room and board (includes lunch and
　dinner)　　*die Vollpension*

room key　　*der Zimmerschlüssel, die Zimmerschlüssel*

room service　　*der Zimmer-Service*

room with lunch or dinner　　*die Halbpension*

rooms available　　*Zimmer frei*

rough　　*rauh*

round-trip ticket　　*die Rückfahrkarte, die Rückfahrkarten*

row　　*die Reihe, die Reihen*

rubber boot　　*der Gummistiefel, die Gummistiefel*

rug　　*der Teppich, die Teppiche*

runny nose　　*der Schnupfen*

rush hour　　*die Hauptverkehrszeit, die Hauptverkehrszeiten*

safety regulation　　*die Sicherheitsvorschrift, die Sicherheitsvorschriften*

salad　　*der Salat, die Salate*

salad bowl　　*die Salatschüssel, die Salatschüsseln*

salad plate　　*der Salatteller, die Salatteller*

salt　　*das Salz*

salt shaker　　*der Salzstreuer, die Salzstreuer*

sample　　*die Probe, die Proben*

sandal　　*die Sandale, die Sandalen*

saucer　　*die Untertasse, die Untertassen*

to sauté　　*schwenken*

sautéed　　*geschwenkt*

to save　　*sparen;* (computer) *speichern*

savings　　*die Ersparnisse*

savings account　　*das Sparkonto, die Sparkonten*

scale　　*die Waage, die Waagen*

scarf　　*das Halstuch, die Halstücher; der Schal, die Schals*

scene　　*die Szene, die Szenen*

schedule (timetable)　　*der Fahrplan, die Fahrpläne*

scissors　　*die Schere, die Scheren*

score　　*der Spielstand, die Spielstände*

scoreboard　　*die Anzeigetafel, die Anzeigetafeln*

screen　　(movie) *die Leinwand;* (TV, computer monitor) *der Bildschirm, die Bildschirme*

sea　　*das Meer, die Meere; die See, die Seen*

sea view　　*der Seeblick*

seam　　*die Naht, die Nähte*

seat　　*der Sitz, die Sitze; der Sitzplatz, die Sitzplätze; der Platz, die Plätze*

seat belt　　*der Sicherheitsgurt, die Sicherheitsgurte*

seat number　　*die Platznummer, die Platznummern*

seat pocket (in plane)　　*die Tasche, die Taschen am Sitz*

seat reservation　　*die Platzreservierung, die Platzreservierungen*

security　　*die Sicherheit*

security check　　*die Sicherheitskontrolle, die Sicherheitskontrollen*

to select　　*wählen*

to sell　　*verkaufen*

to send　　*schicken*

to send off　　*abschicken, absenden*

sender　　*der Absender, die Absender*

sensitive to　　*empfindlich gegen*

serious　　*ernst*

serve (tennis)　　*der Aufschlag, die Aufschläge*

service　　*der Service; die Bedienung, die Bedienungen*

session　　*die Sitzung, die Sitzungen*

serving plate　　*der Servierteller, die Servierteller*

set (tennis)　　*der Satz, die Sätze*

to set (a bone)   *richten*
  (hair)   *legen*
  (the alarm clock)   *(den Wecker) stellen*
  (the table)   *den Tisch decken*
to sew   *nähen*
to sew on   *annähen*
shade   *das Rollo, die Rollos*
shampoo   *die Haarwäsche, die Haarwäschen*
shave   *die Rasur, die Rasuren*
to shave   *rasieren*
to shave (oneself)   *sich rasieren*
shaving cream   *der Rasierschaum*
shaving soap   *die Rasierseife*
shelf   *das Regal, die Regale*
to shift (gears)   *schalten*
to shift (into a gear)   *einen Gang einlegen*
to shine   *leuchten*
shirt   *das Hemd, die Hemden*
shoe   *der Schuh, die Schuhe*
shoelace   *der Schnürsenkel, die Schnürsenkel*
to shoot a film   *einen Film drehen*
short   *kurz*
shorts   *die Shorts*
shot   *die Spritze, die Spritzen*
to show   *zeigen*
show   *die Vorstellung, die Vorstellungen*
shower   *die Dusche, die Duschen*
to shrink   *einlaufen*
sick   *krank*
side   *die Seite, die Seiten*
on the sides   *an den Seiten*
sideburns   *die Koteletten*
sideways   *zur Seite*
sign (board)   *das Schild, die Schilder;*
  (symbol, indication)   *das Zeichen, die Zeichen*
to sign   *unterschreiben*
signature   *die Unterschrift, die Unterschriften*
silk   *die Seide*
single room   *das Einzelzimmer, die Einzelzimmer*
singles match (tennis)   *das Einzel, die Einzel*
sink   (kitchen) *die Spüle, die Spülen;*
  (bathroom) *das Waschbecken, die Waschbecken*
size   *die Größe, die Größen*
skin   *die Haut, die Häute*
skirt   *der Rock, die Röcke*
to sleep   *schlafen*
sleeping car   *der Schlafwagen, die Schlafwagen*
sleeve   *der Ärmel, die Ärmel*
slice   *die Scheibe, die Scheiben*
slip   *der Unterrock, die Unterröcke*
slipper   *der Hausschuh, die Hausschuhe*
slot   *der Schlitz, die Schlitze*
small   *klein*

to smoke   *rauchen*
smoked   *geräuchert*
smoking section   *die Raucherzone, die Raucherzonen*
no smoking section   *die Nichtraucherzone, die Nichtraucherzonen*
sneaker   *der Turnschuh, die Turnschuhe*
soap   *die Seife*
soap dish   *die Seifenschale, die Seifenschalen*
soccer field   *das Fußballfeld, die Fußballfelder*
soccer team   *die Fußballmannschaft, die Fußballmannschaften*
sock   *die Socke, die Socken*
sofa   *das Sofa, die Sofas*
sold out   *ausverkauft*
sole (foot, shoe)   *die Sohle, die Sohlen*
sometimes   *manchmal*
sore throat   *die Halsschmerzen*
soup   *die Suppe, die Suppen*
soup bowl   *der Suppenteller, die Suppenteller*
soup cup   *die Suppentasse, die Suppentassen*
spare part   *das Ersatzteil, die Ersatzteile*
spare tire   *der Ersatzreifen, die Ersatzreifen*
spark plugs   *die Zündkerze, die Zündkerzen*
specialty   *die Spezialität, die Spezialitäten*
spectator   *der Zuschauer, die Zuschauer*
speed   *die Geschwindigkeit, die Geschwindigkeiten*
speedometer   *der Tachometer, die Tachometer*
spell check   *die Rechtschreibprüfung, die Rechtschreibprüfungen*
to spend   (time) *verbringen;* (money) *ausgeben*
sponge   *der Schwamm, die Schwämme*
sponge cloth   *das Schwammtuch, die Schwammtücher*
to sprain   *verstauchen*
stage   *die Bühne, die Bühnen*
stain   *der Fleck, die Flecken*
to stall (automotive)   *abwürgen; liegen bleiben*
stamp   *die Briefmarke, die Briefmarken*
to stand   *stehen*
starch   *die Stärke*
starched   *gestärkt*
start   *der Start, die Starts*
to start   *starten;* (a car) *anlassen; anspringen*
station café   *das Bahnhofscafé, die Bahnhofscafés*
to stay   *bleiben*
to stay overnight   *übernachten*
steak   *das Steak, die Steaks*
steamed   *gedämpft*
steering wheel   *das Lenkrad, die Lenkräder*
to step on   *treten*
(in) stereo   *in Stereo*
stereo music   *die Musik in Stereo*

stew   das Ragout, die Ragouts; der Eintopf, die
                    Eintöpfe
to stick on   kleben
to stitch   nähen
stitches   die Nähte
stocking   der Strumpf, die Strümpfe
stomach   der Magen, die Mägen
stomach pains   die Bauchschmerzen
stool (medical)   der Stuhl
to stop   halten
stop (for bus, streetcar)   die Haltestelle, die
                    Haltestellen
stopover (plane)   die Zwischenlandung, die
                    Zwischenlandungen
stove   der Herd, die Herde
straight ahead   geradeaus
strawberry   die Erdbeere, die Erdbeeren
street   die Straße, die Straßen
stretcher   die Tragbahre, die Tragbahren
striped   gestreift
strong   stark
suburb   der Vorort, die Vororte
suede   das Wildleder
to suffer from   leiden an
sugar   der Zucker
sugar bowl   die Zuckerdose, die Zuckerdosen
to suggest   empfehlen, vorschlagen
suit   der Anzug, die Anzüge
suit jacket (man's)   das Jackett, die Jacketts; das
                    Sacko, die Sackos
suitcase   der Koffer, die Koffer
superhighway   die Autobahn, die Autobahnen
supplement   der Zuschlag, die Zuschläge
to support   unterstützen
surcharge   der Zuschlag, die Zuschläge
surgeon   (female) die Chirurgin, die
                    Chirurginnen; (male) der Chirurg,
                    die Chirurgen
sweatshirt   das Sweatshirt, die Sweatshirts
sweater   der Pulli, die Pullis
to sweep   fegen, kehren
switchboard (office)   die Vermittlung, die
                    Vermittlungen
swollen   geschwollen
symptoms   das Symptom, die Symptome
synthetic fabric   die Kunstfasern

table   der Tisch, die Tische
tablecloth   die Tischdecke, die Tischdecken
table lamp   die Tischlampe, die Tischlampen
tablespoon   der Eßlöffel, die Eßlöffel; der
                    Servierlöffel, die Servierlöffel
tablet, pill   die Tablette, die Tabletten
tag (identification)   das Schild, die Schilder
tailor   der Schneider, die Schneider
to take a bath   sich baden

to take a seat   Platz nehmen
to take a shower   sich duschen
to take a taxi (bus)   das Taxi (einen Bus)
                    nehmen
to take along   mitnehmen
to take care of   betreuen
to take measurements   Maß nehmen
to take out (the garbage)   hinausbringen
to take out (withdraw   entnehmen
  money from an account)
to take out (remove)   herausnehmen
to take out (a loan)   (ein Darlehen) aufnehmen
to take x-rays   röntgen
tank   der Tank, die Tanks
tape   die Kassette, die Kassetten
to taste   probieren, schmecken
tavern   die Kneipe, die Kneipen
taxi   das Taxi, die Taxis
team mate   der Mitspieler, die Mitspieler
teaspoon   der Teelöffel, die Teelöffel
telephone book   das Telefonbuch, die
                    Telefonbücher
telephone booth   die Telefonzelle, die
                    Telefonzellen
telephone call   der Telefonanruf, die
                    Telefonanrufe
telephone number   die Telefonnummer, die
                    Telefonnummern
television set   der Fernseher, die Fernseher
teller   (female) die Bankangestellte, die
                    Bankangestellten; (male) der
                    Bankangestellte, die Bankangestellten
temperature   die Temperatur, die Temperaturen
tennis ball   der Tennisball, die Tennisbälle
tennis court   der Tennisplatz, die Tennisplätze
tennis racket   der Tennisschläger, die
                    Tennisschläger
tennis tournament   das Tennisturnier, die
                    Tennisturniere
terminal   die Halle, die Hallen
tetanus   das Tetanus
theater   das Theater, die Theater
things   die Sachen
thirst   der Durst
thirsty   durstig
throat   der Rachen, die Rachen
through passenger   der Transitpassagier, die
                    Transitpassagiere
to throw   werfen
ticket   die Fahrkarte, die Fahrkarten; die Karte,
                    die Karten
ticket jacket   die Flugscheinhülle, die
                    Flugscheinhüllen
ticket window   der Schalter, die Schalter
  (box office)   die Theaterkasse, die
                    Theaterkassen

tie   *die Krawatte, die Krawatten; der Schlips, die Schlipse*
tied (game)   *unentschieden*
tight   *eng*
on time   *pünktlich*
tip   *das Trinkgeld*
tire   *der Reifen, die Reifen*
tire pressure   *der Reifendruck*
tobacco   *der Tabak*
to (a destination)   *nach*
toe   *die Zehe, die Zehen*
toenail   *der Fußnagel, die Fußnägel*
together   *zusammen*
toilet   *die Toilette, die Toiletten*
toilet paper   *das Toilettenpapier*
tonsils   *die Mandeln*
tooth   *der Zahn, die Zähne*
toothache   *die Zahnschmerzen*
toothbrush   *die Zahnbürste, die Zahnbürsten*
toothpaste   *die Zahnpaste, die Zahnpasten*
on top   *oben*
top balcony   *der Heuboden, die Heuböden*
torn   *gerissen*
torn open   *aufgerissen*
to toss and turn   *sich unruhig hin- und herwälzen*
to touch   *berühren*
tough   *zäh*
to tow   *abschleppen*
tow truck   *der Abschleppwagen, die Abschleppwagen*
towel rack   *der Handtuchhalter, die Handtuchhalter*
town   *der Ort, die Orte*
track   *das Gleis, die Gleise*
traffic   *der Verkehr*
traffic light   *das Verkehrslicht, die Verkehrslichter; die Ampel, die Ampeln*
tragedy   *die Tragödie, die Tragödien*
train   *der Zug, die Züge*
train trip   *die Bahnfahrt, die Bahnfahrten*
tranquilizer   *das Beruhigungsmittel, die Beruhigungsmittel*
to travel   *reisen*
traveler's check   *der Reisescheck, die Reiseschecks*
tray   *das Tablett, die Tabletts*
treatment room   *der Behandlungsraum, die Behandlungsräume*
trim   *der Nachschnitt, die Nachschnitte*
to trim (hair)   *nachschneiden*
(beard)   *stutzen*
trip   *die Reise, die Reisen*
trunk (of car)   *der Kofferraum, die Kofferräume*

to try   *versuchen; probieren*
tuberculosis   *die Schwindsucht; die Tuberkulose (TBC)*
turbulence   *die Turbulenz, die Turbulenzen*
to turn left   *nach links fahren (gehen)*
to turn off (go in a direction)   *abbiegen*
(light)   *ausschalten*
to turn on (faucet)   *aufdrehen*
(light and other electric devices)   *anschalten, einschalten*
to turn right   *nach rechts fahren (gehen)*
to turn right/left   *rechts/links um die Ecke*
at the corner   *biegen*
twin beds   *die Einzelbetten*
to twist, sprain   *verrenken*

ulcer   *das Geschwür, die Geschwüre*
ultrasound   *der Ultraschall*
under, underneath   *unter*
underpants   *die Unterhose, die Unterhosen*
undershirt   *das Unterhemd, die Unterhemden*
underwear   *die Unterwäsche*
to undress (in doctor's office only)   *sich frei machen*
unexpected turbulence   *unerwartete Turbulenz*
unscented   *unparfümiert*
upper right   *oben rechts*
upright   *senkrecht*
urine   *der Urin*
to use   *benutzen*
usher   (female) *die Platzanweiserin, die Platzanweiserinnen,* (male) *der Platzanweiser, die Platzanweiser*

to vaccinate   *impfen*
vaccinated   *geimpft*
to vacuum   *saugen, staubsaugen*
vacuum cleaner   *der Staubsauger, die Staubsauger*
valuable   *wertvoll*
value added tax   *die Mehrwertsteuer*
variety show   *das Varieté*
various   *verschieden*
veal   *das Kalbfleisch*
vegetables   *das Gemüse*
venereal disease   *die Geschlechtskrankheit, die Geschlechtskrankheiten*
venetian blind   *die Jalousie, die Jalousien*
via airmail   *per Luftpost*
to vibrate   *vibrieren*
visa   *das Visum, die Visa*
viscose   *die Viskose*
vital organ   *das lebenswichtige Organ, die lebenswichtigen Organe*
voice   *die Stimme, die Stimmen*
voltage   *die Spannung*

to vomit   *sich übergeben*

to wait   *warten*
waiter   *der Ober, die Ober; der Kellner, die Kellner*
waitress   *die Kellnerin, die Kellnerinnen*
to walk   *spazieren, gehen, zu Fuß gehen*
wall unit   *die Schrankwand, die Schrankwände; der Wohnzimmerschrank, die Wohnzimmerschränke*
wall-to-wall carpeting   *der Teppichboden, die Teppichböden*
wand (airport security)   *die Magnetsonde, die Magnetsonden*

warm   *warm*
to wash   *waschen*
to wash oneself   *sich waschen*
to wash the dishes   *(das Geschirr) abwaschen*
washcloth   *der Waschlappen, die Waschlappen*
washing machine   *die Waschmaschine, die Waschmaschinen*
washroom   *der Waschraum, die Waschräume*
to watch television   *fernsehen*
water   *das Wasser*
water (in car radiator)   *das Kühlwasser*
weak   *schwach*
to wear   *tragen*
weekly charge (by the week)   *der Wochentarif, die Wochentarife*
to weigh   *wiegen*
to welcome   *begrüßen*
well done (meat)   *durchgebraten*
wet   *naß*
what kind of   *was für ein (eine)*
wheel bearing   *das Radlager, die Radlager*
wheelchair   *der Rollstuhl, die Rollstühle*
which   *welcher*
whipped cream   *die Schlagsahne*
whisk   *der Quirl, die Quirle*
whiskey   *der Whisky*
to whistle   *pfeifen*
white wine   *der Weißwein, die Weißweine*

whooping cough   *der Keuchhusten*
wide   *breit, weit*
to win   *gewinnen*
window   *das Fenster, die Fenster*
windshield   *die Windschutzscheibe, die Windschutzscheiben*
windshield wiper   *der Scheibenwischer, die Scheibenwischer*
wine   *der Wein, die Weine*
wine list   *die Weinkarte, die Weinkarten*
wing (of a plane)   *die Tragfläche, die Tragflächen*
wing   *der Flügel, die Flügel*
to wipe   *wischen*
to wish   *wünschen*
to withdraw (money from an account)   *abheben*
woman's suit   *das Kostüm, die Kostüme*
won   *gewann*
wool   *die Wolle*
wool sock   *der Wollstrumpf, die Wollstrümpfe*
word processing program   *das Textverarbeitungsprogramm, die Textverarbeitungsprogramme*
to work   *arbeiten; (function) funktionieren*
worsted   *das Kammgarn*
wound   *die Wunde, die Wunden*
to wrap   *einwickeln*
to wrinkle   *knittern*
wrinkle-resistant   *knitterfrei*
wrist   *das Handgelenk, die Handgelenke*

x-ray   *das Röntgenbild, die Röntgenbilder; die Röntgenaufnahme, die Röntgenaufnahmen*
to x-ray   *röntgen*

zero   *null*
zip code   *die Postleitzahl, die Postleitzahlen*
zipper   *der Reißverschluß, die Reißverschlüsse*
zone   *die Zone, die Zonen*